LISTE

DES SOUSCRIPTEURS,

Par ordre Alphabétique.

MESSIEURS,

A

ADAM, Vice - Préſident des États - Unis de l'Amérique.

ADET, Miniſtre Plénipotentiaire de la République Françaiſe près les États-Unis de l'Amérique.

AMÉRICAIN (un)   *Deux cens Exemplaires.*

B

BACHE (Benjamin-Franklin), Imprimeur à Philadelphie.   *Six Exemplaires.*

BAUMEZ , à Philadelphie.

BELIN DE VILLENEUVE, Colon de St-Domingue.

BIDDLE (Clément), Notaire à Philadelphie.

BINGHAM (William), Sénateur des États-Unis.

BLACON , à Aſilum, Penſylvanie.

BONAMY , Colon de St-Domingue , à Albany.

BONNECHOSE , à New-York.

BOUCANIER (H. E.) , à Philadelphie.

BOUSQUET (Auguſtin), Négociant à Philadelphie.

BRADFORD (Thomas), Imprimeur-Libraire.

BRANU, Négociant du Cap-Français , à Philadelphie.

BRECK fils (Samuel), à Philadelphie.

C

CAMBEFORT, à Elizabeth-Town, Jerfey.

CAMPBELL (Robert), Libraire à Philadelphie.
Trois Exemplaires.

CAREY (Mathieu), Libraire à Philadelphie.
Six Exemplaires.

CAZENOVE (Théophile), à Philadelphie.

CHAMPION (Edme), à Paris.

CHEVALIER l'aîne, Colon de St-Domingue, à Philadelphie.

COATES (Samuel), Négociant à Philadelphie.

COLLINS (R. Docteur Nicolas), Miniftre de l'églife Suédoife, à Philadelphie. *Deux Exemplaires.*

COLLOT (Général Victor), à Philadelphie.
Deux Exemplaires.

CORDEIL (Louis), Colon de St-Domingue, à Philadelphie.

COUGNAC-MION, Colon de St-Domingue, à Elizabeth-Town, Jerfey.

COURBE, à New-York.

D

DALLAS (A J.), Avocat, à Philadelphie.

DARTIS, Colon de St-Domingue, à Philadelphie.

DÉCOMBAZ, Libraire à Philadelphie.

DELAFOND, Colon de St-Domingue, à New-York.

DELAHAYE l'aîné, Négociant au Havre.

DELANY (Sharp) Directeur de la Douane, à Philadelphie.

DESCRIPTION

TOPOGRAPHIQUE ET POLITIQUE

DE LA

PARTIE ESPAGNOLE

DE L'ISLE

SAINT-DOMINGUE;

Avec des Obfervations générales fur le Climat, la Population, les Productions, le Caractère & les Mœurs des Habitans de cette Colonie, & un Tableau raifonné des différentes parties de fon Adminiftration;

Accompagnée d'une nouvelle Carte de la totalité de l'Ifle.

Par M. L. E. MOREAU DE SAINT-MÉRY,
Membre de la Société Philofophique de Philadelphie.

TOME PREMIER.

PHILADELPHIE,

Imprimé & fe trouve chez L'AUTEUR, Imprimeur-Libraire, au coin de Front & de Walnut ftreets, Nº 84.

1796.

DESCRIPTION

TOPOGRAPHIQUE ET POLITIQUE

DE LA

PARTIE ESPAGNOLE

DE L'ISLE

SAINT-DOMINGUE;

Avec des Observations générales sur le Climat, la Population, les Productions, le Caractère & les Mœurs des Habitans de cette Colonie, & un Tableau raisonné des différentes parties de son Administration;

Accompagnée d'une nouvelle Carte de la totalité de l'Isle.

Par M. L. E. MOREAU DE SAINT-MÉRY,
Membre de la Société Philosophique de Philadelphie.

TOME PREMIER.

PHILADELPHIE,

Imprimé & se trouve chez L'AUTEUR, Imprimeur-Libraire, au coin de Front & de Walnut streets, N° 84.

1796.

Démeunier (J.), en France.

Deslozières (By.) Colon de St-Domingue, à Philadelphie.

Devèze, Médecin à Philadelphie.

Dobignie, Colon de St-Domingue, à Philadelphie.

Duclos-Carpentier, à Philadelphie.

Duffield (D. B.)

Duponceau (P. S.), Avocat & Notaire à Philadelphie.

Dupont de Gault, Colon de St-Domingue, à Wilmington, Delaware.

E

Éliot, Colon de St-Domingue, à Philadelphie.

Estève, Colon de St-Domingue, à Wilmington, Delaware.

F

Favarange, Colon de St-Domingue.

François (un)   *Cent Exemplaires.*

Freire (le Chevalier de) Ministre de Portugal auprès des États-Unis de l'Amérique.
Deux Exemplaires.

G

Galline, à Philadelphie.

Garesche (Jn.) à Philadelphie.

Garesche Durocher, Colon de St-Domingue, Wilmington, Delaware.

Gaterau, à Philadelphie.

Gautier la Gauttrie, Colon de St-Domingue, à Philadelphie.

Gauvain (Pierre), Négociant du Cap-Français, à Philadelphie.

GERVIN (Jean) Négociant, à Ste-Lucie.

GOUIN DU FIEF, à Philadelphie.

GOYNARD (Pierre), à New-York.

GRAMMONT (Rossignol), Colon de St-Domingue, à Philadelphie.

GRANDPREY, Colon de St-Domingue, à Baltimore.

GUILLEMARD (J), à Philadelphie.

GUYMET, Négociant du Cap-Français, à Philadelphie.

J

JAMES (Tho. C.), à Philadelphie.

K

KING (Rufus), Sénateur des États-Unis.

KNOX (Général), St-Georges, Maine.

KRASENSTERN, Officier de la Marine anglaise, à Halifax.

L

LABARRE, Négociant, à New-York.

LABORIE, Colon de St-Domingue.

LA COLOMBE (Louis), à Philadelphie.

LADÉBAT, Colon de St-Domingue, à Elizabeth-Town, Jersey.

LA GRANGE (J. E. G. M. de), à Philadelphie.

LA ROCHE (Docteur), Colon de St-Domingue, à Philadelphie.

LA ROCHEFOUCAULT-LIANCOURT, à Philadelphie.
Deux Exemplaires.

LA ROCQUE, à Philadelphie.

LATOUR DU PIN, à Albany.

LAVAUD, Colon de St-Domingue, à Philadelphie.

LÉTOMBE, Consul général de la République Françoise, dans les États-Unis.

LINCKLAEN (J.) Cazanovia, New-York.

LINE (A), à Philadelphie.

LISLEADAM, Colon de St-Domingue, à Philadelphie.

LOGAN (Docteur), Pensylvanie.

LOIR, (Jean Baptiste), Colon de St-Domingue.

LORENT.

M.

MAILLET, à New-Heaven.

MAZURIÈ (Joseph), Négociant à Philadelphie.

MORSE (R. Docteur Joseph), Charleston, Massachuffets.

MOZARD, Consul de la République française, à Boston.

N

NAIRAC, Négociant du Cap-Français, à Philadelphie.

NOAILLES (Général), à Philadelphie.

P

PALYART (J.) Consul-général de Portugal, dans les États-Unis.

PICKERING (Thimothée), Ministre des États-Unis au département des affaires étrangères.

PROUDFIL (James), à Philadelphie.

R

RANDOLPH (William), en Virginie.

RICARD (Général), en France.

Rice (H & P), Libraires à Philadelphie.
Rochambeau (Général Den.), en France.
Ross (Docteur André), Médecin, à Philadelphie.

S

Saxon (Jn.), Avocat, à Rhode-Ifland.
Schweizer (Jean), à Philadelphie.
Simson, Négociant, à Philadelphie.
Sonis, Colon de St-Domingue, à Philadelphie.
Sonntag (William Louis) Négt. à Philadelphie.
Stephens (Thomas), Imprimeur, à Philadelphie.
Deux Exemplaires.
Stevens (Docteur E.), Médecin, à Philadelphie.
Swannuick, Négociant, à Philadelphie.

T

Talleyrand-Périgord, à Philadelphie.
Tanguy de la Boissiere, Colon de St-Domingue.
Terrier de Laistre aîné, Colon de la Martinique,
à Trenton, Jerfey.
Thurninger, à Philadelphie,
Tod (W. H.), Avocat, à Philadelphie.
Tregent, à Philadelphie.

V

Van-Berchel, Miniftre de Hollande, près les
États-Unis de l'Amérique.
Vaughan (Jean), Négociant à Philadelphie.
Deux Exemplaires.
Volney, à Philadelphie.

Y

Yard (James), Négociant, à Philadelphie.

AVERTISSEMENT.

ON verra, par ce qui termine l'Abrégé hiftorique, placé au commencement de cet Ouvrage, que j'avois cru néceffaire d'écarter, avec le plus grand foin, de la Defcription de Saint-Domingue, tout ce qui pouvait avoir rapport à la révolution, depuis 1789.

Cette Defcription qui était prefque terminée à cette époque, du moins quant à la partie efpagnole, & dont j'avais même lû des fragmens dans des féances publiques du Mufée de Paris, en 1788, ayant eu pour objet de montrer Saint-Domingue tel que je l'avais obfervé, il m'aurait femblé bifarre d'abandonner un modèle vrai & intéreffant, pour en chercher un que chaque inftant, pour ainfi dire, faifait changer. J'aurais craint de reffembler à un peintre, qui, chargé de faire le portrait d'un individu, célèbre par fa beauté & par d'autres avantages, fe déterminerait au moment où il viendrait de l'achever, à ne plus préfenter fon original, qu'avec des traits défigurés par les effets cruels d'une maladie convulfive.

D'ailleurs, lorfqu'en mettant en France, durant l'année 1793, la dernière main à ce qui concerne la colonie efpagnole de Saint-Domingue, je réfléchiffais aux périls qui ne ceffaient d'environner mon exiftance depuis plus d'une année ; aux événemens & aux arreftations qui m'avaient menacé d'une mort cruelle & prochaine, mort dont je n'ai été préfervé, que par l'influence même des actes de ma vie publique qui m'avaient dévoué à la perſécution ; je ſentais le beſoin de me reſſerrer dans des bornes plus étroites, afin de n'être pas immolé avant d'avoir pû terminer, du moins une partie de ce que je deſtinais à ma patrie. Ne ſongeant donc au préſent, que pour me hâter de faire ſortir du paſſé quelques leçons pour l'avenir, en les puiſant dans la deſcription de la plus belle Colonie, que l'induſtrie Européenne eût créé dans le Nouveau-Monde, je m'étais de plus en plus affermi dans la réſolution de ne pas mêler les effets de la révolution, à mon plan primitif.

J'attendais en travaillant ainſi, pour mon pays, que les hommes de ſang, ſous leſquels il gémiſſait alors, diſpoſaſſent de mon ſort. Un courage, dont chaque jour multipliait les exemples, m'aurait même rendu indifférent ſur tous les dangers, ſi la vue d'une épouſe & de mes enfans ſans appui, ſi celle d'autres parens chéris, ne m'avaient ramené à des idées lugubres, & que mon cœur ne trouvait que trop déchirantes. Je me ſurprenais même quelquefois, à gémir ſur l'idée de la mort, peu cruelle en ſoi pour qui a ſu vivre ſans la déſirer ni la craindre, mais qui m'aurait ravi le ſeul fruit dont j'aurais voulu voir payer dix-huit années de recherches & de travaux, celui de les faire ſervir au bonheur des autres hommes. C'eſt dans cette ſituation qu'habitant alors un des ports de la France, où j'attendais la poſſibilité de retourner dans les colonies, je devins l'objet de nouvelles perſécutions, de la part de quelques agens ſubalternes de la tyrannie, qui couvrait la

France entière d'échafauds. Ils m'ordonnèrent d'aller rendre compte à Paris, d'une conduite qu'ils favaient bien que Robefpierre n'approuvait pas, dès l'époque même où nous étions tous les deux membres de l'Af-femblée conftituante, *& de m'y rendre avec ma famille.*

Cette dernière condition réveilla, dans mon ame, un fentiment dont la force ne peut être bien con-nue que d'un époux & d'un père ; j'allai trouver mes profcripteurs, parmi lefquels étaient des hommes qui commandaient la terreur, parce qu'eux mêmes obéiffaient à la terreur. Je parlai avec la fer-meté qu'un auffi grand intérêt infpire, la nature me rendit tellement éloquent que la majorité fut émue ; l'ordre d'aller porter ma tête aux bourreaux, fut con-verti en une permiffion de repaffer à Saint-Domingue par la voye des Etats-Unis : & lorfqu'un émiffaire de Robefpierre, averti fans doute que je lui échappais, vint avec le mandat exprès de m'arrêter, en dépit de paffe-ports accordés, *au nom de la Loi*, le vaiffeau qui fauvait & les objets les plus chers à ma tendreffe & moi-même, voguoit depuis à peine trente-fix heures.

Arrivé dans cette terre ailiée, & y apprenant que la partie de Saint-Domingue à laquelle mon état m'attachait, était au pouvoir des ennemis de la France, je pris la réfolution de chercher à vivre dans les États-Unis, comme j'ai toujours fait, du produit de mon travail. Le fentiment délicieux qui me dit que je me dois tout entier au bonheur de ma famille, m'a rendu tout facile, & elle paye affez par fon amour, des peines & des foins qu'elle partage.

Je n'avais emporté qu'une faible portion de mes écrits, & je n'ofais même plus compter fur l'utilité de mes veilles. Mais avec l'horreur du fang, a reparu un fyftême qui accorde protection à quiconque aime fon pays & trouve du bonheur à le fervir. Cette protection bienfaifante, & à laquelle j'avais des droits, j'en ai éprouvé un délicieux effet en recevant tous mes matériaux, tout ce que mes fatigues, une dépenfe confidérable & un zèle infatigable, ont pu réunir pendant vingt années. Béni foit à jamais ce retour à un ordre de chofes où l'amour de la patrie n'eft plus un crime !

Un mouvement bien naturel m'ayant porté plus d'une fois à parcourir des parties de mon manufcrit, & n'appercevant que dans un long éloignement, la faible efpérance de publier la defcription de Saint-Domingue, j'ai voulu effayer d'y faire des changemens, que des faits poftérieurs à la révolution femblaient infpirer ; mais en relifant quelques pages avec cette intention, je rencontrais bientôt une difficulté réelle, à lier enfemble ce que j'avais écrit & ce qu'il aurait fallu ajouter, & j'étais toujours ramené à ma première opinion.

Combien je me fuis félicité de cette perfévérance, lorfque la nouvelle de la ceffion de la partie la plus confidérable de St-Domingue, par l'Efpagne à la France, venue à Philadelphie, m'a fait croire que la publication de la defcription de la partie efpagnole de cette île, ferait intéreffante !

La colonie efpagnole de St-Domingue, à été la

première que l'Europe ait fondé en Amérique. Sous ce rapport elle doit offrir les premières traces du génie Européen , recevant des conseils de localités & d'événemens inconnus jusqu'alors. Elle doit montrer les preuves de la transplantion des idées de l'ancien monde , dans le nouveau , & de leur naturalisation plus ou moins parfaite dans ce sol étranger. Elle doit par son antériorité sur toutes les autres colonies européennes , formées sous la Zône torride , présenter dans son administration , des principes que les autres Nations ont dû adopter à leur tour , avec des modifications plus ou moins sensibles & produites par l'influence que chacune d'elles reçoit des mœurs qui lui sont propres. En un mot , la colonie espagnole de St-Domingue est le premier vestige européen empreint sur une vaste partie du globe, & avec tant de titres réunis , elle a droit d'attirer les regards de l'observateur philosophe.

Mais quand peut-il être plus important d'offrir ce tableau qu'au moment où l'original va disparaître ? En effet , la cession de la partie espagnole en ce qu'elle a déjà d'effectué , en ayant détruit l'administration & avec elle la plus grande partie des choses qui composaient le caractère de ce type colonial , en vain voudrait-on , dans ce qui en subsiste maintenant, trouver ce qu'elle a été ; il n'est plus posible désormais de la reconnaître. Il faudrait donc la chercher dans le souvenir de ceux qui l'ont connue ; & tâcher de revenir par ce qu'elle conserve encore dans son exiſtence phyſique, à la connaiſſance de l'eſprit qui l'animait & haſarder les conjectures, ſi elle n'avait pas été heureuſement peinte dans ſon enſemble lorſqu'elle formait un tout, lorſque chacun des traits propres à la caractériſer, pouvait être étudié & ſaiſi; & cette peinture que j'oſe appeller fidelle, c'eſt elle que je préſente aujourd'hui.

Il faut donc lire cette deſcription de la partie eſpagnole de St-Domingue, ſans jamais oublier qu'elle a été écrite de la manière la plus ſéparée de tout ce que la révolution de la France a pû produire, parce qu'en général elle a été écrite avant cette époque & que cette idée a toujours préſidé à ce qui a pû y être ajouté poſtérieurement, parce qu'il s'agiſſait toujours de choſes antérieures à cette révolution.

J'ai même pouſſé ſi loin, à cet égard, le reſpect pour mes propres motifs, que je n'ai voulu faire aucun changement à la partie de mon travail qui a rapport à l'examen de la queſtion, ſi la ceſſion de la partie eſpagnole de St-Domingue pouvait être avantageuſe ou non à la France. Mon opinion ſur ce point, comme ſur tout ce que trace ma plume, eſt produite par ma conviction intérieure. Mon ſentiment n'eſt point une loi, & s'il était fait pour en avoir la force, quel guide plus ſûr, pour moi du moins, pourrait-on exiger que je priſſe, que ma conſcience? C'eſt elle qui m'a défendu de plier mes penſées aux événemens. Et ſi nous étions encore dans ces tems déſaſtreux où la vérité qui ne ſavait pas plaire était criminelle, il me ferait plus facile de la taire que de la trahir. C'eſt à l'eſtime des hommes que je cherche des titres ; je ſais me paſſer de leur approbation.

Les mêmes principes préſideront à la publication de la *Deſcription de la partie françaiſe de Saint-Domingue*, ſi des encouragemens où les circonſtances me permettent de la livrer à l'impreſſion. Ils préſideront également, & même plus impérieuſement encore, à l'*Hiſtoire de Saint-Domingue*, de cette Iſle infortunée, dont la ſplendeur paſſée étonnera les races futures. C'eſt en la traçant, cette hiſtoire, que je me rappelle, preſque à chaque ligne, que l'hiſtorien remplit une vraie magiſtrature, & qu'il doit jeter ſa plume avec effroi, s'il a oublié, un ſeul inſtant, qu'un jour la poſtérité voulant porter un jugement ſur un fait ou ſur un individu, pourrait n'avoir d'autre témoignage à invoquer que le ſien, & que ſi ſon jugement la trompe, il ſe rend coupable d'injuſtices irréparables ; à moins que reconnaiſſant la partialité de l'hiſtorien, la poſtérité le citant lui-même à ſon redoutable tribunal, ne le flétriſſe en le plaçant au nombre des juges corrompus.

Je terminerai cet avertiſſement, que plus d'un motif rendait néceſſaire, par ce vœu qui n'a jamais ceſſé d'animer mon cœur, depuis le moment, déjà bien loin de moi, où je me dévouai pour la première fois, à l'étude de toutes les matières coloniales ; c'eſt que mes ſoins, mes ſacrifices & mes veilles ſoient utiles, & ſur-tout à la France.

Quelques foins que j'aye pu employer pour m'affurer de l'exactitude des détails hydrographiques contenus dans cette Defcription & dans la Carte qui en fait partie & qui a été dreffée fous mes yeux, je ne les offre cependant pas comme des vérités mathématiques, mais feulement comme ce que l'on connaît de meilleur relativement à la Defcription de Saint-Domingue.

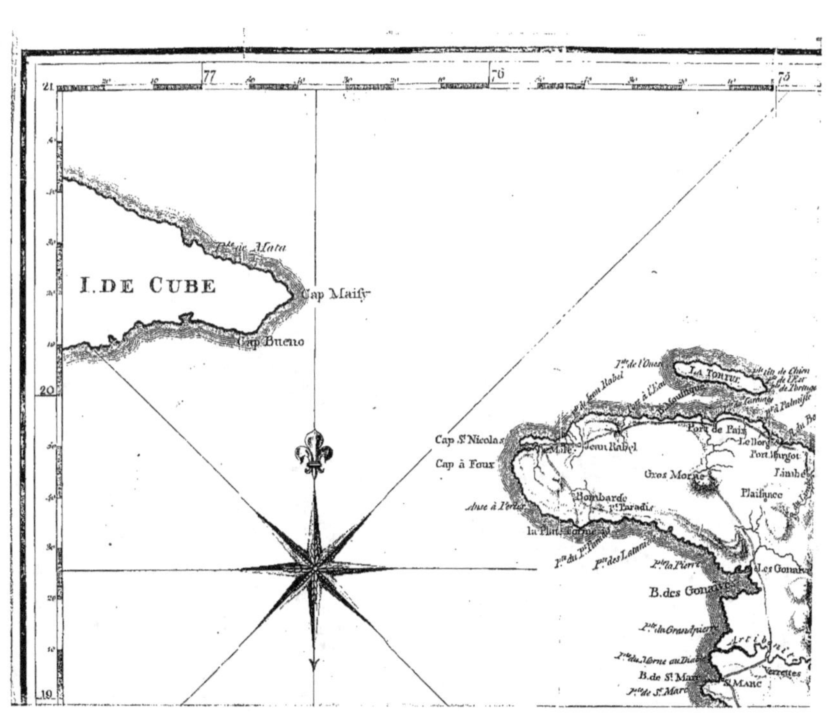

77
76
75
21
20
19
I. DE CUBE
Pte de Mata
Cap Maisy
Cap Bueno
Cap St Nicolas
Cap à Foux
Pte de l'Ouest
La Tortue
Pte du Chien
de l'Est
Pte de Tortuge
Pte de Jean Rabel
Port à l'Eau
B. Moulinque
du Carnage
Pte à Palmiste
Port de Paix
Le Borgne
Pte du Bo
Jean Rabel
Port Margot
Gros Morne
Limbé
Plaisance
Bombarde
Pte Paradis
Anse à l'eau
la Plateforme
Pte du Pte Paradis
Pte des Lataniers
Pte la Pierre
Les Gonaives
R. du Lim
B. des Gonaives
Pte du Grandpierre
Artibonite
Pte du Morne au Diable
Verrettes
B. de St Marc
St Marc
Pte de St Marc

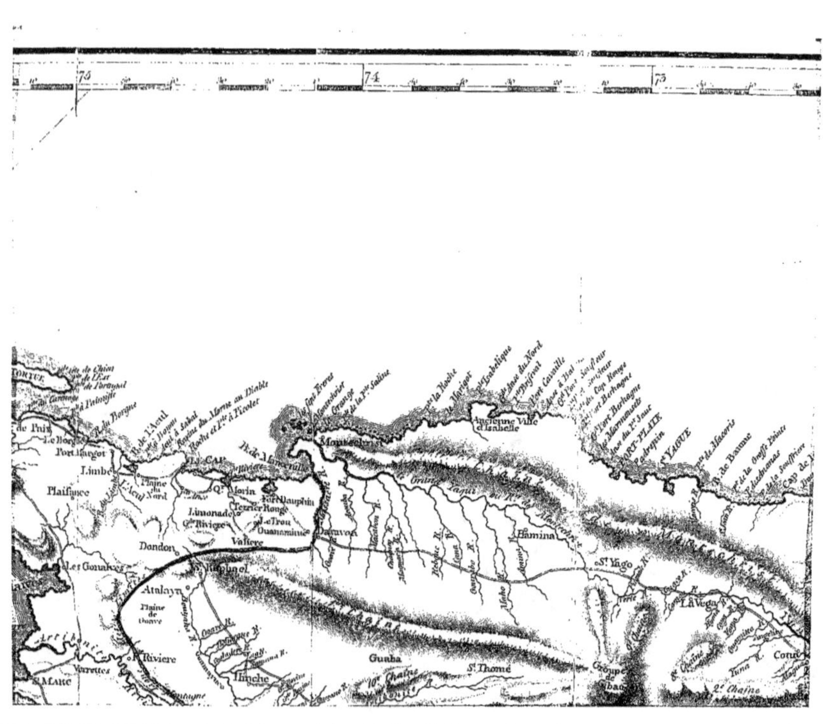

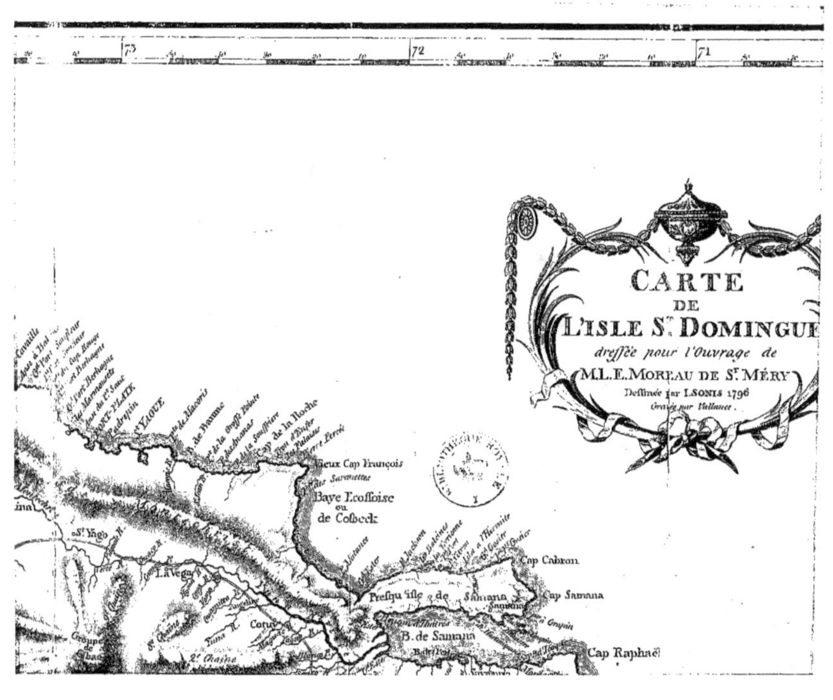

CARTE
DE
L'ISLE S.t DOMINGUE
dressée pour l'Ouvrage de
M.L.E. MOREAU DE S.t MÉRY
Dessinée par I. SONIS 1796
Gravée par Vallance.
Baye Ecossoise
ou
de Cosbeck
Vieux Cap François
Les Saranettes
S.t Yago
La Vega
Presqu'isle de Samana
Samana
B. de Samana
Cap Cabron
Cap Samana
Cap Raphaël

CARTE
DE
L'ISLE S.t DOMINGUE
dressée pour l'Ouvrage de
M.L.E. MOREAU DE S.t MÉRY
Dessinée par Sonis 1796
Gravée par Vallance.
Cap de la Roche
Pont d'Enfer
Pointe Pierre Perré
Deux Cap François
Les Savanettes
Baye Ecossoise
ou
de Colbeck
Cap Cabron
Presqu'Isle de Samana
Cap Samana
B. de Samana
Cap Raphaël

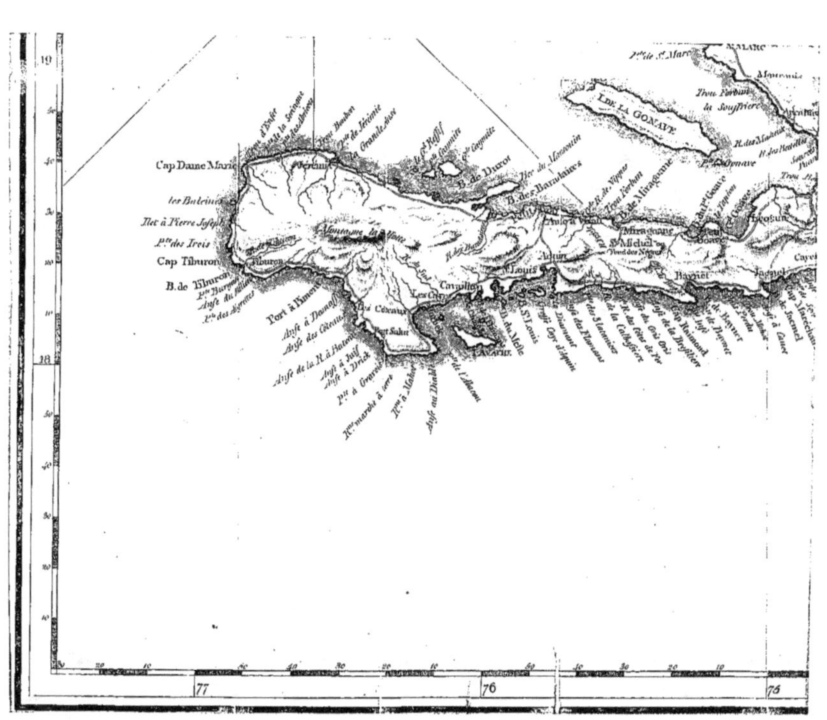

DE LA GONAVE
P.te St. Marc
MALARC
Montronis
Trou Forban
la Soufrière
R. des Mantes
Cap Dame Marie
Jeremie
Bouton
P.te de Trinite
Grande Anse
Islet de Raffut
de Dixrot
Iler du Mancenin
Petit Goave
De Miragoane
Miragoane
Fort Goave
P.te Gonave
les Baleines
Ilet à Pierre Joseph
P.te des Irois
Cap Tiburon
B. de Tiburon
Montagne la Hotte
B. des Barmhaires
St. Michel
Fond des Nègres
Aduin
St. Louis
Baynet
Cavaillon
Les Cayes
Port à Piment
Anse à Damon
Anse des Citeaux
Port Salut
Anse de la R. à Hatet
Anse à Juif
Anse à Drick
P.te à Gravois
P.te à Moret
18
19
77
76
75

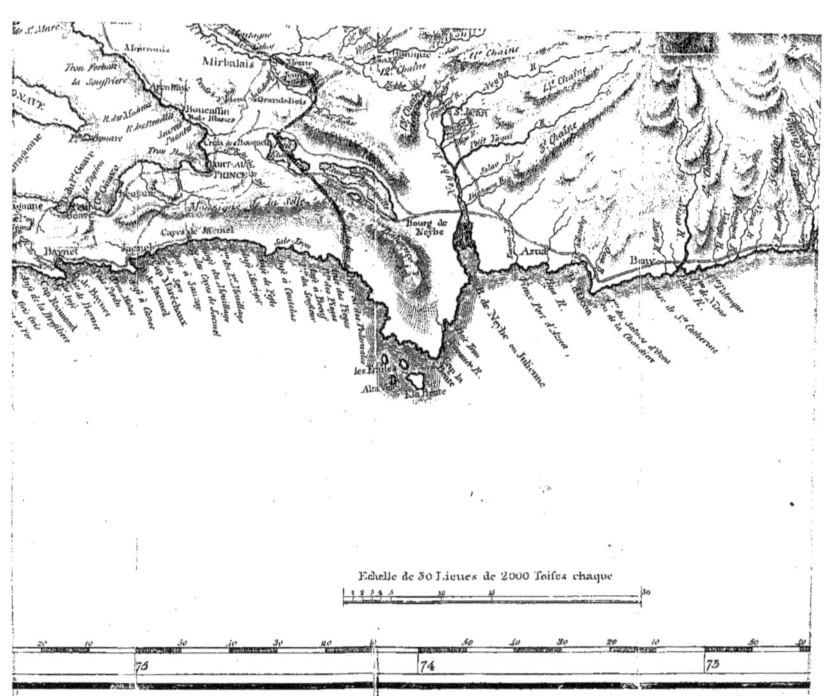

S.t Marc
Montagne Cabot
Montrouis
Mirbalais
Trou Forbut
la Soufriere
12.e Chaîne
11.e Chaîne
Atalaye
Grandsbois
11.e Chaîne
L.e Chaîne
Neyba
Boucassin
R. du Mad
Crois de Bouquets
S.t Jean
S.t Chaîne
PORT-AU-PRINCE
Petit Yaqui
Bourg de Neybe
Cayes de Monel
Azua
Bany
Baynet
Jacmel
les Brulés
Alta
La Haute
de Neybe ou Julienne
Echelle de 30 Lieues de 2000 Toises chaque
1 2 3 4 5   10   20   30
20   10   50   10   30   20   40   40   30   20   10   50   50
75   74   75

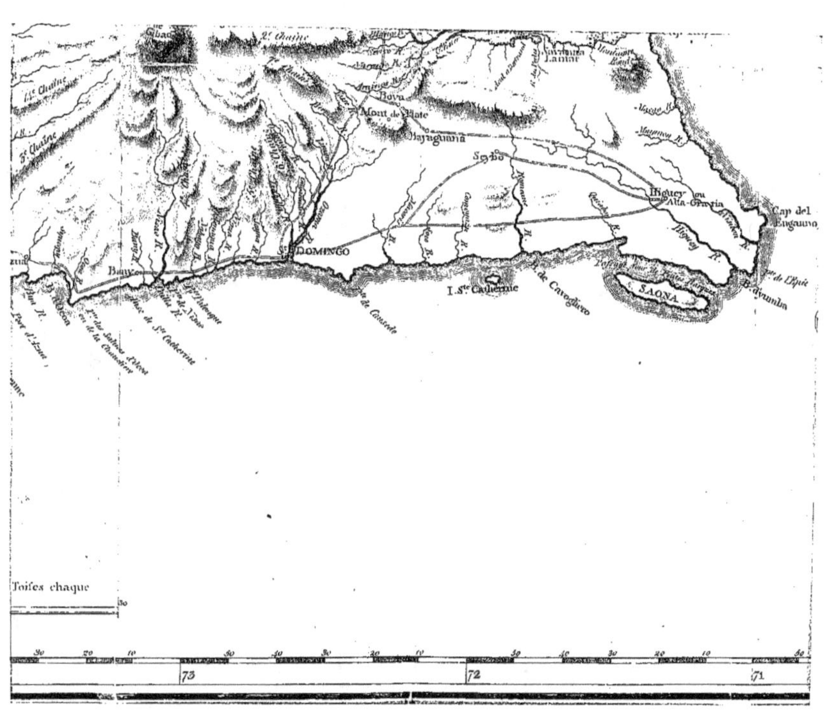

1re Chaine
2e Chaine
3e Chaine
Cibao
Monte de Plate
Bayaguana
Boya
Sevbo
Higuey ou Alta-Gracia
Cap del Enganno
St DOMINGO
Banu
I. Ste Catherine
de Cavoguev
SAONA
Pte de l'Epie
Catalina
Lamar
Toises chaque
30
30 20 10 50 40 30 20 10 50 40 30 20 10 50
73 72 71

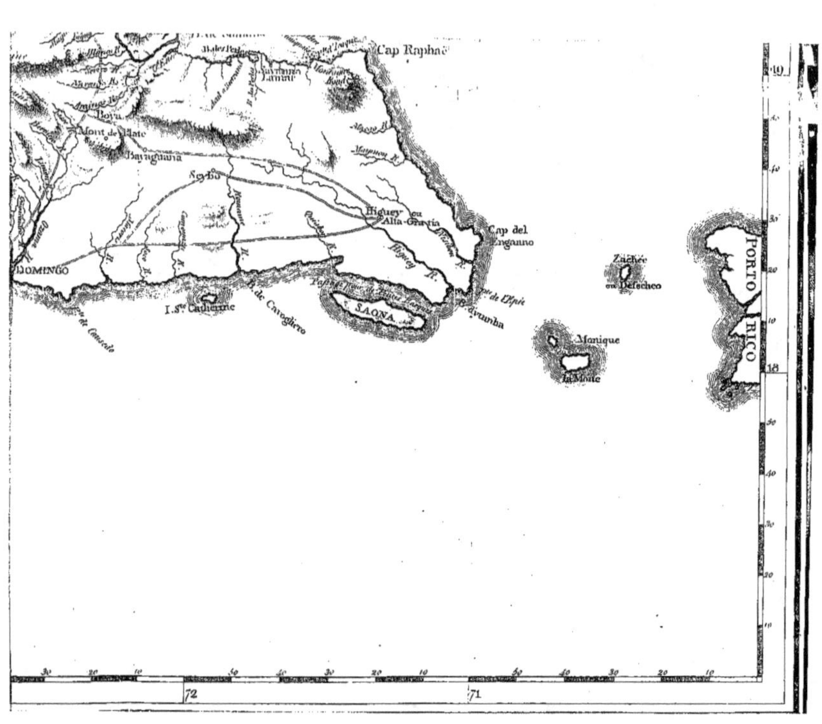

Cap Raphaë
Baie des Perles
Samana
Lamar
Mont de Plate
Boya
Bayaguana
Seybo
DOMINGO
Higuey ou Alta-Gratia
Cap del Enganno
I. S.te Catherine
B. de Caveghero
SAONA
Cap del Enganno
Pte de l'Epie
Zachée ou Defecheo
Monique
la Mone
PORTO RICO
72
71

ABRÉGÉ

HISTORIQUE.

De ce qui a eu lieu relativement aux limites, entre la Colonie Espagnole et la Colonie Française de Saint-Domingue.

1630.

LES Aventuriers, ce composé bisarre d'individus de presque toutes les nations Européennes, étant grossis par de nouveaux Français, que les Espagnols avaient chassés de l'île St.-Christophe, vont de la petite île de la Tortue, où ils avaient déjà commencé à s'arrêter, élever de foibles cases nommées *Ajoupas* & des *Boucans* (lieu pour griller des viandes), dans l'île même de St.-Domingue, qu'ils appellaient alors *la Grande-Terre*, par comparaison avec l'étendue bornée de la Tortue.

1632.

Les Flibustiers & les Boucaniers chassent les Espagnols de la Tortue.

1638.

Les Espagnols massacrent presque toute la Colonie Française.

Tom. I.   a

1639.

Telle était l'audace des Aventuriers, qu'ils reprennent la Tortue.

1640.

On trouvait déjà les Français répandus dans plusieurs points de la côte nord de St.-Domingue, depuis la péninsule de Samana jusqu'au Port-de-Paix, & réunis dans de petits établissemens relatifs à la chasse qu'ils faisaient aux bœufs devenus sauvages.

1641.

Le Vasseur, officier de la garnison de l'île St.-Christophe, envoyé par le commandeur de Poincy, gouverneur-lieutenant-général des îles Françaises de l'Amérique, prend le commandement de la Tortue, où Willis, anglois, nommé chef par les Aventuriers de sa nation, avait fini par usurper une autorité despotique.

1663.

M. Deschamps de la Place, commandant pour le roi à la Tortue & à la côte de St.-Domingue, en l'absence de du Rausset son oncle, commence l'établissement du Port-de-Paix avant lequel les Boucaniers en avaient déjà un sur l'islet à *Boyau* ou *des Boucaniers*, placé au milieu de la baye de Bayaha, aujourd'hui Fort-Dauphin.

1664.

D'Ogeron, successeur de M. Deschamps de la Place, forme une habitation au Port-Margot, que, dans l'origine, le Vaſſeur qui y aborda, avait nommé *le Réfuge*.

1670.

Les Français excités par d'Ogeron, commencent à s'établir dans la plaine du Cap.

1674.

D'Ogeron fortifie en hommes la peuplade de Samana, que les Eſpagnols avaient attaquée ſans pouvoir la détruire.

1676.

A cette époque où Pouançay, Neveu de d'Ogeron, lui ſuccéda, des Français avaient pouſſé leurs établiſſemens, le long de la mer, depuis le Port-de-Paix, juſqu'à la rivière du Rebouc, & poſſédaient l'île de la Tortue & la péninſule de Samana.

1678.

Paix de Nimègue entre les Français & les Eſpagnols.

1680.

Don Franciſque de Segura, Sandoval & Caſtille, préſident de la partie Eſpagnole, écrit le 10 Juillet & envoye à M. de Pouançay, le Licentié, Don Jean Baptiſte Eſcoſo, pour lui motifier la paix, & lui propoſer de fixer les limites entre les deux Nations. Cet envoyé trouve des Français juſqu'à la rivière du Rebouc, qu'il paſſe même avec M. de Longchamp, établi ſur le bord de cette rivière, dans un canot, appartenant à cet habitant. Ce dernier l'accom-

pagna , ainſi que d'autres Français , juſques vers M.
de Pouancey au Cap , où il arriva à la fin du même
mois de Juillet.

L'interprête de cet entretien fut M. Demas Jon-
chée, capitaine du navire le St.-Bernard, qui avait vu
le Licentié Eſcoſo à St.-Yague , & qui le conduiſit,
à ſon retour du Cap , juſqu'à la baye de Mance-
ni lle.

On dreſſa un acte qui aſſigna la rivière du Rebouc pour ligne de démarcation.

1684.

Le préſident Eſpagnol qui écrivoit à M. de Cuſſy
gouverneur, pour lui annoncer le traité de Ratisbonne,
conclu le 15 Août , s'étant plaint de ce que les
Français empiétaient ; MM. le Chevalier de St.-Lau-
rent & Bégon , adminiſtrateurs généraux des îles, qui
ſe trouvaient à cette époque à St.-Domingue , lui
propoſèrent , de reconnoître de nouveau que les limites partaient du Rebouc d'un côté & ſe termi-
naient au Cap de la Béate de l'autre.

Don André de Roblès, préſident , rejetta la propo-
ſition & les Eſpagnols ſe mirent eux-mêmes à détruire les bœufs dont la chaſſe attirait les Boucaniers
qui en vendaient les cuirs.

1687.

Les Eſpagnols tentent, à l'Oueſt du Rebouc , des
établiſſemens que les Français , au nombre de 150
hommes à cheval, ſous les ordres de M. Carron , habitant de Bayaha , vont brûler.

1688.

Au mois de Mai, 50 Espagnols enlèvent deux Français chassant dans l'immense canton de Bayaha. 250 habitans les poursuivent, mais trop tard.

Le président Don André de Roblès, répond le 3 Octobre à la plainte de M. de Cussy, que Bayaha est une possession Espagnole, mais qu'il a néanmoins fait mettre les deux Français en liberté.

Le président se plaint aussi de ce que des Français s'établissent à Samana.

1689.

La guerre étant déclarée entre la France & l'Espagne, les Français vont planter leur pavillon sur la rive Ouest du Rebouc, & y placent des vigies.

1690.

Les Français, sous les ordres de M. de Cussy, attaquent & prennent St.-Yague, & ne trouvent la première vigie espagnole, que sur une hatte du gouverneur de St.-Yague à l'Est du Rebouc.

1691.

Les Espagnols dévastent, brûlent & pillent la partie du Cap & rentrent sur leur territoire.

1695.

Les Espagnols réunis aux Anglais, ravagent jusqu'au Port-de-Paix.

1697.

Traité de paix de Riswick, portant que les posfeffions des deux puiffances, refteront telles qu'elles étaient lorfque la paix précédente avait été rompue.

1698.

Les Efpagnols profitant de la paix, établiffent dans l'Oueft du Rebouc, des parcs, fous prétexte d'y entrepofer les animaux qu'ils venaient vendre dans la partie Françaife.

Don Pedro Morel, meftre-de-camp, envoyé au Cap, pour y ramener Madame de Graffe, conduite à Santo-Domingo après la prife du Port-de-Paix en 1695, eft chargé par le préfident efpagnol d'engager M. Ducaffe, gouverneur, à reculer les vigies françaifes de fix ou fept lieues, jufqu'à Bayaha. M. Ducaffe répond que le préfident n'a nulle plainte à faire fur les vigies puifqu'elles ne font pas hors des limites.

Au mois de Septembre de cette année, le roi, par les lettres pattentes d'établiffement de la compagnie de St.-Domingue, lui concède tout le commerce de l'île, depuis le Cap-Tiburon jufqu'à la rivière de Neybe *inclufivement*. La compagnie y donne elle-même des conceffions dans la fuite.

1699.

Le 6 Fevrier, fommation au nom du préfident par intérim, Don Severmo de Manzaneda, à M. Ducaffe de faire retirer fes vigies ou gardes avancées jufqu'à Caracol. M. Ducaffe lui envoye M. Duquefnot, procureur général de confeil fouverain du Petit-Goave par le convaincre du ridicule de cette prétention.

M. Duquefnot arrête que jufqu'à la décifion des

deux cours , les vigies feront de part & d'autre reculées à quatre lieues des rives du Rebouc.

M. de Galiffet, devenu gouverneur à caufe du départ pour France de M. Ducaffe , donne toujours des permiffions de chaffe , feulement jufqu'au Rebouc ; & il fait pofer une vigie *à la Porte* , point qui eft aujourd'hui la limite du Dondon & de St.-Raphaël.

1700.

Les Efpagnols empiètent. Lettre de M. de Galifet au préfident au mois de Juillet. Réponfe de celui-ci du 5 Septembre , où il nie la convention faite avec M. Duquefnot, foutient que les français n'ont jamais eu de vigie au-delà de la rivière de Jaquezy, & qu'en 1684 , Don André de Roblès a refufé de confidérer *Guayubin* ou le Rebouc comme la limite.

M. de Galifet relève ces erreurs le 27 Octobre ; il offre le témoignage de tous ceux qui ont été en vigie au Rebouc pendant la paix précédente et défie le préfident de prouver qu'alors on trouvât aucun Efpagnol établi à l'Oueft de cette rivière.

Il paraît cette année une carte gravée de l'île St.-Domingue, faite par N. de Fer, géographe du roi d'Efpagne, où les limites commencent à Port-de-Plate fur la côte du nord , traverfent l'île & viennent fe terminer à l'embouchure de Neybe.

1701.

Sept Octobre. Sommation nouvelle du préfident de faire reculer tous les français jufqu'à Caracol , fur les confins de Limonade ou au moins jufqu'à la rivière de Jacquezy, avec des proteftations.

Deux Novembre. Réponfe de M. de Galifet qui appuyé de la déclaration même que lui donne M. Duquefnot, fomme à fon tour le préfident de tenir la convention faite par l'entremife de ce procureur-général.

1705.

Avènement de Philippe V de la maifon de France, au trône d'Efpagne, ce qui appaife les querelles des limites.

1706.

Don Guillermo Morfil, nommé à la préfidence de Santo-Domingo, aborde au Cap d'où il fe rend à fon gouvernement. M. de Charitte, alors chef de la partie Françaife, lui donne un cortège nombreux et l'accompagne en perfonne, jufqu'à la rivière du Rebouc. Les milices Efpagnoles reçoivent le préfident fur l'autre rive.

1710.

Les Efpagnols dont on avait toléré quatre ou cinq hattes en deça du Rebouc, ayant manifefté des prétentions, le gouverneur du Cap avec une force fuffifante, fe tranfporte fur les lieux & leur notifie qu'il ne les y fouffre que par pure tolérance.

1712.

Les établiffemens français, même en deça du maffacre, font ravagés par les Efpagnols qui exercent plufieurs cruautés,

Ceux de la ville de St-Yague font une incurſion du même genre.

Le gouverneur & les habitans de St-Yague, dans une adreſſe du 30 Juillet au roi d'Eſpagne, accuſent les français d'envahiſſement & de violences.

1713.

Au mois de Mars , la cour d'Eſpagne charge ſon ambaſſadeur près celle de France , de demander des ordres pour faire *démolir* toutes les habitations françaiſes de Bayaha , & elle écrit le 14 Juillet au Préſident & à l'Audience royale de St-Domingo de les contraindre d'évacuer tout ce qu'ils ont uſurpé depuis l'avènement de Philippe V.

1714.

La France propoſe à l'Eſpagne de nommer des commiſſaires pour les limites.

A la fin de l'année le Préſident & l'audience royale de Santo-Domingo , dépêchent Don Ramire , gouverneur d'Azua , à M. le comte de Blénac , gouverneur-général , alors à Léogane, & Don Pedro Morel, gouverneur de St.-Yague au gouverneur du Cap , pour les ſommer de faire retirer tous les français qui ſe trouvaient au-delà de la Rivière-Marion : c'eſt-à-dire, juſqu'au point où eſt aujourd'hui la ville du Fort-Dauphin.

Refus de M. de Blénac de ſe rendre à cette injuſte réclamation. Le général & l'intendant font faire par-devant MM. Beaupré & Durocher , notaires au Cap , une enquête où vingt-quatre témoins affermen-

tes (dont l'un nommé Bigot avait 93 ans) , at-
teſtent que les Français poſſèdent depuis 60 ans
tout le terrain à l'Oueſt du Rebouc.

1715.

Le duc de St.-Aignan , ambaſſadeur de France en
Eſpagne , eſt chargé par ſa cour de ſoutenir l'enquête de 1714 , & de propoſer encore des commiſſaires. On répond qu'on attend des inſtructions de
Santo-Domingo. Mais dès le 20 Mai 1715 , cédule
du roi d'Eſpagne qui enjoint au préſident de laiſſer
aux français ce qu'ils avaient , lors qu'il était monté
ſur le trône , & d'envoyer des inſtructions pour qu'on
puiſſe nommer des commiſſaires.

1719.

A cauſe de la déclaration de guerre entre la France
& l'Eſpagne , M. de Chateaumorand , gouverneur ,
& enſuite M. Sorel qui lui ſuccéda , à cette époque,
propoſèrent au préſident eſpagnol , Don Fernand
Conſtant Ramirez , qui l'accepta , de garder la neutralité à St.-Domingue , & de laiſſer la queſtion des
limites indéciſe , ſans que les Eſpagnols puſſent
paſſer la Rebouc , & que les Français n'iroient pas
au-delà de Capotille.

Les Eſpagnols font poſer un corps-de-garde au
point où la petite rivière de Montcuſſon ſe jette dans
l'Artibonite. M. de Paty , commandant de l'Oueſt,
le fait brûler.

1721.

On tue quatre français dans la partie du Sud , ſous
prétexte d'envahiſſement de territoire ; mais le Pré-

fident efpagnol demande , au mois de Février , que cet événement malheureux ne détruife pas l'harmonie qui règne à St.-Domingue.

1724.

Ordre de la cour de France , le 10 Juillet , à M. le comte de Robin , fon chargé d'affaires, en Efpagne, de laiffer l'article des limites de côté , parce qu'il convient de le traiter fur les lieux.

Minguet (dont le nom eft juftement célèbre à St.-Domingue), revenant de la conquête de Carthagène, avait obtenu de M. Ducaffe , le 11 Septembre 1698 , une vafte conceffion au Dondon. Les Efpagnols après l'avoir long-tems vexé , avaient fini par fe féliciter même , d'avoir en lui un précieux Efculape ; mais des conceffions faites récemment au Dondon , leur cauférent des allarmes. Le préfident s'en plaignit à MM. de la Rochalar & Montholon , général & intendant, qui lui répondirent que c'était le même local que celui originairement concédé à Minguet. Alors le gouverneur de Hinche & la Juftice du même lieu , vinrent fommer les habitans de fe retirer.

MM. de Chaftenoye & Duclos, gouverneur & ordonnateur du Cap , fe rendirent au Dondon , au mois d'Octobre , accompagnés d'un détachement de milices. Ils eurent une entrevue avec M. Mieffe , gouverneur de Hinche , chez le fignor Saint-Yague de Ribera , & l'on y convint que les habitans français refteroient , à l'exception de deux pour lefquels on arrêta de faire des recherches ultérieures.

1727.

Les Espagnols viennent mettre un corps-de-garde, jusques sur la rive Est de la rivière de Dajabon ou Massacre.

1728.

Quinze Espagnols, sous la conduite d'un officier du corps-de-garde placé en 1727, vont au canton du Trou-de-Jean-de-Nantes, dépendance d'Ouanaminthe, y détruisent deux établissemens français, enlèvent des esclaves & emmènent un des deux habitans garotté.

M. de Chastenoye se rendit du Cap au corps-de-garde, s'assura que c'était une entreprise de l'officier & s'en plaignit au Président. En revenant, il apprit que les habitans français allaient en armes pour se venger des Espagnols. Ils ne furent appaisés que par le désaveu du commandant Juan Gerardino de Gusman.

Au mois d'Août, ordre au marquis de Brancas, ambassadeur à Madrid, de renouveller la proposition des commissaires pour les limites.

1729.

M. de Nolivos, commandant pour le roi des quartiers de l'Ouest, faisait la visite annuelle des frontières du Cul-de-Sac, du Mirebalais & de l'Artibonite ; parvenu à la petite rivière de Montcusson, il y trouva une cabane où était un nègre Isidre, qui, désirant une concession, prit pour l'obtenir un certificat de

M. Hardouineau , commandant du Mirebalais, le 28 Juillet.

Les Espagnols qui virent ce certificat en prirent de l'ombrage. Les commandans firent sonner le tocsin depuis Hinche jusqu'à Azua. On prit les armes, on marcha aux frontières de la Cahobe (des Acajoux) & des Vérettes, & l'on blessa même d'un coup de fusil *Étienne Trouvé*, habitant du Mirebalais.

Le 8 Août, le président de la Rocheferrer écrivit à M. de la Rochalar, gouverneur, pour nommer des commissaires de part & d'autre, afin d'éviter les plus grands malheurs.

M. de Nolivos, fut envoyé en conséquence & il conféra chez M. Hardouineau avec Don Gonzalo-Fernandez de Oviedo, Auditeur-général de guerre. Le plénipotentiaire Espagnol, dit qu'il répondrait par écrit, gagna son territoire & marqua que le terrain contesté, & dont M. Nolivos fait retirer un corps-de-garde, appartenait aux Espagnols.

1731.

Le 26 Mai, le président la Rocheferrer écrit à M. de la Rochalar & se plaint de ce que depuis quatre ou cinq ans, des français s'établissent dans le Fond-de-Capotille ; il demande leur éloignement & menace d'employer la force. Le gouverneur-général répond que c'est beaucoup sacrifier à la paix que de s'arrêter dans l'Ouest du Massacre quand on a le droit d'aller jusqu'au bord du Rebouc. Mais M. Buttet, lieutenant de roi du Fort-Dauphin, ayant tenu des propos inconsidérés sur les limites & ayant déterminé deux habitans à aller s'établir au-delà de Capotille , les Espagnols dans la nuit du 1er. au 2 Septembre , viennent au nombre de quatre cens , détruisent les établissemens de trois habitans à Capotille & brûlent leurs cases.

Le 14 , en plein jour , M. de Chastenoye gouverneur du Cap , vient avec un détachement de deux cens hommes , détruire sur le territoire Espagnol le même nombre d'établissemens , mais sans employer le feu. Après cette représaille les deux gouverneurs du Cap & de St.-Yague , convinrent que la rivière du Massacre , servirait de limite provisoire.

Le 25 Décembre , le ministre approuva toute la conduite du M. de Chastenoye & prescrivit de nouveau de s'arrêter au Massacre, jusqu'à ce que les limites fussent réglées par des commissaires des deux puissances.

1732.

M. de Chastenoye fait prévenir le président Espagnol qu'il ne veut pas souffrir , comme le faisaient ses prédecesseurs depuis quelques années, qu'à chaque mutation de Président, la Justice de St.-Yago vienne faire aux habitans de Maribarou , Bayaha , le Brulage, l'Acul-des-Pins, & le Trou-de-Jean-de-Nantes, sommation de se retirer.

1733.

Au mois d'Octobre , Don Alphonze Castro y Mezo, accuse les français auprés de la cour d'Espagne de ravager le territoire espagnol , d'y tuer des habi-

tans, de vouloir s'emparer de l'Iſſet du Maſſacre &
de continuer à fortifier le Fort-Dauphin.

1735.

Le 29 Avril, le miniſtre d'Eſpagne envoye
cette plainte à l'ambaſſadeur de France à Madrid.
En reponſe la cour de France renouvelle la propoſi-
tion de nommer des commiſſaires.

Querelles pour la propriété de l'Iſſet du Maſſacre.

1736.

Les Eſpagnols prétendent non-ſeulement ſe placer,
comme ils l'avaient fait en 1719, ſur les limites du
Mirebalais, mais même poſer un corps-de-garde,
dans l'Oueſt de la rivière de la Seybe, cent toiſes plus
près des Français.

M. de Fayet, gouverneur-général, marche avec
des troupes & des milices, fait démolir le corps-de-
garde & forme un camp ſur cette frontière. Cependant il y arrête au mois de Mars, avec Don Nicolas
de Guridi, que les Eſpagnols garderont le terrain
conteſté, & qu'on y mettra un corps-de-garde de
chaque côté, juſqu'à ce qu'il y ait un réglement entre
les deux couronnes.

1737.

Le roi, par ſes inſtructions à M. de Larnage, déſ-
approuve la condeſcendance de M. de Fayet.

Les Eſpagnols entrent ſur le territoire Français
dans la limite des Gonaïves : ordre du gouverneur-
général, à M. Maupoint, commandant à St.-Marc

de faire conftater le fait. Celui-ci, nomme M. Jean Baptifte Roffignol de la Chicote, capitaine de cavalerie à l'Artibonite qui, le 8 Mai, trouve au corail à Minguet, une hatte occupée par deux efpagnols, quoiqu'on conftate que deux lieues plus loin, il exiftait encore des veftiges de l'établiffement où Minguet, (déjà nommé à l'article de 1724) avait réfidé 21 ans. On mit une croix & un pavillon Français, au lieu où étaient ces veftiges.

La colonie efpagnole s'emeut; on affemble les milices de Hinche, de Banique & de St.-Jean, mais ce raffemblement n'a pourtant aucune fuite.

1741.

Incurfions des Efpagnols au Dondon, d'où ils chaffent plufieurs habitans; ils y établiffent un corps-de-garde au canton du Baffin-Cayman.

1747.

Autre incurfion à la Marre-à-la-Roche, paroiffe du Dondon, où l'on enlève cinq nègres & l'économe de M. Mauny de Jatigny.

1750.

Le 13 Octobre, quinze Efpagnols armés viennent ravager les établiffemens de M. Loyer à l'Oueft du Maffacre & menacent de brûler ceux de MM. Lambert-Camax & Perrault.

Le 29 Octobre, plainte à ce fujet, de M. de Conflans, gouverneur-général, au Préfident.

1752.

1752.

A la fin de l'année, les Efpagnols chaffent, de nouveau , M. Mauny de Jatigny des établiffemens qu'il
avait faits au Dondon fur le local de Minguet.
Meffieurs de Vaudreuil & de Laporte-Lalanne ,
adminiftrateurs , rétabliffent M. Mauny par une ordonnance du 1er. Octobre 1754 & enfuite en
1756 , les deux chefs Français font, en perfonne ,
une prife de poffeffion folennelle de ce local , attendu qu'on venait de retrouver la conceffion faite
à Minguet en 1698.

1755.

Sommation faite le 21 Février , à quelques
Français du canton , nommé la Ravine-à-Mulâtres ,
(actuellement de la paroiffe de Vallière) d'abandonner
leurs établiffemens, s'ils ne veulent pas en être chaffés.
M. de Lange , major du Fort-Dauphin , s'y tranfporte , mais n'y troûve plus d'Efpagnols.

M. de Vaudreuil fait mettre un corps-de-garde à
ce point.

1757.

Quatre habitations de la Ravine-à-Mulâtres brulées par les Efpagnols.

1761.

Difficultés fur un établiffement formé au Dondon
par M. de Villars ; mais MM. Bart & d'Azelor,
gouverneurs des deux colonies , le maintiennent jufqu'à la décifion des deux cours.

1763.

Le marquis de Grimaldy, miniftre d'Efpagne, écrit au marquis d'Offun, ambaffadeur de France, qu'on va choifir les commiffaires pour les limites.

En conféquence M. d'Eftaing, partant pour St.-Domingue, eft chargé d'ordres du roi en blanc, avec pouvoir de les remplir du nom de ceux qu'il choifira.

1764.

M. d'Eftaing remplit du nom de M. le comte d'Ornano, les pouvoirs relatifs aux limites. Mais l'Efpagne n'ayant pas nommé de commiffaires, M. d'Ornano revient au Cap, au mois de Juin.

M. d'Azelor effaye de mettre à la Marre-à-la-Roche, au Dondon, un corps-de-garde, que M. d'Eftaing fait retirer.

1769.

A la fin de l'année, Don Nicolas de Montenegro, commandant en fecond de St.-Raphaël & des limites de cette partie, enlève M. de Ravel, habitant au Dondon avec quatre de fes nègres & fes effets. On reclama ce particulier qui était réellement fur le territoire Efpagnol & qui demeura dans les prifons de Santo-Domingo, jufqu'au mois de Juin 1771, qu'un jugement du roi d'Efpagne, en lui rendant fa liberté, le condamna encore en cent piaftres gourdes d'amende.

1770.

Incurfion à main armée de M. de Montenegro au Dondon.

M. de Vincent, lieutenant de roi au Cap, eſt en-voyé à San-Domingo par M. de Nolivos & y conclut avec le Préſident, le 4 Juin, un traité dont l'article 5, le ſeul qui ait rapport aux limites, porte qu'en cas de conteſtation ſur les limites entre les deux nations, les commandans reſpectifs des corps-de-gardes placés ſur les frontières, s'avertiront mutuellement & ſe porteront enſemble ſur les lieux, pour y vérifier l'objet des conteſtations & y remédier proviſoirement à l'amiable juſqu'à ce que les gouverneurs-généraux ſe ſoient concertés & ayant donné leurs ordres. M. d'Azelor ajouta à cet article que les commandans feraient la viſite de leurs frontières pour en bien reconnoître l'état.

1771.

A la fin du mois de Mars, M. de Montenegro veut qu'un mulâtre nommé Beligout, françois, réfugié dans la partie Eſpagnole, ſoit rétabli ſur une portion du terrain de M. Mauny.

Le 31 Mai, M. Montenegro vient, à le tête de cinquante hommes, au canton du Canary, paroiſſe du Dondon, enlever l'économe de M. Mauny & une négreſſe; il pille, arrâche des plantations & brûle des cafes. Une autre habitation à le même ſort.

M. de Nolivos ordonne une repréſaille à M. de Vincent qui ſe rend, avec une force armée, chez Don Guſman à l'Atalaye, y prend l'économe & quatre nègres, & va enſuite chez Oſſé Panche où l'on prend auſſi quatre nègres & une négreſſe, ſans violence, ſans piller, ni brûler.

M. de Nolivos propofe l'échange des chofes prifes de part & d'autre. Il eut beaucoup de peine à l'obtenir.

Ce général va au mois d'Août, dîner chez Don Gafpard, commandant de Dahabon & des frontières, où fe trouvent Don Fernand de Spinofa , commandant de St.-Ràphaël & de fes limites & MM. de Vincent & de Liancour , lieutenans de roi du Cap & du Fort-Dauphin ; on arrête dans cette conférence verbale de fuivre exaɛtement l'article 5 du traité du 4 Juin 1770.

Cependant M. de Nolivos foufcrit avec ce même Don Fernand de Spinofa, au nom du Préfident Don Jofeph Solano , le 3 Novembre , un traité où il abandonne aux Efpagnols la jouiffance provifoire des terrains conteftés au Dondon , ftipule que les Français les abandonneront & confent à l'établiffement d'un corps-de-garde au Saut-du-Canot ; quoiqu'on s'y fut conftamment refufé depuis le gouvernement de M. d'Eftaing.

1772.

M. le Vicomte de la Ferronnays , prenant l'intérim de M. de Nolivos parti pour France, refufe d'exécuter la convention du 3 Novembre 1771 , excepté par rapport au corps-de-garde du Saut-du-Canot. Il eft arrêté entre M. de Solano & lui , le 10 Février , qu'on en fufpendra l'exécution pendant dix mois , pour attendre des ordres des deux cours ; celle de France approuve M. de la Ferronnays.

Le 26 Novembre, le miniſtre mande à M. de Vallière, gouverneur-général, que la cour d'Eſpagne déſire que l'affaire des limites ſe termine en Europe; en conſéquence, on lui demande tous les renſeigne-mens néceſſaires.

1773.

Don Joſeph de Solano, menace de ne plus per-mettre aux Français l'extraction des beſtiaux que leur fournit la partie Eſpagnole, ſi l'on ne termine pas l'affaire des limites. Il force ainſi M. de Vallière à ſouſcrire, le 25 Août, au Port-au-Prince où ce Préſi-dent s'était rendu, une convention qui, en adoptant toutes les prétentions des Eſpagnols, fait commencer la limite nord à la rivière du Maſſacre & la termine au ſud à la Rivière-des-Pédernales.

1774.

M. de Vallière ayant rendu compte de cet acte tyrannique & d'une eſpèce de proteſtation qu'il avait cru devoir faire, le miniſtre l'approuva le 14 Janvier, & l'ambaſſadeur de France en Eſpagne reçut l'ordre de preſſer cette dernière pour accélérer la concluſion définitive du traité des limites.

1775.

Le vingt-ſept Février, ſur la plainte de l'Eſpagne, ordre du miniſtre à M. de Vallière de faire retirer un corps-de-garde qu'il avait fait mettre dans un lieu où il en exiſtait un avant le 25 Août 1773.

Le 14 Août 1774, arrivée de M. d'Ennery à St.-Domingue, comme ſucceſſeur de M. de Vallière, avec ordre de maintenir les chofes dans l'état où elles étaient, & de repouffer la force par la force. Il conçoit le projet de terminer fur les lieux la querelle des limites.

1776.

Le 29 Février, traité figné à l'Atalaye entre MM. d'Ennery & de Solano, qui nomment pour le tracé des limites & pour faire pofer les piramides qui doivent les défigner, M. le Vicomte de Choifeul & Don Joachim Garcia, lieutenant-colonel & commandant des milices reglées d'infanterie de la partie Efpagnole.

Ces plénipotentiaires terminent leurs oppérations le 28 Août.

1777.

Le 3 Juin, le traité provifoire devient définitif par la ratification, foufcrite au nom de leurs majeftés très-chrétienne & catholique, à Aranjuez, par M. le marquis d'Offun & M. de Florida Blanca.

Comme ce traité eft devenu le titre commun de la propriété de chacune des deux Nations, & qu'il marque qu'elle doit être phyfiquement la divifion des deux colonies de St.-Domingue, j'ai cru indifpenfable de le rapporter ici dans fon entier.

Traité arrêté , entre les ministres plénipotentiaires de leurs majestés très-chrétienne & catholique , concernant les limites des possessions Françaises & Espagnoles à Saint-Domingue.

Du 3 Juin 1777.

Les souverains de France & d'Espagne , toujours attentifs à procurer à leurs sujets respectifs , tous les avantages possibles , & ces deux monarques étant convaincus de la grande importance d'établir entre les vassaux des deux couronnes, la même union intime qui règne si heureusement entre leurs majestés, ont l'intention de concourir d'un commun accord, selon les cas & les circonstances , à lever les difficultés & les obstacles qui peuvent s'opposer à une fin aussi salutaire. Les fréquentes dissensions qu'il y a eu, depuis bien des années à St.-Domingue , entre les habitans Français & Espagnols de cette île, tant sur l'étendue des terreins , que sur d'autres jouissances particulières , malgré les diverses conventions faites provisoirement entre les commandans des possessions respectives des deux nations, avaient engagé les deux souverains à prendre cet important objet en considération, & à expédier des ordres & des instructions en conséquence à leurs gouverneurs dans la dite île, en leur enjoignant de s'appliquer, avec le plus grand soin, & le défir le plus sincère du succès, à établir la meilleure harmonie possible entre les colons respectifs; de reconnoître par eux-mèmes les terrains principaux, de faire lever des plans très-exacts, & de conclure enfin un arrangement de limites si clair & si positif qu'ils missent fin pour toujours aux difputes & qu'ils affuraffent la plus étroite union entre lefdits habitans. En exécution des ordres des deux monarques, on fit toutes les diligences & les reconnaiffances poffibles, & enfin M. de Vallière, commandant & gouverneur de la partie Françaife de l'île, & Don Jofeph Solano, commandant & capitaine-général de la partie Efpagnole, fignèrent une convention provifionnelle, le vingt-cinq Août, mil fept cens foixante-treize; mais les deux cours jugeant que cette convention ne rempliffait pas entièrement leurs défirs mutuels, & que s'agiffant de banir à jamais tout motif ou prétexte de difcorde, il était néceffaire d'éclaircir encore d'avantage certains points; elles expédièrent de nouveaux ordres relativement à cet objet.

Les deux gouverneurs férieufement animés du même défir, parvinrent à conclure & à figner une nouvelle convention ou defcription des limites, le vingt-neuf Février de l'année dernière, mil fept cens foixante-feize; & ils nommèrent en outre des commiffaires & des ingénieurs pour lever conjointement un plan topographique de toute l'étendue de la frontière, depuis une extrêmité jufqu'à l'autre, du Nord au Sud, & placer de diftance en diftance, les bornes ou piliers néceffaires. Cette commiffion fut exécutée, comme il paraît par l'inftrument figné des commiffaires, le vingt-huit du mois d'Août fuivant.

Les deux fouverains s'étant fait rendre le compte le plus exact de tous ces préalables & défirant mettre la fçeau de leur approbation royale à un arrangement

définitif

définitif qui établiſſe pour toujours l'union entre leurs ſujets reſpectifs ont déterminé qu'on redigeât, en Europe, un traité relatif aux limites des poſſeſſions Françaiſes & Eſpagnoles dans l'île St-Domingue, en prenant pour baſe la convention du vingt-cinq Août mil ſept cens ſoixante-treize, l'arrangement conclu le vingt-neuf Février, mil ſept cens ſoixante-ſeize, & ſur-tout l'inſtrument ſigné par les commiſſaires reſpectifs le vingt-huit Août de la même année, mil ſept cens ſoixante-ſeize.

A cet effet ſon excellence M. le marquis d'Oſſun, grand d'Eſpagne de la première claſſe, maréchal des camps & armées de ſa majeſté très-chrétienne, chevalier de ſes ordres, & ſon ambaſſadeur extraordinaire & plénipotentiaire en cette cour, nommé & autoriſé par ſa majeſté très-chrétienne, & ſon excellence Dom Joſeph Monino de Florida Blanca, chevalier de l'ordre de Charles III, conſeiller d'état, & premier ſecrétaire d'état & du département des affaires étrangères, nommé & autoriſé par ſa majeſté catholique, après en avoir conféré entr'eux & s'être mutuellement communiqué leurs pleins pouvoirs, ſont convenus des articles ſuivans :

ARTICLE I.

Que les limites entre les deux Nations, reſteront perpétuellement & invariablement fixées à l'embouchure de la rivière *Daxabon*, ou du *Maſſacre* du côté du Nord de ladite île, & à l'embouchure de la rivière *de Pedernales* ou *des Anſes-à-Pitre* du côté du midi, dans les termes qui feront ſpécifiés dans

Tom. I. d

l'article qui fuit immédiatement ; obfervant uniquement ici que fi à l'avenir , il furvenait quelque doute fur l'identité des rivières de *Pedernales* & des *Anfes-à-Pitre* , il eft d'hors & déjà décidé que c'eft la rivière , vulgairement appellée par les Efpagnols , rivière *de Pedernales*, que les plénipotentiaires ont voulu défigner pour fervir de limites.

ART. II.

Qu'attendu que la dernière opération que le Vicomte de Choifeul & Don Joachim Garcia ont faite en qualité de commiffaires , conjointement avec les ingénieurs refpectifs , & des habitans nès dans le pays, a été exécutée dans le plus grand détail , avec connaiffance de l'arrangement convenu entre les commandans français & efpagnols , le vingt-neuf Février , mil fept cens foixante-feize , & qu'ayant eû fous les yeux les différens terreins , ils ont été à portée d'éclaircir tous les doutes ou équivoques, qui pouvaient naître de l'expreffion littérale dudit arrangement ; vu auffi la circonftance qu'il a été planté des bornes d'un commun accord , fur toute la frontière, & qu'il a été levé d'autres plans plus corrects dans lefquels lesdites bornes font marquées une à une ; fur ces principes les plénipotentiaires fouffignés ftipulent que ledit inftrument fait & figné par lesdits commiffaires , le vingt-huit Août , mil fept cens foixante-feize , & dans lequel font clairement & diftinctement défignés tous les points , rivières , vallées & montagnes , par où paffe la ligne de démarcation , fera inferé dans le préfent article dont il fera partie comme il fuit :

DESCRIPTION des limites de l'île St-Domingue, convenües à la Attalaya le 29 Février 1776 , par le traité définitif *fub fperati*, conclu entre leurs excellences MM. Dom Jofeph Solano, chevalier de l'ordre de St-Jacques, brigadier de l'armée royale de fa majefté Catholique , gouverneur & capitaine-général de la partie Efpagnole , Préfident de l'audience royale , infpecteur des troupes & milices , fur-intendant de la croifade , juge fubdélègué de la rente des poftes & plénipotentiaire de fa majefté Catholique ;

Et Victor-Thérefe Charpentier, marquis d'Ennery, comte du St-Empire , maréchal des camps & armées de fa majefté très-chrétienne , grand-croix de l'ordre royal & militaire de St-Louis , infpecteur-général d'infanterie , troupes & milices des colonies françaifes de l'Amérique fous le vent & plénipotentiaire de fa majefté très-chrétienne ;

Lefquels ayant figné le dit traité original, par ancienneté d'âge , ont remis en conféquence leurs inftructions de la même date aux fouffignés, Dom Joachim Garcia , lieutenant-colonel de l'armée de fa majefté Catholique , commandant les milices réglées d'infanterie de la colonie efpagnole ; & Hyacinthe-Louis Vicomte de Choifeul , brigadier des armées de fa majefté très-chrétienne , nommés commiffaires à l'effet d'exécuter les articles du traité , qui fixent invariablement les limites des poffeffions refpectives des deux couronnes, conftruire des piramides , pofer des bornes, par-tout où befoin ferait , pour faire ceffer déformais les difcuffions qui altéreraient la bonne harmonie entre les deux nations & lever , avec l'affiftance d'un nombre ſuffiſant d'ingénieurs , le plan topographique & auquel les ſouſſignés renvoyent pour plus grand éclairciſſement ; obſervant qu'il n'a pû être ſigné , comme il eſt dit dans le traité , par l'ingénieur en chef le ſieur de Boisforêt , employé par ordre ſupérieur à d'autre fonctions de ſon état.

En exécution dudit traité la ligne de démarcation des limites commence, à la côte du Nord de cette île, à l'embouchure de la rivière *d'Ajabon* ou *Maſſacre* , & ſe termine, à la côte du Sud , à l'embouchure de la rivière *des Anſes-à-Pitre* ou *Pedernales* , ſur les rives deſquelles ont été conſtruites les piramides indiquées par le plan ; les deux premières portant le No. I. & les deux dernières le No. 221 , avec les inſcriptions gravées en pierre, *France* : *Eſpâna*. Le plan explique clairement tous le reſte ſuivant ſa véritable poſition , bien entendu que la route ſuivie par les commiſſaires déſigne la droite ou la gauche de la ligne , & qu'à l'égard des rivières ou ruiſſeaux , c'eſt leur cours en partant de la ſource.

En remontant le long de la rivière *d'Ajabon* ou *Maſſacre* , ſes eaux & ſa pêche communes forment la ligne de frontière juſqu'à la piramide No. 2 de l'îlet diviſé par les piramides *3* , *4* , *5* & *6* , conformément au traité , & cette ligne n'eſt point tangente au coude le plus avancé de la *Ravine-à-Caïman* , le marais étant impraticable.

Les deux piramides No. 7 déſignent que les eaux réunies en un ſeul bras entre les deux iſlets, la rivière devient commune & forme la ligne comme en bas.

Le fecond iflet fe trouve divifé par les piramides qu'on y a élévées depuis le No. 8 , jufqu'au No. 17 inclufivement, de la manière repréfentée fur le plan, quoique, conformément au traité , il dût être divifé par une ligne droite d'une extrêmité à l'autre, qui forme une fourche, où le bras droit de la rivière prend le nom de *Dom-Sebaftien*, & l'autre fe nomme *Bras gauche du Maffacre*. Mais le plan particulier qui a fervi de bafe à cet article, figurant l'îlet éliptique & divifible en une feule ligne droite , était fi peu fidèlle, qu'il a fallu avec plus de précifion en lever un nouveau, tel qu'il eft figuré fur le plan général, & l'îlet a été divifé en deux lignes qui fe rencontrent, afin de ne point préjudicier, conformement à l'article 5 du traité , aux intérêts effentiels des vaffaux de fa majefté Catholique , dont le terrein aurait été enlevé par la divifion en une feule ligne droite.

Depuis la piramide No. 17, les eaux de la rivière du *Maffacre* & du *Ruiffeau-de-Capotille*, font la limite des poffeffions refpectives jufqu'à la borne No. 22. Dans cet intervalle, on rencontre deux piramides, No. 18 , placées fur les rives du Maffacre, que traverfe le chemin royal du bourg de *d'Ajabon* à celui *d'Ouanaminte*; deux à l'embouchure de *Capotille*, No. 19 ; deux à l'embouchure du Ruiffeau de *la Mine*, No. 20 , & deux bornes portant le même No. 21 , au bas de l'embranchement fur lequel fe trouvent les établiffemens du fieur *Gafton*, où fe joignent deux petits ruiffeaux qui forment celui *de Capotille*. La ligne remonte le long des eaux encaiffées du ruiffeau de la gauche , jufqu'au No. 22 , où se terminent les plantations qu'elle environne en cherchant le No. 23 ,·& le sommet de l'embranchement qu'elle prolonge jusqu'au No. 24 sur le *Piton-des-Ramiers*.

De ce point la ligne de frontière passe sur le sommet des *Montagnes* de *la Mine* & de *Marigallega*, en suivant l'ancien chemin des rondes Espagnoles , jusqu'à la borne No. 25 , à la pointe que forme la petite savanne *du Sirop* , sur la plantation du feu sieur *Lassalle des Carrières* ; elle continue le long des cafés entourés d'une haye de citroniers , appartenans audit habitant représenté par le sieur *Maingault* jusqu'au *Piton-des-Perches* , & descend en ligne directe par les Nos. 26 , 27 & 28 , dans la savanne du même nom , par la rive droite , de laquelle & par le No. 29, elle monte à la *Montagne-des-racines , Des grandes selles , Du Chocolat* & de *Coronado* , où est le No. 30 ; duquel en suivant la même montagne, par un chemin bien ouvert, on arrive au No. 31 , posé sur la pente du *Piton-de-Bayaha* , où la ligne n'étant susceptible d'aucun doute par le sommet de la montagne & le chemin bien ouvert qui passe sur la crête du *Morne-à-Ténèbre* , par le No. 32 , par le *Piton-des-essentes* jusqu'au No. 33 de *Filguéral*, laissant à droite les sources *de la Grande-Rivière* , qui coule dans la partie Française & à gauche la tête ou *ruisseau des Éperlins* qui verse ses eaux dans la partie Espagnole.

Depuis ledit No. 33 , les limites nationales continuent par un chemin bien marqué , & traversant des gorges profondes , figurées sur le plan pour arriver à la *Montagne-Traverſière*, ſur le ſommet de laquelle & par le No. 34, on va chercher les No. 35, qui coupe le *Ruiſſeau-des-Sables*; 36, 37 ſur un chemin commun le long d'un *grand bois*, & 38 ſur le ruiſſeau de *Ziguapo* ou *des Chapelets*, où par les embranchemens de la montagne du même nom, on arrive à ſa hauteur au No. 39, où prend naiſſance l'embranchement ou *Montagne-des-Chandeliers* que ſuit la ligne, paſſant par les bornes Nos. 40, 41, 42, juſqu'à 43, placé au confluent que forme le *Ruiſſeau-des-Chandeliers* avec la *Grande-Rivière*, regardant à droite la vallée de la rivière & à gauche la profondeur inacceſſible du ruiſſeau.

Depuis le No. 43, les eaux de la *Grande-Rivière*, ſont la limite des deux nations juſqu'au *Corps-de-garde* de *Bahon*, où eſt la piramide No. 44, & l'embouchure du *ruiſſeau* de ce nom, mentionné dans le traité & que les commiſſaires ne pouvaient chercher depuis la *Montagne-des-Chapelets*, ni celle *des Chandeliers*, par leur route à l'Oueſt pour le ſuivre comme ligne de frontière, parce qu'il prend naiſſance très-loin vers le Sud dans les *Montagnes-de-Barrero Cannas & Artamiſa*, ſans aucune jonction avec celle *des Chapelets & des Chandeliers*, d'ailleurs peuplées de hattes Eſpagnoles très-conſidérables qui aboutiſſent à la rivière où ſont leurs plantations, des vivres, des fermes des rentes écléſiaſtiques : Conſidérant que l'on ne pouvait connoître ces particuliarités lors de la concluſion du traité, & que de tirer la ligne d'embranchemens en embranchemens, par-delà la rive gauche de la rivière juſqu'à

l'embouchure du ruiſſeau de *Bahon*, ne ſerait d'aucune utilité à la nation Françaiſe par la petite quantité & la mauvaiſe qualité de la terre qui reſterait
entre la ligne & la rivière ; que d'ailleurs, ce ſerait
intercepter l'eau aux animaux, ce qui préjudicierait
aux vaſſaux de ſa majeſté catholique, ſans aucun
profit pour ceux de ſa majeſté très-chrétienne ; c'eſt
pourquoi les commiſſaires ſouſſignés ſont convenus,
& leurs généraux l'ont approuvé, qu'entre les deux
ſuſdits Nos. 33 & 44, les eaux de la *Grande-Rivière*
ſeraient la limite nationale, & que pour faciliter la
communication de ce trajet, le chemin ſerait commun, traverſant la rivière d'un côté comme de l'autre, par-tout où les difficultés du terrein & celles de
ladite rivière l'exigeront.

Du *Corps-de-garde de Bahon* la ligne de frontière
monte par l'embranchement qui finit à la piramide,
& de ſon ſommet elle paſſe par les Nos. 45, 46, 47,
48 & 49, en contournant les plantations actuelles
des français, *Couzé* & *Laurent* ſur la droite, laiſſant
à gauche les poſſeſſions de *Bernardo Familias*, juſqu'au
Corps-de-garde de la vallée, où eſt poſée la borne 50.

Dudit poſte la ligne monte ſur la *Montagne-Noire*
par un chemin de ronde bien connu &, à moitié côte,
a été gravé le No. 51 ſur deux rochers, avec l'inſcription *France : Eſpáña.* Au ſommet on a placé
le No. 52, à l'entrée des plantations actuelles du
ſieur Milſcent, & les limites prolongent ſes cafés,
qui ſont ſur la crête en cherchant les Nos. 53, 54,
55, 56 & 57, le long des plantations actuelles du
ſieur *Jouanneaux*, paſſant par les Nos. 58, 59, à la

tête

tête d'un des rameaux du *Ravin-sec*, & par le Piton de ce nom au sommet de la montagne en rasant les plantations du sieur de la *Prunarède*.

Les Nos. 60 & 61, sont à la tête du *Ravin-sec*; les 62, 63 & 64, sur le même ravin autour des plantations actuelles du sieur *Larivière*, & depuis 65 jusqu'à 69 inclusivement, ce sont les limites des plantations actuelles du sieur *Laserre*, placé sur la gauche du sommet de cette montagne; au No. 69 la ligne suit un chemin commun qui va reprendre, en descendant, la crête de la montagne & contourner les plantations actuelles de *Potier*, *Laleu*, *Gerbier & Béon*, qui penchent sur la gauche avec les bornes, depuis le No. 70 jusqu'à 79 inclusivement, placées aux sources de la *Ravine-Mathurin*, sur les différentes gorges qui la forment.

Du Piton où se trouve établi le sieur Béon, la ligne passe par un chemin bien ouvert sur la crête jusqu'au No. 80, qui est à la tête de la *Gorge-Noire* entre les plantations actuelles du sieur *Colombier* & de *Mathias Nolasco*, de la Caze duquel la ligne prolonge la crête, soit en montant ou descendant quelques ravins, jusqu'à rencontrer les Nos. 81, 82 & 83, le long des cafés de *Dubar*, sur la hauteur appellée de *la Porte*, qui regarde les bois du même nom, & sur la crête de ladite hauteur dans un chemin bien ouvert, la ligne descend autour de la plantation du sieur *Dumar*, jusqu'à la piramide 84, construite à l'ancien corps-de-garde du *Bassin-à-Caïman*, sur la rive gauche de la rivière.

A la rive droite, vis-à-vis le No. 84 est la piramide

85, où les plénipotentiaires ont posé la première pierre au pied du Piton, où commence la *Montagne de Villa-Rubia*; la ligne monte à son sommet, où est la borne No. 86, & en descendant par un embranchement au No. 87, elle prend le sommet de la montagne sur les plantations de madame la *Barone de Piis*, qu'elle suit, les eaux versant toujours à droite dans la vallée du *Dondon*, & à gauche dans la partie Espagnole jusqu'à rencontrer les plantations actuelles de la dame de *Collière*, qui dépassent le sommet de la montagne, ainsi que celles du sieur *Chiron*, lesquelles conjointement ont été renfermées par les bornes Nos. 88, 89, 90, 91 & 92, où la ligne reprend & suit le sommet de la montagne regardant la susdite vallée jusqu'au No. 93, à la *Montagne-des-Chapelets*, & de son Piton, elle descend aux Nos. 94 & 95, en coupant le ravin qui joint les plantations du sieur *Soubira*, pour arriver au No. 96, sur celles du sieur *Moreau*, & de ce point descendre en ligne droite à la *Rivière-du-Canot*, sur la rive droite de laquelle est la piramide No. 97, à la pointe de l'embranchement opposé qui descend de *Marigallega*.

La ligne de frontière continue, montant droit par ledit embranchement au Piton de *Kercabras*, No. 98 & suit par son sommet regardant les plantations actuelles du sieur *Lécluze & Tripier* jusqu'aux Nos. 99 & 100, d'où elle retourne le long des plantations de MM. de *Montalibor, Touquet & Gérard* par les bornes 101, 102 & 103 jusqu'à 104, à un Piton de rochers sur les hauteurs de *l'établissement de Valero*, & en bas de la seconde habitation de *Touquet & Rodanès*.

De ce point la ligne fuit, le plus droit qu'il a été possible, par un chemin bien ouvert fur un terrain très-âpre, en coupant le *Ruiffeau-rouge* à la borne 105, le *Ruiffeau-Maho* à la borne 106 & monte en côtoyant la montagne *des Cannas* ou *Lataniers* fur le fommet de laquelle eft le No. 107, d'où elle defcend à la *Ravine-à-Fourmi*, & à la piramide 108 fur la rive gauche entre les établiffemens abandonnés de l'Efpagnol *Lora*, & ceux du français *Fauquet*, poffeffeur du terrain connu dans le traité, fous le nom de *Beaufoffé*, alors affocié de *Fauquet*.

Traverfant la *Ravine-à-Fourmi*, la ligne rencontre la piramide 109, à la rive droite fur l'embranchement par lequel elle monte la montagne de *Marigalante*, paffant par les Nos. 110 & 111, jufqu'au No. 112, d'où les eaux fe divifent dans la partie Efpagnole & Françaife, & delà elle commence à defcendre cherchant la montagne d'où les eaux fe jettent dans la *Rivière-du-Bois-d'Inde*, par la borne 113 gravée fur un rocher; 114 pofée fur un embranchement; 115 fur le *Ruiffeau-de-Roche-Plate*; 116 fur le *Ruiffeau-des-Éperlins*; 117 fur un ravin; 118 fur la *Hauteur-pelée-del-Dorado*; 119 à la *Gorge-du-Coucher*; 120 au *Brûlage* de la *Montagne-Sale*; 121 & 122 dans la favane de ladite montagne, fur les bords du chemin royal & remontant jufqu'au Piton, elle defcend au No. 123 qui eft à la fource du *Ruiffeau-à-Dentelles*, entre ladite montagne *Sale* & *la Montagne-noire-des-Gonaïves*, fur laquelle monte la ligne par le No. 124 jufqu'à 125, où les fouffignés trouvant fon fommet impraticable ont été obligés de la contourner par le terrain Efpagnol pour arriver au côté oppofé , dans la direction de la ligne de frontière qui , comme tous les autres lieux inacceffibles , a été mefurée trigonométriquement depuis le No. 125 paffant par 126 au Piton de la *Savanne-de-Paez* , & 127 au *Pont-de-Paez* indiqué par le traité.

Ici continue la ligne des limites cherchant le fommet de la *Coupe-à-l'Inde* , paffant par la borne 128 , au *Petit-Piton-de-Paez* ; 129 à une fource dans la vallée ; 130 au milieu de ladite vallée, coupant le chemin royal , qu'on appelle de la *Coupe-à-l'Inde* , entre deux montagnes chaffant fur la hauteur où elles fe rejoignent , pour defcendre au No. 131 , qui eft dans un fond de ladite montagne *Coupe-à-l'Inde* , dont la ligne fuit la crête par les Nos. 132 , fur un rocher ; 133 au pied d'un amas de rochers inacceffibles, nommés *Hauteurs-des-Tortues*, jufqu'au No. 134, fur la hauteur & au bord du *Chemin-de-la-Découverte* ; impraticable dans la majeure partie de fa crête , jufqu'aux fources de la *Rivière-du-Cabeuil* ; mais malgré celà les Nos. 135 , 136 , ont été pofés fur *la Vallée-des-Cedras* , & 137 , fur la vallée *Polanque* ; la montagne continuant toujours fes eaux verfantes dans la partie Efpagnole & Françaife par la borne 138 , placée au-deffus des *Sources-du-Cabeuil* , fur *la Montagne* , que les Efpagnols appellent *de-los-Gallarones.*

Suit la ligne au-deffus des *Sources-du-Cabeuil* , le long des bornes 139 & 140 , fur le fommet où fe joint *la Découverte* avec *la Montagne-Noire-des-Cahos,* à la borne 141, près des plantations de *Cebère & Gui*; elle continue par les Nos. 142, 143 & 144, gravés fur trois rochers; 145, 146, le long des plantations actuelles de *Poirier*; 147 & 148, chez *Raulin*, jufqu'à 149, d'où elle commence à baiffer, & rencontre la première plantation de *Fieffé*, dépaffant du côté Efpagnol le fommet de la *Montagne-des-Cahos*, & qui a été limitée par les bornes 150, 151, 152, 153, 154 & 155, en retournant prendre & fuivre la crête, jufqu'à fa feconde plantation qui joint celle de *Cazenave*, & les deux ont été renfermées dans les Nos. depuis 156 jufqu'à 160 inclufivement.

La ligne paffant par le No. 161, prolonge de Piton en Piton, la crête non douteufe de la montagne jufqu'à la borne 162, à l'entrée de la plantation actuelle *de Pérodin*, renfermée dans les Nos. 163, 164 & 165, d'où elle reprend la crête jufqu'au No. 166, le long de la plantation actuelle de *Cottereau*, dépaffant la crête à gauche, & renfermée dans les bornes depuis ledit No. 166, jufqu'à 171 inclufivement, par lequel & fur le fommet d'un embranchement, elle arrive aux Nos. 172 & 173, le long de la plantation *d'Ingrand*, où devient impraticable la plus grande hauteur de la *Montagne-Noire*, ou *Grand-Cahos*, dont le fommet indique les limites nationales, jufqu'à la porte ou *faut* de la *Rivière-Guaranas*, qui fe réunit avec la *Rivière-Blanche*, aulieu que les Français nomment *le Trou-d'Enfer*, où a été pofée fur le chemin la borne 174.

D'ici la ligne de frontière, fuit par la crête de la montagne de *Jaïti*, verfant fes eaux dans la partie

Efpagnole , & la partie Française ; jufqu'au *Piton-de-l'Oranger* , duquel elle paffe droit à la borne 175 , gravée fur un Rocher , & par les Nos. 176 & 177 , dans le *terrein-plat* de ladite *montagne*, appellée *le Repofoir* , prolongeant les poffeffions de *Hubé* , & pourfuit par le Piton joignant jufqu'au No. 178 ; d'où elle va en defcendant , par un chemin bien ouvert & marqué , au No. 179 , dans la petite favane de *Jaïti* , pour arriver dans la grande favane , où était autrefois le corps-de-garde de ce nom , traverfe la favane , chaffant au Sud-Eft le long des bornes 180, pofée dans le milieu , & 181 , à la pointe , pour aller à la même direction, chercher le pofte de *Honduras* , coupant un ravin très-profond , & côtoyant par fes embranchemens , la montagne de la gauche , jufqu'à defcendre au No. 182 , pofé dans la *Savane-des-Bêtes* , & 183 fur la rive droite de la *Rivière-Artibonite* qu'elle traverfe à ce point pour joindre le No. 184 , fur la rive gauche , 185 , fur le *Ruiffeau-d'Ifidore* , & arriver à 186 , *Corps-de-garde de Honduras.*

Pour monter au fommet de *la Montagne-à-Tonnerre* , on paffe une feconde fois le *Ruiffeau-d'Ifidore* , au No. 187 , la ligne remontant par les Nos. 188 & 189 , vers la crête qui eft une limite bien connue par la divifion de fes eaux , jufqu'aux Nos. 190, 191 & 192 , pour arriver à la Roche de *Neybouc* , au bord du chemin royal , & fur les deux côtés de laquelle ont été gravées les infcriptions relatives , & le No. 193.

Depuis ladite Roche le pied de la *hauteur* ap-

pellée *Neybouc*, par où continue la ligne, étant inac‑
ceffible, les fouffignés ont été la chercher par la par‑
tie Efpagnole, pour placer fur le fommet la borne 194,
d'où la ligne, dans un chemin bien ouvert & mar‑
qué, paffe par *la Hauteur-de-la-Mabotière*, & par
la crête de la montagne pour defcendre (par une
gorge qu'elle coupe) à la *Ravine-Chaude*, qu'elle
traverfe auffi, près de fa jonction avec la *Rivière-des-
Indes*, ou *du Fer-à-chéval*, que les fouffignés ont
paffée pour la première fois, & ont pofé fur la rive
gauche la borne 195, contraints par le mauvais ter‑
rein de la rive droite de traverfer fes eaux répandues,
& fes petits iflets pour arriver au *Corps-de-garde-de-
la-Vallée-Profonde*, & au No. 196, fitué au bord des
plantations actuelles de *Colombier*.

De ladite garde, les fouffignès traverfant la rivière,
ont pofé le No. 197, fur un rocher du premier em‑
branchement & continuant à ouvrir la ligne en cou‑
pant les embranchemens & les gorges de la grande
montagne le long des bornes 198 & 199, jufqu'à
200, *au Fond-des-Palmites*, à caufe de l'impoffibilité
d'en fuivre aucun, pour prendre au No. 201, la crête
qu'ils ont prolongée le long des Nos. 202 & 203
jufqu'à 204, & traverfant une gorge par les Nos. 205,
pour trouver la *Rivière-de-Gafcogne*, ils ont placé
la borne No. 206, fur fa rive gauche; 207, fur un
embranchement; 208, dans le plat pays, & toutes
les trois le long des plantations de *Mouffet*, établi
entre la *Rivière-de-Gafcogne*, & la *Ravine-des-pierres-
Blanches*.

Depuis le No. 208, la ligne traverfe la ravine

par une direction au Sud prolongeant les établissemens de *Maucler & Guérin*, par les embranchemens
qui conduisent au No. 209, sur la plus grande hauteur de la *Montagne-de-Neybe*, où l'on apperçoit les
étangs; elle suit le sommet de cette montagne, jusqu'au No. 210, où les guides pratiques ont indiqué
la *Bajada-grande*, ou *Grande-descente*, ajoutant qu'il
était impossible de continuer la marche par le sommet
de la montagne, désignée dans le traité comme la
limite nationale, & descendant par la partie Espagnole, les soussignés ont été au pied de la *Grande-
Descente*, y poser sur le chemin royal la borne 211,
depuis laquelle traversant le *Lac* ou *Étang-Saumatre*,
& dirigé *sur la pointe de la Montagne qui entre le plus
dans ledit étang, par la partie méridionale, près de l'embarcadère de la savane de la Ravine-blanche, ou Rivière-
Ravine*, la ligne arrive au No. 212, gravé sur un
rocher à la susdite pointe, d'où elle monte en cherchant le sommet de la montagne, passe par la borne
213, sur le chemin à la *Montagne-du-Brûlage*, traverse la gorge *du Fond-Oranger*, & de son Piton,
descend au No. 214, gravé sur un rocher d'une autre gorge au bas de l'établissement de *Pierre-Bagnol*,
& suivant ladite gorge arrive au No. 215, à la jonction d'une autre gorge au pied des plantations dudit habitant.

De ce point la ligne dirigée vers le Sud, coupe
la montagne sur laquelle est établi *Bagnol*, jusqu'au
No. 216 gravé sur un rocher où se joint *la Ravine-
blanche*, (qui ne coule plus depuis le grand tremblement de terre), avec celle qui prend sa source chez
Beaulieu

Beaulieu & Soleillet , pour fauver leurs plantations actuelles qui font fur l'une & l'autre rive de la ravine courante, on la paſſe & le ſommet de la montagne *Majagual* ou *des Mahots* , forme la ligne juſqu'à l'embranchement qui deſcend aux Nos. 217 & 218, dans deux ruiſſeaux ſecs , le long des plantations de *Soleillet*.

La ligne continue par le ruiſſeau de la droite dans un chemin bien ouvert, le long duquel , tous les grands arbres ſont marqués (à défaut de pierres propres à faire des bornes dans les déſerts), juſqu'à la tête de *Pedernales* ou *Rivière-des-Anſes-à-Pitre* , la ligne faiſant les divers contours tracés ſur le plan par les embranchemens pour monter à la grande montagne paſſant par le Piton ou *Brûlage-à-Jean-Louis* , par la ſavane du *Boucan-Patate* , par la *Savane de la découverte* , & ſon *Petit-étang* , à la vue *de la Montagne de la Flor* ſur la gauche, par la *Gorge-obſcure* , par la *Source-des-miſères* , par le *défrichement des nègres Marons du Maniel* , par le *Ruiſſeau-difficile* , & par le *Ruiſſeau-profond* , pour arriver aux ſources de la rivière nommée par les Eſpagnols *Pedernales* , & par les Français *Rivière-des-Anſes-à-Pitre* , ſur les rives de laquelle les ſouſſignés ont placé deux bornes portant chacune le même No. 219 , avec la double inſcription.

Le lit de cette rivière eſt la limite des deux nations ; on l'a ſuivie juſqu'à ſon embouchure à la côte du Sud, obſervant que le long de ſa première partie les eaux diſparoiſſent pluſieurs fois. On a gravé l'inſcription & le No. 220 , ſur un rocher au milieu du lit de la rivière, qui dans cet endroit ne coule point; & à son embouchure ont été élevées les deux piramides No. 221, sur les deux rives, avec les inscriptions respectives, à la vue des deux corps-de-garde.

Les soussignés, pour exécuter avec la plus grande précision, cette opération importante, ont toujours eû présent le traité du 29 Février 1776, & en exceptant la division du second islet, & la démarcation de la ligne entre les Nos. 43 & 44, à cause des raisons ci-devant exposées, ils ont littéralement suivi leurs instructions, accompagnés d'un nombre suffisant d'hommes connoissant les lieux le long de la ligne; d'ailleurs guidés par leur propre honneur, animés du désir de remplir les intentions de leurs souverains en faveur du bien & de la tranquillité des sujets respectifs, ayant de plus l'exemple d'harmonie, & de bonne-foi, que leur ont donné les plénipotentiaires; ils ont borné les plantations actuelles & fait retirer les habitans qui dépassaient la ligne de l'une ou de l'autre partie, ainsi qu'il a été reglé par les articles 4 & 5 du traité; 2, 6 & 7, des instructions, excepté le nommé *de Voisins*, dont il est fait mention, qui a volontairement abandonné sa position. Observant que dans toutes les parties il a été publié un ban portant peine de mort contre quiconque arracheroit, transporteroit, ou dérangeroit les bornes ou piramides de la ligne, & que tout particulier qui la dépasseroit, serait puni, suivant l'exigence du cas.

Les commissaires s'étant trouvés parfaitement d'accord sur tout le contenu de la présente description, écrite en idiôme Efpagnol & Français, l'ont fignée. Au Cap, le 28 Août, 1776.

Signé ; CHOISEUL. JOACHIM GARCIA.

Art. III.

Pour donner plus de folidité à cet arrangement, & prévenir tous les doutes qui pourraient s'élever dans la fuite, les deux plénipotentiaires figneront le même plan topographique original, qui a été envoyé de l'île de St-Domingue, figné du Vicomte de Choifeul, & de Dom Joachim Garcia, commiffaires, attendu que tous les endroits où ont été placées les piramides, comprifes entre les Nos. 1 & 221, fe trouvant auffi marqués dans ledit plan, avec les infcriptions refpectives, *France : Efpâna*, il doit être confidéré comme partie très-effentielle du préfent traité, & être figné par les deux plénipotentiaires. On obferve à ce fujet, que comme il doit y avoir deux exemplaires du traité, & qu'il n'exifte ici qu'un feul plan, pour fuppléer à ce défaut, par une formalité équivalente, leurs excellences M. le comte de Vérgennes, miniftre des affaires étrangères de fa majefté très-chrétienne, & M. le comte d'Aranda, ambaffadeur du roi catholique, devront figner l'autre plan égal, qui fe trouve à Verfailles, lequel y a été pareillement envoyé de l'île St Domingue, ayant été figné par les mêmes commandans & commiffaires & avec la même folennité que celui qui eft ici.

Art. IV.

Pour prévenir toutes efpèces de conteftations fur

l'ufage des eaux de la rivière *d'Axabon* ou *du Maf-faere*, & rendre d'avance inutiles toutes les tentatives ou entreprifes que pourraient faire les fujets de l'un ou de l'autre monarque, fur la rive de leur frontière, au préjudice du libre cours des eaux de ladite rivière, il eft ftipulé, dès-à-préfent, que les commandans refpectifs des deux nations, auront pleine & abfolue faculté d'infpection par eux-mêmes, ou par des commiffaires, fur l'exécution du préfent article; c'eft-à-dire, que le commandant français, veillera à ce qu'il ne fe commette point d'infraction fur la rive de la jurifdiction efpagnole, & que le gouverneur efpagnol veillera à ce qu'il ne s'en commette point fur la rive de la partie françaife; & fi l'on appercevait fur ce point la moindre contravention, le commandant de la partie léfée, portera fa plainte à celui de la partie offenfante, pour que celui-ci faffe détruire, fans aucun délai ni excufe, l'ouvrage qui aurait été élevé, & faffe remettre les chofes dans leur état primitif; bien entendu que s'il s'y refufe, ledit commandant de la nation léfée fera autorifé à fe faire, fur le champ, juftice par lui-même.

Ce qui eft énoncé dans le préfent article, n'empêchera pas que chacune des deux parties ne puiffe élever, fur la rive de fon territoire, les digues néceffaires pour fe garantir des crues d'eau, ou inondations, pourvu que ces digues n'interrompent point le libre cours des eaux.

Art. V.

Quoique dans les conventions antérieures , il se soit élevé quelques doutes ou quelques difficultés relativement au pied sur lequel devaient rester divers colons , dont les possessions avaient empiété sur les limites de la nation voisine , ce point ayant été réglé individuellement par l'instrument signé par les commissaires respectifs , le 28 Août 1776 , le présent article confirme ledit réglement ; en sorte que si par hazard les colons qui , conformément aux termes dudit instrument, devaient abandonner certaines possessions , ne se sont pas encore retirés , ils se retireront sans aucun délai.

Art. VI.

Pour que les bornes ou piramides par lesquelles les limites viennent d'être fixées , restent dans leur état actuel , & dans les mêmes points où elles ont été placées , le présent article approuve & confirme le ban publié de commun accord par les commandans des possessions françaises , & espagnoles dans ladite île , déclarant coupable de rébellion toutes personnes quelconque qui aurait la témérité , d'enlever, détruire ou déranger quelqu'unes desdites bornes ; que le criminel sera jugé par un conseil de guerre, & condamné à mort, & que si cherchant à se soustraire à l'une des deux jurisdictions, il allait se réfugier dans l'autre, il ne devra y trouver aucun secours, ni protection.

Art. VII.

Quoique les limites entre les deux nations foient clairement & diftinctement marquées fur toute l'étendue de leur frontière , il eft néanmoins ftipulé par le préfent article qu'il y aura conftamment , de part & d'autre , un infpecteur qui veillera à l'exécution de tous les points convenus & arrêtés par le préfent traité.

Art. VIII.

Sans préjudice de tout ce qui vient d'être établi au fujet des limites , les plénipotentiaires ayant égard au bien général , & pour rendre cet arrangement plus avantageux aux vaffaux des deux couronnes , confirment en outre le réglement fait par les commandans refpectifs , le 29 Février 1776 , relativement à la faculté qu'auront les français de traverfer par les lieux indiqués dans l'inftrument fait par les commiffaires refpectifs & non par d'autres routes , les poffeffions efpagnoles dans tous les cas néceffaires , fans en excepter celui de la marche des troupes ; les Efpagnols pouvant auffi traverfer par les chemins indiqués par le même inftrument , figné des commiffaires refpectifs , les poffeffions françaifes dans tous les cas qui fe préfenteront , (fans excepter celui du paffage ou de la marche des troupes). Obfervant néanmoins , quant à la marche des troupes qu'elle devra être précédée de l'avis que s'en donneront mutuellement les commandans refpectifs , & de l'accord qu'ils feront entr'eux ; mais lorfqu'il s'agira de tranfport de marchandifes ou d'autres objets de commerce, chaque nation pourra faire les réglemens & prendre les précautions les plus conformes à ſes lois, pour éviter que cette conceſſion ne ſerve en aucune manière de prétexte pour la contrebande, le paſſage que les deux parties s'accordent reſpectivement, n'ayant pour objet que de faciliter aux vaſſaux ou colons de chaque puiſſance la communication indiſpenſable entre eux-mêmes.

On prévient en conſéquence qu'il ſera permis aux français de faire réparer, à leurs dépens, le chemin de communication entre *St-Raphaël* & la *Coupe-à-l'Inde*, quoique le terrein par où paſſe cette communication appartienne en propre à l'Eſpagne.

<h3 align="center">ART. IX.</h3>

Le préſent traité ſera approuvé & ratifié par leurs majeſtés très-chrétienne & catholique, dans le terme de deux mois, ou plutôt, s'il eſt poſſible, & il en ſera envoyé, ſans perdre de tems, des copies authentiques aux commandans reſpectifs de l'île St-Domingue, pour qu'ils le faſſent obſerver ponctuellement & invariablement.

En foi de quoi, nous ſouſſignés miniſtres plénipotentiaires de leurs majeſtés très-chrétienne & catholique, l'avons ſigné, & y avons fait appoſer le ſceau de nos armes. A Aranjuez, le trois Juin, mil ſept cens ſoixante dix-ſept.

Signé, Ossun & El Conde Florida Blanca.

Pour-copie, au Cap le premier Décembre, mil ſept cens ſoixante dix-ſept.

Signé,   D'ARGOUT.

Paraphé *ne varietur* , & dépofé au défir de l'arrêt de ce jour. Fait au Cap , en confeil , le 8 Décembre 1777.

Signé ,   DE VAIVRE.

On ne peut s'empêcher à l'infpection de la carte où la ligne de partage fe trouve marquée , de faire cette obfervation , qu'il eft bien étrange que l'étendue de la partie françaife , & celle de la partie efpagnole , ayent fuivi précifement l'ordre inverfe de la puiffance de chaque nation dans l'île. En effet , lorfque les Efpagnols avaient encore une affez grande population , de vaftes établiffemens , & des reftes remarquables de l'ancienne fplendeur de l'île Efpagnole , une poignée de Français s'étaient établis jufques fur les bords du Rebouc au Nord , & jufques fur ceux de Neybe au Sud , fans compter la poffeffion de Samana ; & quand la colonie françaife , a acquis une force confidérable , lorfque fon état rend encore plus frappante , la décadence de la colonie efpagnole , fes limites font la rivière du Maffacre au Nord , & la rivière des Anfes-à-Pitre au Sud ; ce qui forme une différence qu'on ne peut évaluer à moins de cinq cens lieues carrées de furface.

C'eft en écrivant l'hiftoire de St-Domingue , que j'entre , à cet égard , dans des détails que leur nature même exclut de cet abregé. Je me contenterai de dire ici que les plaintes les plus amères , fe font élevées contre le traité , dont on va même jufqu'à affurer que l'exécution phyfique fur le terrein , n'eft

pas

DESCRIPTION

TOPOGRAPHIQUE

ET POLITIQUE DE LA

PARTIE ESPAGNOLE

DE L'ISLE SAINT-DOMINGUE.

L'ISLE Saint-Domingue, située dans la partie de l'Océan occidental, appellée la Mer du Nord & à l'entrée du Golfe du Mexique, est l'une des quatre grandes Antilles, & la plus vaste après l'Isle de Cube. Saint-Domingue a l'avantage d'avoir été le berceau de la puissance Européenne dans le Nouveau-Monde, & à ce titre il pourrait en être considéré comme la métropole, dénomination que l'influence de cette quatrième partie du globe sur les autres, ne rendra jamais aussi pompeuse qu'elle mérite de l'être.

Christophe Colomb découvrit Saint-Domingue, & y aborda le 6 Décembre 1492. Les insulaires qui habitaient l'île alors, la nommaient *Hayti*, expression qui, dans leur langue, signifiait *terre haute, terre élevée, terre montagneuse*. Charlevoix nous apprend qu'ils la nommaient aussi *Quisqueya*, c'est-à-dire, *terre grande* ou la *mère des terres.* D'autres l'ont appellé *Bobio* , terre où il y a beaucoup de villages & d'habitations. Colomb lui donna le nom d'*Hifpa-niola,* petite Efpagne , que la nation , au nom de laquelle il en prit poffeffion , lui conferve encore , quoique celui de Saint-Domingue, tiré de Santo-Domingo, fa capitale efpagnole , ainfi nommée par Colomb , difent quelques-uns , en honneur de fon père , prévale le plus fouvent & foit même le feul que les français employent.

Placé entre le 17e degré , 55 minutes & le 20e degré de latitude feptentrionale ; & entre le 71e & le 77e degré de longitude occidentale du méridien de Paris, Saint-Domingue , que l'on reproche à toutes les cartes de rendre moins grand qu'il ne l'eft en réalité & à l'égard duquel prefque toutes les cartes varient entr'elles, a, fuivant les obfervations faites en 1784 & en 1785 par M. le comte de Chaftenet-Puyfégur , environ 160 lieues dans fa plus grande longueur de l'Eft à l'Oueft, fur une largeur du Nord au Sud , qui varie depuis 60 lieues jufqu'à 7. Saint-Domingue que nous avons confidéré , abftraction faite des petites îles qui l'environnent , dans les calculs qui viennent de précéder , a, dans l'Eft-Sud-Eft, l'île de Porto-Rico, dont il eft féparé par un canal d'environ 20 lieues ; à l'Oueft-Sud-Oueft la Jamaï-que, diftante d'environ 45 lieues, & Cube au Nord-Oueft dans un éloignement de 22 lieues.

Les efpagnols , après avoir exterminé les naturels de Saint-Domingue. & fouillé le nom Européen par la plus atroce cupidité , jouiffaient depuis plus de cent vingt ans de cette importante Colonie, lorfque vers 1630, une poignée d'anglais, de français & d'autres Européens, vinrent les forcer à combattre. Malgré le nombre & les efforts des premiers conquérans de l'Amérique, pendant plus de cinquante années, malgré des fuccès qui femblaient même quelquefois avoir anéanti leurs ennemis pour jamais, il leur a été impoffible de fe fouftraire à la néceffité de partager l'île Saint-Domingue avec les français. Car ceux-ci reftés prefque feuls des premiers Flibuftiers & Boucaniers, ou ufurpant infenfiblement la prépondérance parmi eux, avaient converti, dépuis 1640, en une colonie françaife, dirigée par le gouvernement général, établi d'abord à Saint-Chriftophe & enfuite à la Martinique, une réunion d'individus, nés fous la domination de prefque toutes les puiffances de l'Europe.

Mais le partage de l'île a toujours été extrêmement inégal entre les deux nations, puifque l'Efpagne a toujours poffédé la portion la plus confidérable & la plus fertile.

Avant de me livrer aux idées & aux détails qui fuppofent la divifion réelle de Saint-Domingue entre les efpagnols & les français, je dois faire connaître au lecteur les chofes qui, étant indépendantes de fes habitans, forment l'enfemble phyfique de cette île.

DES MONTAGNES.

St.-Domingue a de longues chaînes de montagnes, dont la direction principale eft, à-peu-près, de l'Eft à l'Oueft, & qui, placées à une diftance affez égale des deux côtés Nord & Sud, parcourent sa longueur dans cette même direction. Ces chaînes, qu'on peut réduire à deux principales, n'ont pas entr'elles un parallélisme constant. De cette double arête partent des chaînes secondaires qui, courant dans divers sens, laissent des gorges plus ou moins profondes que coupent encore, dans des directions différentes, des mamelons contigus ou séparés, dont les dimensions varient; de sorte que les montagnes secondaires & les mamelons semblent être autant de contre-forts donnés aux grandes chaînes par la nature.

C'est entre celles-ci & la côte que se trouvent des plaines dont l'étendue diffère, soit qu'on les compare entr'elles, soit qu'on les envisage séparément. Les contre-forts qui, partant des chaînes principales, se dirigent vers la mer, divisent encore ces plaines en portions inégales, les rétrécissent & les abritent, & vont même quelquefois jusqu'au rivage interrompre une surface plane & lui servir, en quelque sorte, de borne ou de rempart.

Les deux grandes chaînes de montagnes s'élèvent à mesure qu'elles s'éloignent de l'Est; mais cette progression, sensible pendant environ 40 lieues, s'arrête pour ne plus offrir qu'une élévation assez long-tems égale dans le prolongement de ces chaînes, qui semblent s'élargir jusqu'à ce que prenant le milieu de la bande de terre assez étroite de l'île qui s'étend néanmoins le plus dans l'Ouest, elles redeviennent moins larges, sans toutefois perdre de leur hauteur. Mais, vers cette extrémité occidentale, les montagnes sont comme amoncelées les unes sur les autres.

Cette configuration & la hauteur même des montagnes, eſt cauſe que, malgré la vaſte étendue de pluſieurs plaines, lorſqu'on voit l'île à une certaine diſtance, elle paraît montueuſe dans ſa totalité & que ſon aſpect eſt bien éloigné de répondre à l'idée favorable qu'on doit en avoir. Mais l'Obſervateur qui contemple les chaînes de montagnes & toutes les branches qui en partent, comme d'un tronc principal, pour aller étendre leurs ramifications ſinueuſes ſur toute la ſurface de l'île, y voit, quant à celle-ci, la cauſe de ſa fertilité, l'immenſe réſervoir où s'accumulent les eaux que des rivières, ſans nombre, vont enſuite répandre par-tout ; un moyen deſtiné, par la nature, à tempérer l'effet d'un ſoleil ardent, à arrêter la fougue des vents, à varier la température & même à multiplier les reſſources & les combinaiſons de l'induſtrie humaine ; enfin, le ſol deſtiné à porter, juſqu'à la fin des ſiècles, les forêts bienfaiſantes qui, depuis la naiſſance du monde peut-être, reçoivent les eaux propices que les nuées recèlent dans leur ſein & qui, par leur ſituation ardue, ſont protégées contre la coignée de l'homme dont le génie n'eſt pas toujours conſervateur.

Ces montagnes renferment encore un nombre infini de mines de toutes les eſpèces, & il n'eſt perſonne qui ne connaiſſe la haute réputation des montagnes de Cibao, dans les entrailles deſquelles la cupidité eſpagnole a enſeveli des milliers d'Indiens condamnés à y chercher l'or qui a répandu tant de crimes ſur la terre.

Il ſerait preſque impoſſible de faire une deſcription qui pût être commune à toutes les montagnes de St.

Domingue, parce que leur nature & leur site varient & qu'une multitude de circonstances les font différer entre elles. C'est ainsi que tandis qu'il en est où tout annonce la fertilité, où presque tous les végétaux de l'île s'offrent aux regards, où tout appelle ou récompense le travail de l'homme, d'autres ne présentent que le hideux aspect de la stérilité & semblent interdire tout accès, non-seulement à l'avidité, mais même à l'espérance d'y créer de quoi satisfaire les besoins les plus grossiers. Quelquefois ces deux extrêmes se font remarquer dans des intervalles assez bornés, ou du moins des différences sensibles y forment-elles des contrastes dont on ne peut s'empêcher d'être frappé. Il faut donc renoncer à des généralités qui exigeraient des exceptions presque continuelles, & se borner à placer dans les détails de la description particulière des différens lieux, ceux qui pourront ajouter quelque chose à ce qui concerne les montagnes.

Il est des personnes qui, en examinant la carte de l'Amérique, ne se sont pas bornées à penser avec le Pline français, que les îles presque innombrables situées depuis l'embouchure de l'Orenoque jusqu'au canal de Bahama, (îles parmi lesquelles on peut citer quelques *Grenadins* qu'on ne voit pas toujours dans les très-hautes marées ou dans les grandes agitations de la mer), devaient être considérées comme les *sommités de vastes montagnes dont le pied & la racine sont couverts de l'élément liquide* ; mais qui ont été jusqu'à supposer que ces îles étaient les cimes les plus élevées d'une chaîne de montagnes qui couronnait une terre dont la submersion a produit le Golphe du Mexique. Cette opinion ne pourrait néanmoins se soutenir qu'en ajoutant à la disparution de l'immense surface du golphe, celle d'une autre surface qui aurait uni le Continent, depuis l'Yucatan jusqu'à l'embouchure de l'Orénoque, aux îles de cet archipel, & encore celle d'une troisième surface au moyen de laquelle ces îles auraient été contiguës à la Presqu'île de la Floride & à une terre quelconque qui les aurait terminé au Nord. Car on ne peut imaginer que ces sommités de montagnes eussent elles-mêmes terminé précisément un continent ; & quand on considère de plus qu'aux deux points par lesquels on doit concevoir, dans ce système, que les deux extrémités de cette chaîne de montagnes touchaient à la Guyane & au Mexique, il n'y a point de chaînes de montagnes qui appuyent la possibilité de la scission, la raison acheve de rejeter une idée qui fait disparaître une surface de plusieurs centaines de milliers de lieues, sans que la cause d'un pareil bouleversement soit indiquée, & sans que l'époque en soit consignée dans les annales du monde.

Mais les montagnes de ces îles, & à plus forte raison ces îles elles-mêmes, & celle de Saint-Domingue en particulier, ont-elles été couvertes par les eaux ? Il n'est pas permis d'en douter, d'après les règles que nous a indiquées l'immortel Buffon : parallélisme dans les couches ; ordre étranger à la pesanteur spécifique des substances dont elles sont composées, telles sont les preuves de l'action d'un fluide dirigé par les grandes causes qui meuvent le globe, & c'est principalement dans les montagnes,

parce que leurs flancs font quelquefois livrés à l'obfervation , qu'on en trouve la preuve.

Les montagnes des Antilles & les Antilles elles-
mêmes , fi elles doivent être confidérées comme des
fommités de montagnes, ont une direction contraire
à celle que Buffon défigne comme la plus commune
dans le nouveau Continent, puifqu'elles courent de
l'Eft à l'Oueft , fur-tout depuis l'île Saint-Chriftophe
jufqu'à celle de Cube; car depuis l'île de la Trinité
jufqu'à celle de Nieve , elles font pour la plupart
difpofées du Nord au Sud ; mais , dans toutes les
Antilles , les montagnes appuyent cette obfervation
du même auteur, que ces fommités de la terre partagent les îles dans le fens de leur plus grande longueur , ainfi que les promontoires & les autres parties
avancées.

J'ai déjà fait voir que cette difpofition était celle
des principales chaînes de montagnes de Saint-Domingue. Leur compofition y varie comme leurs
dimenfions ; dans les unes, les fommets font de roc
vif, de grès ou de granit & d'autres matières
vitrifiables , & ces têtes nues & armées, offrent des
efpèces de pics & un afpect où fe combinent à la
fois la grandeur & la trifteffe ; dans les autres , les
fommets font couverts d'une couche végétale , quelquefois mêlée de pierres plus ou moins dures, &
plus ou moins calcinables. Dans toutes les montagnes , fuivant qu'elles font plus ou moins hâchées ou
plus ou moins rapides , l'inclinaifon des couches
offre auffi des différences , & c'eft fur-tout dans les
maffes de rochers , en quelque forte juxta-pofées ,

que

que cette inclinaifon eft foumife à de plus grandes variations.

C'eft ici que nous devons faire mention d'une remarque de M. Adam Lift (*); c'eft que dans beaucoup de montagnes de St-Domingue , on trouve des couches de cellules de polypiers , fouvent très - apparentes fur les bords de la mer ou fur les bords des montagnes rapides. Quelquefois ces cellules font plus ou moins remplies ou de terre végétale ou de polypiers eux-mêmes , en état de décompofition ; d'autres fois elles confervent leurs cavités.

Le même obfervateur a été également frappé de ces maffes énormes de pierres légéres, calcinables & fonores, qu'on nomme, à St-Domingue, *Roches à ravets*, & qui forment quelquefois plufieurs couches d'une même montagne, où elles alternent, dans des rapports qui varient, avec des couches d'autres ma-tières. Ces roches qui lui paroiffent formées de débris de teftacées & de cruftacées, ont tantôt leurs lits ou couches très-étendues, tantôt détachées les unes des autres. M. Adam Lift penfe que les parties des cruf-tacées, après avoir été décompofées, auront fervi de ciment aux parties des teftacées , & que de la retraite de cette efpèce d'enduit feront réfultés les trous dont les roches à ravets font perforées.

L'obfervation générale a prouvé jufqu'ici que les montagnes de St-Domingue ont pour bafe le granit

---

(*) Obfervateur eftimable, colon de St-Domingue & membre de la fociété des fciences & arts du Cap-Français.

ou le quartz. Il fe trouve cependant des mamelons ou platons de terre de rapport, comme M. Adam Lift l'a également vu, mais ces collines ou petites montagnes fecondaires, doivent être confidérées comme ayant pour véritable bafe, celle du fol qui les porte ; car elles ne font elles-mêmes que le réfultat de pluyes abondantes qui entraînant & la couche végétale formée à la fuperficie des montagnes fupérieures & des portions pierreufes & fabloneufes, les ont enfuite abandonnées dans des points où la pente a manqué ; en forte qu'elles y ont formé des monticules fucceffifs où l'on peut reconnaître des couches de galets ou de portions pierreufes roulées & arrondies, & d'autres couches fabloneufes, vitrifiables ou calcaires. Ces monticules & les *épatemens* ou extrémités de montagnes, ont auffi des lits d'argile ou d'une marne plus ou moins folide, & qui, parce qu'elle eft graffe au toucher, prend le nom de *terre à favon* dans plufieurs lieux de St-Domingue.

Tout parle donc, dans les montagnes de cette île, de leur féjour fous les eaux de la mer, & du travail poftérieur des eaux pluviales. On peut ajouter à ces preuves, celles tirées de l'exiftence des coquillages marins dans les différentes couches des montagnes. On les trouve, foit au fommet de celles qui font le plus élevées, foit à une grande profondeur dans celles qui le font moins, & fans que leur nombre foit en rapport avec leur plus grand où leur moindre éloignement de la mer.

Il eft plufieurs montagnes de l'île qui, & par le mélange confus des matières dont elles font compofées & par l'inclinaifon fingulière de leurs couches, annoncent qu'elles ont éprouvé de violentes agitations. Il eft d'abord très-naturel d'imputer une partie de ces effets aux tremblemens de terre auxquels on fait que St-Domingue eft affez fujet ; de grandes anfractuofi-tés, des éboulemens confidérables, des maffes énor-mes déplacées ou même renverfées, malgré la folidité de leurs bafes, rappellent cette caufe au fouvenir de quiconque contemple ces effrayans réfultats. Mais on ne peut s'empêcher d'en attribuer auffi une partie à des mouvemens volcaniques. A la vérité, l'on ne con-nait point de volcans ouverts dans l'île, car ce qu'on dit des éruptions lointaines & en quelque forte inap-perçues des montagnes de Cibao, attend des expé-riences confirmatives. Mais dans beaucoup d'endroits, (fur-tout entre le Môle & les Gonaïves), une lave épaiffe devenue une terre végétative avec l'action du tems qui foumet tout, offre des preuves de volcans éteints. C'eft-là notamment que font des montagnes noîratres & dépouillées ; où l'œil apperçoit encore les traces de l'élément infatiable qui a voulu les dé-vorer. C'eft-là qu'un fol qui femble mobile & pofé fur des cavités auquel il fert de voute, que des eaux thermales, des produits fulphureux & des fcories, dépofent de l'énergie d'un agent fouterrain.

Les montagnes de St-Domingue n'ont pas une grande élévation au-deffus du niveau de la mer, & cette élévation peut même être évaluée à 400 toifes perpendiculaires dans la plupart de celles de l'inté-rieur ; mais celles du Cibao, de la Selle & de la

Hotte, ont une hauteur double, & celles qui les environnent ou qui en forment le prolongement, se rapprochent d'autant plus de l'une ou de l'autre de ces mesures, qu'elles sont à une distance plus ou moins grande de ces points principaux.

DES PLAINES.

Les plaines qui bordent toute cette carcasse monta-gneuse, ou qui remplissent l'intervalle qui est entre elle & le rivage, forment la grande portion de la surface de l'île. Ces plaines ont leur pente dirigée depuis les montagnes jusqu'à la mer, mais d'une manière plus ou moins sensible ; de sorte qu'il en est qui paroissent comme un amphithéâtre très-prolongé, tandis que d'autres semblent soumises à un niveau presque parfait.

La qualité du terrain varie, soit d'une plaine à l'autre, soit dans les différentes parties de la même plaine. Par-tout le sol participe de la nature des montagnes avoisinantes, & dont des prolongemens colla-téraux viennent quelquefois, comme on l'a dit, jus-que sur la côte où ils présentent, tantôt des extrémités qui s'inclinent vers la mer, ou dont les côtés s'abais-sent par des pentes plus ou moins adoucies, tantôt des masses coniques ou des hauteurs coupées à pic, & tellement armées de pierres, qu'on leur donne le nom de *côtes de fer*.

Le terrain qui avoisine la mer, a aussi des lits de polypiers & des débris d'animaux crustacées & tes-tacées. Presque par-tout on reconnaît que les plaines

n'ont été formées qu'aux dépens des montagnes &
de ce que les pluyes ont enlevé à la fuperficie de
celles-ci , compofée elle-même de débris de végétaux. On y trouve auffi des parties fableufes & des
gravois dus aux dégradations des pierres des montagnes que les eaux ont également tranfportées.

Ce ferait donc une entreprife interminable , que
de marquer toutes les efpèces de fol des plaines de
Saint-Domingue , & la profondeur des différentes
couches qu'on peut y trouver. Dans une partie , c'eft
une terre de rapport toute végétale ; dans l'autre ,
c'eft un mélange de la même terre avec des galets
ou avec du fable ; ici , c'eft une marne décompofée ;
là, une argile pure ; tantôt une marne parfaite, improprement nommée *tuf*, & qui fait effervefcence avec
les acides ; tantôt un fable vitrifiable qui ne fait qu'af-
fliger le cultivateur.

Il y a encore une portion affez confidérable de
terrain qui prolonge, en quelque forte , l'étendue des
plaines , mais fans en augmenter l'utilité d'une manière abfolue. C'eft toute cette partie qui, contiguë à
la mer & abreuvée ou couverte par elle à différentes
époques des marées (qui ne s'élèvent cependant à St-
Domingue qu'à *vingt pouces* tout au plus) , n'offrent que des reffources éloignées pour la culture, fi
toute fois l'induftrie fait s'en emparer.

Cette portion aquatique eft elle même très-variée,
à caufe de la proximité d'une rivière qui porte un
limon fertile dans un lieu, fans que l'autre participe à
ce précieux avantage. Quelquefois le terrain eft fan-
geux & n'a pour points folides que ceux où les racines

du flexible manglier se sont entrelacées & peuvent
retenir les portions terreuses qui sont entraînées dans
ces marécages, ou que produisent la décomposition
des crustacées & celle des coquillages; tandis que
plus loin c'est déja un sol réel élevé au-dessus du
niveau de la mer & où des palétuviers, des joncs
marins & des taches salineuses en efflorescence,
annoncent déjà un long travail de la nature. Enfin,
l'on y trouve aussi des intervalles où la terre est prête
à devenir végétative, où de beaux raisiniers du bord
de la mer, font la preuve d'un vrai défsèchement;
en un mot, un sol que l'homme peut féconder, au
moyen de fossés d'écoulement capables d'étancher de
grands amas d'eau qui nuisent tout à la fois & aux
travaux de l'agriculture & à la salubrité de l'air, parce
que des milliards d'insectes & d'animalcules dont tous
les terrains marécageux sont remplis, y entretiennent,
par leur décomposition, un foyer de putridité.

Il est même aisé de reconnaître que les plaines ont
acquis une partie de leur étendue par l'addition suc-
cessive de portions que les dégradations des montagnes auront remblayé le long de la mer, puisqu'à
des distances de plusieurs lieues du rivage, on trouve
dans l'île, à de certaines profondeurs, des couches
de sel marin, des bancs de coquillages & des débris
de plantes marines.

Du Climat et de la Température.

De la conformation même de l'île, qui a une partie
de sa surface en montagnes & une partie en plaines,

réfulte une grande variation dans fon climat & dans
fa température. Elle eft fpécialement produite par la
fituation de l'île dans la région des vents alifés ;
attendu que le vent dominant de l'Eft, auquel St-
Domingue préfente toute fa longueur, trouve dans les
intervalles des chaînes de montagnes, autant de canaux d'air qui rafraichiffent & tempèrent ces mêmes
montagnes, avantage que ne partagent pas les plaines
où des portions de montagnes arrêtent quelquefois le
vent & changent fa direction. Au furplus, une foule de
circonftances locales, telles que l'élévation du terrain, la quantité plus ou moins grande des eaux qui
l'arrofent, & la rareté ou l'abondance des bois, ont
une influence fenfible fur les effets du climat.

Si une caufe puiffante ne balançait pas l'action d'un
foleil toujours brûlant fous la Zone torride, & qui
darde des rayons prefque perpendiculaires, pendant
environ trois mois de l'année fur St-Domingue, la
température de cette île ferait infupportable pour
l'homme, ou du moins pour l'homme que la nature
n'aurait pas formé exprès pour fon climat. Mais cette
caufe eft dans le vent dont nous venons de parler,
& dont les effets falutaires affoibliffent ceux du foleil.

A l'influence confervatrice du vent, fe réunit &
celle de la prefqu'égalité des jours & des nuits, &
celle de pluyes abondantes qui rapportent fans ceffe
dans l'air une fluidité toujours défirable & qui bai-
gnant, avec profufion, la furface de l'île, produi-
fent, à l'aide de l'évaporation caufée par la chaleur
elle-même, une forte de refroidiffement.

Ainfi par un ordre immuable & dont la contem-

plation ravit le philosophe, la nature a voulu que
tout servît à maintenir une sorte d'équilibre dans le
climat de St-Domingue, souvent accusé par l'intem-
pérance, et que l'on voudrait toujours comparer à
des climats plus fortunés, que l'homme abandonne
cependant, parce que sa cupidité y est moins excitee
& plus lentement satisfaite que sous le ciel embrasé
de l'île que je décris.

Le vent d'Est qui souffle à St-Domingue, comme
dans le reste des Antilles, règne pendant presque tout
le jour & durant la plus grande partie de l'année.
C'est, assez régulièrement, entre 9 & 10 heures du
matin qu'il commence. Il augmente à mesure que le
soleil s'élève sur l'horizon ; & quoique celui-ci ait
passé la ligne du méridien pour se diriger vers le
couchant, le vent garde encore son énergie qui ne
cesse que progressivement, deux ou trois heures avant
la disparution de cet astre ; encore est-il quelquefois
très-sensible après cette époque. Ce vent est ce qu'à
St-Domingue on nomme ordinairement la *brise du
large*, par opposition à celle dont je vais parler.

On a donné le nom de *brise de terre* à un vent
dont la douceur rafraîchit les nuits, & qui vient des
montagnes de l'intérieur. Le plus souvent il se fait
sentir 2 ou 3 heures après que le soleil a quitté l'horizon, & continue jusqu'à ce qu'il y reparoisse.

C'est un effet assez curieux à remarquer, que celui
du contraste des deux brises. Celle du large venant
de la circonférence vers le centre, on la voit avancer
dans cette direction & agiter successivement les corps
légers & les feuillages qui se trouvent les moins éloi-
loignés

gnés de la côte. Pour la brife de terre, c'eft l'effet oppofé, & plus la fituation eft intérieure, plutôt elle s'y manifefte.

Il ne faut cependant pas croire que le règne alternatif des deux brifes foit tellement réglé, qu'il ne foit foumis à aucune variation. A certaines époques de l'année & fur-tout à celles des équinoxes & des folftices, la brife du large devient extrêmement forte, quelquefois même impétueufe, & durant plufieurs jours elle fouffle, fans aucun intervalle, ou ne fait que de courtes paufes, pendant lefquelles la brife de terre n'eft pas fentie. Alors c'eft communément lorfque le foleil fe leve, que la violence de la brife du large augmente, & l'on dirait qu'elle eft excitée par fa préfence.

D'autrefois c'eft la brife de terre qui empiète, & cela arrive, par exemple, dans la faifon des orages. Comme ils viennent prefque tous de l'intérieur, dès qu'ils ont couvert le ciel, la brife du large ceffe, & l'empire refte à celle de terre, qui promène alors, avec plus ou moins de rapidité, ces nuées épaiffes & noirâtres, dont les flancs déchirés laiffent échapper les éclairs, la foudre & des déluges. Quoique l'orage foit diffipé, le vent de terre conferve fes droits pendant la nuit & il les étend même jufqu'au moment du lendemain matin où la brife du large qu'il combat, le contraint à fe replier dans les montagnes où il femble avoir fon fiége principal.

De l'effet combiné des deux brifes, réfulte une agitation prefque continuelle de l'air, qui influe néceffairement fur les qualités qui le conftituent. Avec la brise du large il acquiert un ressort qui donne à la poitrine celui dont elle a besoin pour résister à une grande chaleur & pour calmer un sang que des transpirations abondantes tendent à appauvrir & à allumer. Mais c'est sur-tout pour le retour de la brise de terre que l'on soupire. C'est avec elle qu'on éprouve un relâche dont on avait besoin. Elle porte à tout l'être physique une sensation calme qui a bientôt passé dans l'ame. Cette brise appelle le sommeil, le rend réparateur, & dans des lieux élevés, elle fortifie la fibre & prolonge même la vie.

On est dans une espèce de souffrance, lorsque la combinaison réciproque des deux brises est intervertie, & cette souffrance augmente quand l'une des deux ne se montre pas. Il faut cependant observer que la brise du large manque rarement dans le tems des chaleurs excessives, & que son absence semble rendre plus hâtive celle de terre.

A St-Domingue, comme dans les autres Antilles, on ne remarque pas les quatre saisons qui se partagent l'année dans les zônes tempérées. L'hyver & son affreux aspect ne se montrent jamais sous un ciel où la vitalité est toujours en mouvement. La nature y étale, sans cesse, sa pompe majestueuse, elle étend une draperie verdoyante & perpétuelle sur cette immense surface. Les êtres y périssent cependant, & peut-être plus rapidement que dans d'autres climats ; mais ceux que chaque instant fait renaître, empêchent que l'œil n'apperçoive une destruction qui n'est qu'une nouvelle combinaison de la matière.

On ne peut y diftinguer que deux faifons, dont l'une eft celle des pluyes, appellée *l'hyver*, & l'autre celle du fec, qu'on nomme *l'été*; fans cependant qu'on doive imaginer que ces deux faifons ont les mêmes époques dans la totalité de l'île.

Les deux faifons font plus fenfibles dans les montagnes que dans les plaines, & en général les changemens de l'atmofphère font plus fréquens par rapport aux premières. C'eft-là que la température eft plus douce & qu'on n'éprouve prefque jamais ni les chaleurs étouffantes, ni ces brifes qui, lorfqu'elles font devenues violentes, font plus propres à deffécher l'air qu'à le rafraîchir & à le renouveller.

Auffi le féjour des montagnes a-t-il quelque chofe de plus riant que celui des plaines. La vie champêtre femble y avoir un caractère plus fimple & plus indépendant de toutes les gênes dont la politeffe à fait un code pour les villes & même pour les campagnes qui les avoifinent. Il eft rare que le thermometre s'y éleve au-deffus de 18 ou de 20 degrés, tandis que dans la plaine, il fe tient prefque au niveau de ceux des villes, & márque conféquemment jufqu'à 30 degrés. Les nuits y font quelquefois affez fraîches pour que l'ufage d'une couvèrture de laine n'y foit pas une vaine précaution. Il eft même des montagnes de St-Domingue où le feu eft une vraie jouiffance pendant certaines foirées. Ce n'eft pas que le froid y foit confidérable, puifque le thermometre s'y foutient à environ 12 ou 14 degrés, mais le contrafte de cette température avec celle éprouvée pendant le jour, produit une fenfation que les termes pofitifs du froid & du chaud ne mesurent pas de la même manière que dans un pays froid.

Par la même raison, sur le sommet des montagnes, telles que le Cibao, la Selle & la Hotte, l'on éprouve, dans la saison qu'il faut appeller improprement froide, une sensation encore plus vive, puisque l'eau y prend une légère pellicule à sa surface ; que les seuls arbres résineux peuvent y croître, qu'ils y sont même rabougris, & qu'avant le lever du soleil, l'action des pieds sur le sol, produit une espèce de bruissement qui a de l'analogie avec celui de la neige lorsqu'on la foule. Et il est tellement vrai que c'est au contraste dont nous venons de parler, qu'il faut attribuer cette sensibilité, que les personnes qui, durant les grandes chaleurs, ont abandonné la plaine & sur-tout les bords de la mer, & qui ont gagné dans la journée le haut d'une montagne élevée, ont souvent de la peine à y supporter la fraîcheur même du soir.

On peut donc dire, avec vérité, qu'à Saint-Domingue la température change presqu'avec chaque position dans les montagnes, tandis qu'elle est assez uniforme dans les plaines. Elle y varie cependant à mesure que ces dernières sont plus ou moins rapprochées des montagnes.

Les pluyes de la zône torride sont extrêmement abondantes, & à St-Domingue elles tombent avec une profusion qui a le double effet & de tempérer la chaleur, & de distribuer dans des rivières, sans nombre, un énorme volume d'eau. Ce n'est pas à la même époque que ces espèces de cataractes s'ouvrent pour toute l'île ; il arrive même qu'un lieu eft dans fa faifon sèche, tandis que l'autre eft dans la faifon pluvieufe. Cependant les mois fecs font communément ceux qui forment le premier & le troifième trimeftre de l'année, tandis que les mois pluvieux font les deux premiers & du fecond & du quatrième trimeftre; c'eft-à-dire, les deux qui fuivent le paffage du foleil à l'équateur.

Ces pluyes qui font l'une des grandes caufes de la fertilité de l'île, nuifent en même-tems aux montagnes & à tous les terrains dont la pente eft forte, parce qu'elles enlevent à leur furface la terre végétale qui la couvre. Les colons français qui ont favorifé cette dégradation par la culture du café & par des calculs où le lendemain eft rarement compté, ont abatu jufqu'aux arbres qui protégaient le fommet des montagnes & qui y attiraient les pluyes, de manière qu'on s'apperçoit de plus en plus de la diminution des pluyes dans la partie françaife, où elles étaient autrefois & réglées & très-confidérables.

Dans prefque toute l'île les pluyes font de vraies pluyes d'orages qu'amènent les vents du Sud & du Sud-Oueft. La feule côte expofée au Nord a cette particularité, qu'elle eft fujette à des pluyes que lui procure le vent du Nord-Oueft, & qu'on nomme *les Nords.* La faifon de ce vent commence d'ordinaire, vers la fin du mois d'Octobre jufqu'à la fin de celui de Mars. Il eft néanmoins des années où il eft plus tardif ou moins long, quelquefois même il ne fe fait point du tout fentir. Ces nords font prefque toujours accompagnés d'une pluye fine, mais conf-

tante, & qui ajoute au fentiment de froid qu'on
éprouve alors, & qui a encore cela de remarquable,
que les Européens arrivant ou même acclimatés, y
font plus fenfibles que les Créols. On a vu, en 1751,
cette pluye durer cinquante-deux jours fans difconti-
nuation, & fe renouveller au Cap en 1787, durant
cent deux jours confécutifs ; en général pendant les
nords les chemins font prefque impraticables. Ils fe
font fentir jufqu'à une dixaine de lieues dans l'intérieur, à partir de la côte, pourvu, comme je l'ai
dit, que celle-ci foit tournée vers le Septentrion.
Ainfi les nords fe manifeftent depuis le Cap trom-
peur (*del Enganno*) jufqu'à la pointe de la Prefqu'île du Môle St-Nicolas, & enfuite depuis les Bara-
daires jufqu'aux Irois ; tandis que la côte depuis
Léogane jufqu'aux Caymites, en eft préfervée,
quoique regardant le Nord, fans doute parce qu'elle
en eft abritée au moyen du prolongement de la Prefqu'île du Mole, & fur-tout par la pofition de la
petite île de la Gonave.

Les pluyes d'orage font, au contraire, communes à
toute l'île, fauf néanmoins les époques, comme je
l'ai déjà dit. Il faut les avoir vu tomber, ces pluyes,
pour concevoir quel prodigieux volume d'eau elles
verfent. Quelquefois pendant un mois entier, & pref-
à la même heure chaque jour, un orage effroyable
couvre & remplit l'air durant plufieurs heures. Des
goutes d'eau, dont chacune femble en contenir cinquante de celles de France, forment, par leur réunion, une pluye dont le bruit même annonce la
force. En peu d'inftans les ruiffeaux ne permettent

plus de traverfer les rues ; bientôt celles-ci tout entières forment le ruiffeau , & quelques heures fuffi-fent pour convertir en torrens les moindres courans d'eau , & à plus forte raifon les ravines & les rivières. L'air eft obfcurci , les arbres ont leurs feuilles pref-que perpendiculaires vers la terre ; tous les points bas deviennent des nappes d'eau ; le ciel eft en feu ; la foudre ou les foudres , car on diftingue quelquefois cinq ou fix tonnerres , femblent fe difputer la diffolu-tion du monde , & leurs éclats fimultanés , produi-fent une des fcènes météorologiques les plus propres à peindre un bouleverfement univerfel.

Mais les accidens du tonnerre , quoiqu'affez com-muns , ne peuvent fe comparer aux maux que caufent les débordemens. Les eaux , en franchiffant les bords qui les contiennent dans les tems ordinaires , vont , avec la rapidité du trait & une violence à laquelle tout céde , porter au loin la deftruction & la mort.

Les nuées qui contiennent les orages, font quel-quefois affez élevées pour trouver un degré de froid qui les condenfe & qui produit de la grêle ; mais c'eft une phénomène rare & qui ne dure guere qu'un très-petit nombre de minutes.

Le contrafte d'une chaleur violente & de pluyes confidérables , rend le climat de St - Domingue effentiellement humide. Ces caufes font encore favo-rifées par l'évaporation de la mer dont il eft environné. De-là ce ferain , dont l'influence eft d'autant plus dangéreufe qu'il fuit un jour plus chaud , parce qu'il eft alors affez confidérable pour fupprimer la tranfpi-ration ; de-là la facilité avec laquelle le fer , & toutes

les subftances ferrugineufes fe chargent très-prompe-
tement de la rouille qui altère leur furface ; de-là enfin,
la déliquefcence des fels, & cette apparence terne
qu'ont la plupart des métaux, quelque brillant qu'ait
eu originairement leur poli.

L'humidité de l'air eft principalement fenfible fur les
bords de la mer, & c'eft une des raifons, qui les rendent plus mal fains que l'intérieur de l'île. Mais par-
tout elle eft la caufe de maladies plus ou moins gra-
ves, d'incommodités plus ou moins défagréables. Cependant, ces maladies ont un caractère moins allar-
mant, dans la faifon pluvieufe, parce qu'il y a une
moindre tendance à la putridité, que la difpofition
inflamatoire du fang eft calmée, & que les particules
falines qui chargent plus ou moins l'air, dans les differentes parties de l'île, fe trouvent prefque faturées.
Ces particules perdent ainfi la faculté nuifible de
charger le fang de principes acres, dont un des grands
inconvéniens eft la facilité de faire contracter les
maladies de la peau & toutes celles qui réfultent de
l'épaififfement de la lymphe.

Des Rivières.

J'ai déjà eu l'occafion de répéter, que l'île St-
Domingue était en général très-bien arrofée, par des
rivières, des ravines, & de nombreux courans d'eau.
Il eft toutefois des efpaces privés de cet avantage
que rien ne remplace dans les pays chauds, & je parlerai de ces exceptions à mefure que l'ordre de la defcription me les préfentera.   Les

Les rivières ne peuvent guère avoir un cours étendu, d'après ce qui a été dit de la conformation de l'île ; surtout si l'on calcule l'intervalle abſolu qui eſt entre leur ſource & leur embouchure ; mais cette conformation fait auſſi que leurs eaux ont beſoin de ſerpenter, pour chercher une iſſue entre les montagnes qu'elles ſont obligées de contourner. Dans ces montagnes elles coulent preſque toujours ſur des lits aſſez profonds que la rapidité de leur cours a creuſé. Quelquefois un lit de terre ou de ſable de differentes eſpèces porte leurs eaux, qui, d'autres fois, paſſant à travers des pierres & des roches, les franchiſſent avec effort, ou s'échappent à travers leurs interſtices. Ici elles ont une pente peu rapide ; là elles fuyent ſur un plan très-incliné, & quelquefois elles roulent en caſcades ou forment même des eſpèces de cataractes ou de ſauts.

Arrivées dans la plaine, la nature de leur lit y change aſſez fréquemment ; mais elles y perdent toujours une partie de leur vélocité.

Il ſerait difficile en général, de ſe faire une idée juſte de ce que ces rivières peuvent devenir dans leur débordement, par l'aſpect tranquille qu'elles ont dans les temps ordinaires. Cette rivière où quelques pouces d'eau couvraient à peine, tout à l'heure, le pied du voyageur, eſt convertie, par un ſeul orage, en un fleuve, à la rapidité duquel il ne faudrait rien expoſer. Si elle parvient à rompre ſes digues naturelles, elle va répandre au loin dans la plaine, l'excédant de ſes eaux & tous les ravages.

Pour mieux faire concevoir à quelle diſtance de ſon lit, elle peut les étendre, je dois dire que les plaines de St-Domingue, formées peut-être en totalité, par les dépots des eaux, lorsqu'elles erraient en creusant des canaux qu'elles comblaient & rouvraient alternativement, se trouvent actuellement avec des pentes latérales qui partent des bords des rivières par lesquelles ces plaines sont arrosées. Il résulte de cette particularité, que le lit de la rivière est placé dans le point le plus élevé de la plaine; enforte que quand elle surpasse ses rives, elle trouve, tout à coup, une inclinaison qui la porte rapidement à une grande distance, & que les eaux qui sont une fois poussées hors de leur encaissement, n'y peuvent plus revenir; l'évaporation ou des fossés que ces eaux se creusent elles-mêmes, sont les seuls moyens capables d'en débarasser la surface qu'elles couvrent ainsi plus ou moins long-tems, après avoir achevé d'y pourrir toutes les plantes que leur mouvement n'a pas arrachées.

Il n'est pas rare de voir, à St-Domingue, une rivière qui offre dans ses deux bords un sol différent, de manière que l'un présente de l'argile par exemple, & l'autre une espèce de marne. On voit aussi dans les montagnes, des rivières qui coulent aux pieds de rochers taillés à pic. Lorsque les deux côtés sont de la même nature, ce qui n'arrive pas toujours, & qu'un chemin traverse la rivière pour entrer dans une gorge, le voyageur ne peut se défendre d'un sentiment qui a quelque chose de sombre, sans toutefois inspirer une terreur réelle. C'est au moment où passant la rivière à gué, il mesure de l'œil l'élévation des rochers & qu'il considère sa petitesse dans cette espèce de tombeau où il se trouve comme enfermé vivant, Il est même de ces points qui font encore plus pittorefques , parce que les rochers fe courbent en voûte vers l'efpace qui les fépare , de manière que le jour y pénétre avec peine. Un pareil trajet , fait pendant l'un des orages dont j'ai parlé , femble prendre un caractère lugubre & finiftre ; & fi ceux qui ont imaginé de dire qu'il n'y avait point d'écho dans les montagnes de St-Domingue , s'y étaient trouvés alors, ils auraient abjuré cette erreur , & fe feraient convaincus que le fon y eft répercuté comme ailleurs , & que s'il n'y produit communément qu'un bruit confus, c'eft plutôt à la multiplicité qu'à l'abfence des échos que cet effet doit être attribué.

Les eaux confidérées comme boiffon ne font pas toutes également bonnes à St-Domingue. La variété des terrains fur lefquels elles coulent , les fubftances étrangères qu'elles trouvent fur leur paffage, la rapidité de leur cours , tout influe fur leur pureté. En général elles font plus limpides & plus falubres dans les montagnes que dans les plaines ; mais on peut ajouter qu'on n'eft pas affez occupé à St-Domingue du choix de ce fluide , dont l'influence fur la fanté de l'homme, & par conféquent fur la durée de fa vie, eft cependant très-connue , fur-tout depuis que les découvertes de la chimie , nous ont révélé tant de fecrets.

———

DES COUPS DE VENT ET DES OURAGANS.

Après avoir parlé des bienfaits dont on eft redevable au vent & aux pluyes, lorfqu'ils font modérés ; après avoir parlé des maux qu'ils peuvent caufer

lorfqu'ils fortent des bornes que mal-à-propos fans-
doute, nous croyons être celles de leur utilité, il eft
douloureux d'avoir encore à rappeller les défaftres
qu'ils font éprouver aux Antilles, à ces époques cala-
miteufes où les deux élémens réunis femblent conjurés
pour le ravage de ces lieux fertiles. Au feul mot d'ouragan, il n'eft point de colon qui ne fente réveiller
les idées le plus affligeantes, & fi St-Domingue n'en
éprouve pas fréquemment toute la fureur, il en eft
cependant quelquefois affez tourmenté pour qu'il ne
foit pas poffible d'en épargner le tableau au lecteur.

C'eft depuis le 15 du mois de Juillet, jufqu'àprès
la pleine lune du mois d'Octobre, que les Antilles
redoutent les ouragans qui ne s'y font jamais mani-
feftés hors de ces deux époques. Après un jour, ordinairement privé d'air, & où l'atmofphère eft dans
un calme parfait, toujours avant le lever du foleil ou
aprés fon coucher, s'éleve, tout-a-coup, un vent
affez fort qui s'accroît à chaque minute & dont les
bourafques fe rapprochent en étendant leur durée. Peu
après, une pluye abondante fe fait entendre, & l'orage
qui la verfe ne laiffe bientôt plus d'intervalle entre des
éclairs, dont la vivacité & la réproduction continuelle
deviennent douloureufes pour les yeux. Bientôt, le
vent eft parvenu à une violence qui menace tout.
Déjà il faut lui difputer tous les paffages, fi l'on ne
veut pas qu'il renverfe un édifice, en y pénétrant par
la moindre ouverture. Le négre qui n'ofe fe fier à fa
faible cabane, cherche un afyle vers la maifon du
maître où vers un autre bâtiment qu'on croit le plus
propre à devenir le refuge commun. La crainte eft

dans tous les cœurs, l'effroi fur tous les vifages. Les hommes forts & vigoureux vont chercher les femmes, & prennent les enfans dans leurs bras. On s'appelle réciproquemment, & fi quelqu'un manque à cet appel, les pleurs, les cris de ceux qu'il intereffe annoncent affez ce qu'on craint pour lui.

La furie du vent augmente encore, & fi fa direction femble quelquefois le rendre moins redoutable pour certaines pofitions, en un inftant il paffe à un autre point; ou bien deftructeurs rivaux, deux vents diamétralement oppofés fe combattent & femblent s'irriter par l'oppofition que chacun d'eux fait éprouver à l'autre. Enfin une rage univerfelle éclate, tous les vents font déchaînés; il n'en eft pas un feul qui ne foit affocié au projet de dévaftation. L'arbre le plus élevé, celui qui paraiffait le plus propre à fe défendre des outrages du tems, n'a pas été capable de réfifter; l'épaiffeur de fon feuillage, l'étendue de fes branches, la groffeur même de fon tronc, font devenus autant de leviers qui ont fervi à l'abattre, & fes longues racines, après avoir déchiré la terre qui n'a pu les retenir, atteftent & fon impuiffance & la force qui l'a détruit. Un autre arbre eft vainqueur des vents, mais la foudre, en le fillonnant, a defsèché fa féve pour jamais. L'arbufte, la fimple plante même, ne peuvent échapper à cette puiffance qui veut tout anéantir, & fi le frêle rofeau n'eft pas rompu, fa tige, inclinée vers la terre, montre affez ce qu'il a éprouvé. Il ne refte plus que des veftiges des bâtimens confacrés aux manufactures coloniales.

Ce que le vent ne pourrait oppérer tout feul, des

tremblemens de terre, qui se réunissent presque toujours à ces grandes catastrophes, l'achèvent. C'est
ainsi que des constructions en maçonnerie sont ou
détruites ou très-endommagées. Assez souvent le
renversement d'un bâtiment est la cause d'un in-
cendie, parce qu'un vent fougueux a bientôt fait un
brasier de la moindre étincelle. Le tonnerre suffit aussi
lui-même pour produire ce nouveau fléau; mais il
en manque encore un.

C'est le ravage des eaux qui s'élevant à des hauteurs prodigieuses, & n'ayant plus de cours réglé,
cherchent par-tout une pente & entraînent avec elles
les hommes, les animaux, les meubles, les uftensi-
les, les denrées, les manufactures, les arbres, les
plantes & jusqu'à des portions du sol lui-même.

Ainsi à ces époques terribles, tous les élémens
menacent de se confondre & de tout replonger dans le
cahos. Il faut cependant ajouter à cette peinture
déchirante, le spectacle de la mer dont l'aspect suffirait
pour glacer d'effroi l'homme le plus intrépide & qui
ne la contemplerait que du rivage. Elle mugit, & au
milieu de ses vagues qu'elle semble vouloir porter
jusqu'aux nues, des abymes sans fond sont ouverts.
L'homme, dont l'audace lutte si souvent contre elle
avec succès, ne peut plus rien dans cette guerre des
vents & des flots, & dans sa frayeur il craint jusqu'à
la terre qu'il apperçoit, qu'il regrette d'avoir abandonnée & où sa conservation eût peut-être été encore
plus incertaine.

Ce déchaînement général dure ordinairement,
avec une violence à-peu-près égale, pendant cinq ou

six heures qui font autant de siècles ; sur-tout si l'ouragan s'est déclaré pendant la nuit, parce que son obscurité est elle-même une cause d'allarmes. Enfin, une espèce de calme, si on le compare à ce qui vient de précéder, mais qui est réellement encore une tempête, permet à l'homme de se tenir debout & de considérer les objets offerts à sa vue. Il peut, de cet instant seulement, commencer à connaître tous ses malheurs & à compter toutes ses pertes.

A St-Domingue, la partie tournée vers le Sud est assez sujette aux ouragans ; l'on ne les y appelle même que *coups de Sud*, parce qu'ils n'ont pas un caractère aussi horrible qu'aux îles du vent. C'est donc l'espace qui est entre le Cap *del Enganno* & les Irois, par la côte Sud, que les ouragans affligent ; il faut ajouter néanmoins que quelquefois le vent est assez furieux pour franchir les montagnes qui sont entre la face Sud & celle qui s'etend au Nord, depuis les Irois jusqu'au Port-au-Prince, & qu'alors il dévaste aussi cette bande de l'île.

L'homme qui rapporte tout à soi, & qui est exposé aux maux sans nombre que les ouragans peuvent faire souffrir, a de la peine à concevoir qu'ils soient utiles. Mais le philosophe que l'observation a convaincu de l'ordre admirable qui régit l'univers, suppose cette utilité, quoiqu'inapperçue, & plutôt que de blasphémer contre une cause aussi désastreuse en apparence, il aime mieux croire que ces mouvemens extraordinaires de la nature sont des crises nécessaires, combinées avec les principes de la conservation du globe, & que sans elles peut-être, les Antilles auraient

été inhabitables, à caufe de l'incroyable quantité d'infectes qui y couvrent la terre ou qui y voltigent dans
l'air.

Les jours qui fuivent un ouragan font très-beaux.
Le ciel fe montre alors dans toute fa pureté & la température eft douce. Ce contrafte eft même d'autant
plus frappant, que toutes les preuves de deftruction
fubfiftent encore. Par-tout on s'occupe de réparer ou
de recréer ; tout le monde s'entr'aide & dans ces mo-
mens la bienfaifance exerce un empire, qui la rend
précieufe & touchante. Enfin un tems arrive où l'ouragan n'exifte plus que dans le fouvenir, jufqu'à ce
qu'un nouveau vienne en renouveller les horreurs ;
mais l'efpérance, qu'il faudrait appeller le premier &
le dernier bien de l'homme, comble les intervalles.

COUP-D'ŒIL SUR LES TROIS REGNES DE LA NATURE.

Le climat de St-Domingue, eft extrêmement propice au développement de tous les êtres, & l'on en
a une preuve continuelle dans les trois regnes de la
nature.

Le regne animal, quant aux quadrupèdes, y eft
prefqu'entièrement compofé d'animaux apportés
d'Europe & l'on fait que lors de la découverte par
Colomb, on n'y trouva que quatre efpèces de quadrupèdes extrêmement petits & qui ont prefque eu
le fort des premiers habitans de cette île immenfe.

Saint-Domingue a des oifeaux propres à fon climat,
outre ceux qui lui font communs avec l'Europe, &
parmi

parmi les poiffons qui fe montrent fur fes côtes , il eft auffi des efpèces qui appartiennent également aux deux mondes.

Dans le règne minéral il y a pareillement beaucoup d'analogie , puifqu'on y trouve des mines de fer , de cuivre, de plomb ; mais celles d'argent, d'or , de pierres précieufes , & même celles de mercure , donnent à l'île une véritable fupériorité à cet égard.

Quant au regne végétal , il ferait difficile d'exprimer & de peindre toute fa pompe. La nature en étale les beautés à St-Domingue avec une activité continuelle & une profufion qui peut fervir à donner l'idée de fon inépuifable fécondité. Des arbres dont quelques efpèces embelliffent auffi le fol Européen , couvrent encore des parties incultes des montagnes & des portions planes dans quelques parties de l'île. Leur utilité eft conftatée par mille expériences ; quoique leur éloignement des points où ils pourraient être employés ne permette pas toujours d'y recourir. La beauté de leur bois, leur dureté , leur incorruptibilité même, les rend propres & aux conftructions & à l'ameublement , & l'art prouve chaque jour , par rapport à quelques-uns d'eux , qu'ils peuvent fervir à une foule d'ufages.

Si l'on confidère les arbuftes , on les trouve auffi très-multipliés , & beaucoup d'entr'eux font précieux par leurs productions. Ils fourniffent, ainfi que plufieurs arbres , des fruits excellens & fur-tout de ceux où il paraît que la nature a placé des acides pour combattre la facilité avec laquelle une grande chaleur porte les différentes fubftances à la putridité.

Tom. I.　　　　　　　　　　　　　　　E

La richesse de la végétation s'accroît encore quant aux plantes. Que de trésors nouveaux la botanique pourrait acquérir dans le Nouveau-monde & dans la seule île de St-Domingue, où une grande quantité de plantes d'Europe ont été naturalisées, où il en existe en grand nombre qu'on rencontre aussi dans les autres parties du globe, & où il faut remarquer cette circonstance singulière que plusieurs des plantes dont la culture fait sa richesse, ne lui sont pas propres, mais ont été apportées du dehors !

On est parvenu aussi à y faire réussir quelques arbres fruitiers d'Europe, tandis que d'autres, ou par le manque d'analogie du climat, ou par le défaut de soin, ou par d'autres causes non approfondies, y sont restés des objets de simple curiosité ; & sont aussi peu faits pour qu'on juge ce qu'ils sont en France, que le bananier & la canne à sucre du Jardin des Plantes de Paris, pour qu'on se les peigne tels qu'on les voit à St-Domingue.

C'est principalement dans les montagnes de l'île que les fruits acquièrent une qualité supérieure. C'est encore là qu'on trouve des légumes qui, par leur beauté & leur faveur, soutiendraient la comparaison avec les mêmes espèces en France.

Quels regrets n'éprouve-t-on pas en voyant que dans un pays où la nature fait tant pour l'homme, l'homme fasse en général aussi peu pour elle ! & c'est sur-tout à la partie Espagnole que cette observation est applicable.

Pour répandre encore plus d'interêt sur ce que j'ai à dire de cette dernière & pour associer en quelque

forte les trop malheureux Indiens aux idées qu'infpi-
rent les lieux d'où leur race a difparu, je crois
devoir parler rapidement de la divifion de l'île, au
moment où Colomb vint apporter au Nouveau monde,
en échange de fes richeffes, les lumières, les arts &
les vices de l'ancien.

***

DIVISION DE l'ISLE SOUS LES CACIQUES

En 1492, époque de la découverte de l'île, elle
formait cinq royaumes qui obéiffaient à autant de
fouverains, appellés Caciques.

Le royaume de *Magua*, mot qui, en langue Indienne, fignifiait *royaume de la Plaine*, était le premier;
il était foumis au Cacique *Guarionex* dont la capitale
était au lieu où les efpagnols établirent depuis, la ville
de la Conception de la Vega. Ce royaume avait la
mer pour limites au Nord & à l'Eft, depuis le Cap
Raphaël jufqu'à l'Ifabélique; au Sud, la chaîne de
montagnes qui part du Cap Raphaël, & qui va
gagner le groupe du Cibao, & à l'Oueft une ligne
allant de ce groupe à l'Ifabélique. L'étendue entière
de ce royaume appartient actuellement aux efpagnols.

Le *Marien* formait le fecond royaume. Il était borné
au Nord & à l'Oueft par la mer; à l'Eft par le
royaume de Magua, & au Sud prefque également
par le royaume de Mayaguana, & par celui de Xaragua. Le royaume de Marien s'étendait ainfi depuis
Ifabélique jufqu'à l'embouchure de la rivière de
l'Artibonite, & enfuite cette rivière lui fervait de

borne jufqu'à fa fource dans les montagnes de Cibao.
Ce royaume eft donc en majeure partie dans le territoire français, qui renferme auffi fa capitale, placée
dans le voifinage du Cap-Français; *Guacanaric* en
était le fouverain,

Le *Higuey* était le troifième royaume. La mer le
terminait à l'Eft & au Sud, depuis le Cap-Raphaël
jufqu'à l'embouchure de Jayna. Dans le Nord il était
contigu au royaume de Magua, & dans l'Oueft à
celui de Maguana. *Cayacoa* en était le cacicne. Les
efpagnols poffedent tout ce royaume, dans l'étendue
duquel fe trouve San-Domingo, capitale de la colonie
efpagnole.

Un quatrième royaume s'appellait *Maguana*. Il
avait pour borne au Sud, la mer; au Nord, les
chaînes de montagnes qui le féparaient du royaume
de Magua & de celui de Marien; à l'Eft le cours de
Jayna jufqu'à Cibao, & à l'Oueft il était terminé
par la chaîne de montagnes qui, partant de Bahoruco,
va gagner par le Mirebalais le haut de la rivière de
l'Artibonite. Ce royaume obéiffait à *Caonabo*, Caraïbe,
que fon audace & fes talens avaient fait cacique.
Il eft encore tout entier aux efpagnols qui ont leur
ville actuelle de San-Juan de la Maguana, dans celui
où était la capitale du royaume Indien.

Enfin le cinquième royaume qui s'appellait *Xa-*
ragua, comprenait cette longue pointe de terre qui
courre de l'Eft à l'Oueft, & qui forme ce qu'on
nomme aujourd'hui *la Bande du Sud* de la partie françaife. Il s'étendait à l'Eft jufqu'aux bornes du royaume
de Marien, en comprenant les étangs, la plaine du

Cul-de-Sac & St-Marc , & la partie de la plaine de l'Artibonite , placée au Sud de la rivière du même nom. Le cacique *Behechio* régiſſait ce royaume , dont la capitale qui ſe nommait auſſi *Xaragua* était au point où l'on a vu depuis le bourg du Cul-de-Sac. Ce détail montre qu'il s'en faut infiniment peu , que les poſſeſſions françaiſes ne comprennent entièrement le royaume de *Xaragua*.

Je paſſe maintenant à la partie eſpagnole proprement dite.

Pour décrire cette colonie , j'ai ſuivi l'ordre adopté par Don Antoine Sanchez Valverde , licentié , créole de l'île St-Domingue & prébendier de ſa cathédrale , dans l'intéreſſant ouvrage qu'il a fait imprimer à Madrid en 1785 , ſous ce titre : *Idée de la valeur de l'île eſpagnole , & de l'utilité que ſa métropole peut en retirer.* C'eſt-à-dire , que je commence par le point le plus oueſt de la partie eſpagnole ſur la côte ſud , & que tournant l'île dans ſa partie orientale , j'irai chercher le point le plus oueſt auſſi de la partie ſeptentrionale , pour de-là & au moyen de la ligne des limites , venir retrouver le point de départ , en décrivant ſucceſſivement tout ce qui ſe préſentera.

Je recourerai fréquemment aux lumières de Don Antoine Valverde , qui paraît en outre avoir ſongé à écrire l'hiſtoire de St-Domingue Eſpagnol , huit ans avant que j'entrepriſſe celle de Saint – Domingue Français. Aidé par des matériaux que ſon père a recueillis pendant une vingtaine d'années , & ayant eu lui-même une longue réſidence dans la partie eſpagnole , ſa patrie , l'hiſtoire qu'il promet ne peut qu'exciter de très-vifs défirs. Ils s'accroiffent encore lorfqu'on fait que tout ce qui concerne cette colonie a refté jufqu'ici dans la plus profonde obfcurité , & que les ravages des infectes font perdre , chaque jour, l'efpoir de vérifier des faits antérieurs à 1717 ou 1720. Encore parlè-je de l'état où étaient les archives de l'audience royale , de la cathédrale & des jacobins à Santo-Domingo en 1785.

ETENDUE DE LA PARTIE ESPAGNOLE.

La partie efpagnole de St-Domingue, qui eft la plus orientale de l'île , a, autant qu'on peut l'éva-luer fans une exactitude géométrique, mais par une fimple approximation , environ 90 lieues dans fa plus grande longueur de l'Eft à l'Oueft , & 60 lieues auffi dans fa plus grande largeur ; ce qui peut fe réduire à une longueur moyenne de 80 lieues & à une largeur moyenne d'environ 40 lieues. On a donc en terme rond , une furface de 3,200 lieues quarrées , quantité très-rapprochée du calcul de Don Antoine Valverde , qui lui a trouvé , d'après la carte publiée récemment par Don Thomas Lopez , 3,175 lieues quarrées. Il y en a, à-peu-près, 400 en montagnes, qui ont fur celles de la partie françaife , l'avantage d'être communément plus cultivables , & d'avoir même un fol qui le difpute quelquefois à celui des vallées ; de forte qu'il refte encore une belle & fertile furface de plus de 2,700 lieues quarrées , divifée en vallées & en plaines de longueurs & de largeurs différentes.

On peut répéter, avec Charlevoix, qu'aucune autre Antille ne pouvait procurer aux espagnols comme St-Domingue, les moyens de s'établir solidement dans ces mers, & avec Valverde, qu'il est pour eux une clef du golfe du Mexique, un lieu propice pour l'abord de tous les vaisseaux, une relâche pour leurs escadres & leurs flottes, & un point naval infiniment important. C'est de ce berceau des européens dans le Nouveau-monde que partirent toutes les expéditions qui le leur a fournis, & c'est-là que s'est préparée la conquête du Pérou & du Mexique, & qu'ont été posées les premières bases de la puissance espagnole en Amérique.

Tant de circonstances réunies ont mêlé un sentiment d'amour propre à la possession de St-Domingue pour les espagnols : amour propre qui ne nous pardonnera peut-être jamais de nous être associés à cette possession.

On voit autour de St-Domingue & à une très-faible distance, plusieurs petites îles, dont quelques unes appartiennent aux espagnols. Celles-ci font Altavele, la Béate, la Saone, Sainte Catherine, la Mone & Monique, dont je parlerai aussi, après avoir traité de la grande île.

Ce que j'ai dit des montagnes de l'île en général, est applicable à celles de la partie espagnole. A en juger par la grosseur des arbres & par l'épaisseur du feuillage, ces montagnes doivent être d'une grande fertilité. Il en est cependant qui n'offrent qu'un aspect décharné & stérile ; mais c'est presque toujours à cause de quelques mines plus ou moins précieuses & plus ou moins abondantes.

Les montagnes de la partie espagnole font assez
élevées pour y attirer des pluyes qui suivent une
périodicité assez remarquable , & dont d'épaisses
forêts semblent conserver plus long-tems les salutaires
effets sur le sol. Ce font ces pluyes qui fourniffent
les eaux dont la partie espagnole est plus abondam-
ment pourvue que la partie française ; ce font elles
qui entretiennent cette verdure perpétuelle, cette
fraîcheur si douce dans un climat chaud , & le brillant
éclat de tout le règne végétal.

A peu près vers le point où se rencontreraient deux
lignes, dont l'une irait dans la direction de l'Est à
l'Ouest du Cap Raphaël à St-Marc , & l'autre, dans
la direction du Nord au Sud, de Port-de-Plate à la
rivière de Nizao , est le centre d'un groupe considérable de montagnes, appellé *le Cibao*. C'est la partie
la plus élevée de toute l'île , & où les principales
d'entre les rivières qui l'arrosent, ont leur source.
De ce groupe , comme d'un point commun , partent
différentes chaînes de montagnes plus ou moins hau-
tes , entre lesquelles les rivières prennent leur cours.
Ces montagnes, en se subdivisant elles-mêmes, à
mesure qu'elles se prolongent , forment de petites
vallées & des vallons , où de moindres rivières & des
ravines trouvent une issue. On pourrait presque dire
que toute cette masse montueuse n'est qu'un seul
système de montagnes borné, au Nord par la plaine de
la Vega-Réal ; à l'Est par la baye de Samana ; au Sud-
Est par la plaine de Saint-Domingo ; au Sud par une
partie de la même plaine & par celles de Bani &
d'Azua ; au Sud-Ouest par la plaine de Neybe ; à
l'Ouest

l'Oueſt par les plaines de St-Jean, de Banique, de Gohave & de Hinche, juſqu'au Dondon, qui eſt lui-même le prolongement de l'une des branches du Cibao; & enfin, au Nord-Oueſt par la plaine du Cap-Français.

La chaîne la plus étendue & la plus élevée du Cibao, eſt celle qui, de ce groupe, ſe dirige vers le Dondon, & va enſuite vers le Port-de-Paix. Je l'appelle *la première chaîne* pour rendre ma deſcription plus claire & plus facile à ſuivre.

Une autre chaîne élevée & rapide, part du même groupe & gagnant l'Eſt, va finir au Cap-Raphaël ou de la Montagne-Ronde, c'eſt la chaîne de Sévico ou *la ſeconde.*

Ces deux chaînes, conſidérées comme prolongement l'une de l'autre, forment la plus longue chaîne de montagnes qui exiſte dans l'île, & ſervent à marquer une partie nord & une partie ſud dans la colonie eſpagnole.

Les plaines de la partie eſpagnole ont une étendue que les nôtres ſont loin d'égaler. On en ſera convaincu par ce qui va ſuivre, en commençant toujours par le point le plus oueſt de la côte ſud.

La première plaine eſpagnole eſt au pied des montagnes de Bahoruco & ſur leur côté Oueſt vers la pointe de l'île de la Béate; elle a environ 10 lieues du Nord au Sud, & environ 8 lieues de large de l'Eſt à l'Oueſt.

Du côté Eſt des mêmes montagnes de Bahoruco, en ſe dirigeant vers la baye de Neybe, il y a une ſeconde plaine dont la longueur Nord & Sud eſt évaluée à 15 lieues, sur une largeur qui varie depuis deux lieues jusqu'à 6, à cause des avancées de la partie montueuse. Cette seconde plaine, en remontant le long de la rivière de Neybe, va se réunir à la plaine de Neybe.

La plaine de Neybe, dont les dimensions varient, bornée elle-même à l'Est par la rivière de son nom, & à l'Ouest par l'Etang de Henriquille, & par des montagnes qui se dirigent vers le Mirebalais, a, depuis la rivière de son nom jusqu'aux sources de celle des Pédernales, environ 12 lieues Est & Ouest, sur 9 lieues Nord & Sud, quoiqu'elle n'en offre guères plus de trois dans certains points. Elle va par une petite gorge & se dirigeant au Nord vers la rivière de Seybe, s'unir avec les plaines des Acajoux, de Banique & de Farfan, & en suivant la rivière de son nom, elles gagne les plaines de St-Thomas & de St-Jean.

La rivière de Neybe, sépare la plaine de Neybe de la plaine d'Azua, qui a au Nord une chaîne de montagnes. La plaine d'Azua est évaluée à environ 12 lieues de l'Ouest à l'Est, depuis l'embouchure du Neybe jusqu'à l'Anse de la Chaudière, sur une profondeur égale. A l'Anse de la Chaudière commence la plaine de Vani ou Bani, qui, jusqu'à l'embouchure de Nisao, où elle finit, a 12 lieues de long, sur une largeur qui varie depuis 4 jusqu'à 9 lieues.

De Nisao à la pointe Sud-Est de l'île, appellée *la Pointe - de - l'Épée*, c'est-à - dire, dans une longueur d'environ 65 lieues à cause de la forme de la côte, il n'y a d'interruption que celle produite par de petites collines cultivables, qui font entre la rivière Romaine & celle du Soco, & qui s'étendant à huit lieues du Nord au Sud, & à cinq de l'Eft à l'Oueft rétréciffent, dans cette dimenfion, la plaine qui a communément onze & même treize lieues de profondeur. Voila pour la côte Sud.

Sur la côte Orientale, la partie plane fe prolonge encore, depuis la Pointe-de-l'épée, jufqu'au Cap de la Montagne-Ronde, ou Cap Raphaël, ce qui forme feize lieues fur une profondeur prefque égale.

A partir de l'extrémité Oueft de cette plaine, en eft une autre où l'on compte 38 lieues de l'Eft à l'Oueft, jufqu'au point qui correfpond aux mines du Cibao, fur une largeur variable depuis 10 jufqu'à 15 lieues.

Des mines de Cibao, jufques vers St-Yague, la plaine fe rétrécit de 2 ou 3 lieues, puis s'élargiffant tout-à-coup, & acquérant 5 & même 8 lieues de largeur, elle va jufqu'à la rivière de Dahabon ou du Maffacre, parcourant une nouvelle étendue d'environ 25 lieues.

Mais tout ce que je viens d'expofer de parties planes, ne complète pas celles de la partie efpagnole, puifqu'il y en a encore un grand nombre dans l'intérieur, dont les dimenfions font peu confidérables à la vérité, mais qui offrent toujours une augmentation de terrain uni où la culture eft plus facile.

C'eft auffi à l'intérieur que font les deux grandes plaines de St-Jean, & des Acajoux que j'ai déjà nommées; la première réunie à celle de San-Thomé, a 10 ou 11 lieues depuis le pied des montagnes où naiffent le grand & le petit Yaqui , & qu'elle a dans l'Eft , jufqu'aux montagnes qu'elle a dans l'Oueft , & d'où coule la rivière de Seybe , & une largeur égale du Nord au Sud. La feconde (la plaine des Acajoux) eft après la rivière de Seybe , s'étend de 14 lieues dans l'Oueft , & à 5 à 9 lieues de large dans fa majeure partie.

Il y a encore dans l'intérieur , les plaines de Banique , de Hinche , de Guaba & de St-Raphaël , & quelques autres dont je parlerai.

Enfin , fur toute la côte Nord , depuis la baye de Mancenille & Monte-Chrift jufqu'à Samana , le terrain qui eft toujours plat , parcourt une étendue de plus de 60 lieues , fur une profondeur de 2 ou 3 lieues.

C'eft fur cette furface totale de montagnes & de plaines , contenant comme je l'ai dit , environ 3,200 lieues quarrées , que font répandus 125,000 individus , dont 110,000 libres & 15,000 efclaves , ce qui ne fournit pas tout-à-fait 40 individus par lieue quarrée. Ainfi en fe rappellant que Las-Cafas a avancé , que St-Domingue contenait 3 millions d'habitans , lors de fa découverte , nombre qu'on croit exagéré , & que je réduis même au tiers , on voit qu'il devait y avoir dans la partie efpagnole , qui forme plus des trois cinquièmes de l'île , environ 700 mille ames , ce qui fait près de 6 fois fa population actuelle.

Caratère et Mœurs des Créols Espagnols

Les espagnols possèdent, comme on le voit, la plus grande & la plus fertile partie de cette île, & l'on a bientôt comparé leur génie, à celui des français, lorsqu'on sait que cette posséssion ne leur est d'aucune utilité, tandis que la portion française fournit à elle seule les trois cinquièmes du produit de toutes les colonies françaises de l'Amérique : produit qui s'élève annuellement à 250 millions tournois (1).

Le créol espagnol, désormais insensible aux trésors de tous les genres dont il est entouré, passe sa vie sans désirer un meilleur sort. Une capitale qui annonce elle-même la décadence, des bourgades semées çà & là, quelques établissemens coloniaux auxquels le nom de manufacture ferait trop d'honneur, des domaines immenses appellés *Hattes*, où l'on élève des animaux qui manquent de soins, voilà tout ce qu'on peut appercevoir dans une colonie où la nature invite des hommes absolument sourds à sa voix.

Un pareil abandon suppose peu de besoins, aussi les créols espagnols n'en connaissent-ils que de faciles à satisfaire. Une chemise, une veste & une culotte de toile de coutil ; tel est le vêtement ordinaire du colon, qui est fort souvent les pieds nuds. On en voit cependant à la ville de Santo - Domingo, & dans quelques lieux principaux, qui portent de petits

(1) Plus de 45 millions de dollars

habits de foie ou de camelot, que nous nommons *volants*. Mais le plus souvent ils y sortent avec des redingotes à taille, qu'ils appellent *manteaux*.

Les femmes ont une jupe, communément de couleur noire, des espèces de brassières & une chemise qui ne descend pas toujours beaucoup au-dessous de la taille. Leurs beaux cheveux, sans poudre, font tressés; quelquefois ils font noués par un ruban passé en bandeau; & 'un luxe véritable, qui n'appartient guere qu'aux villes, c'est de porter une coëffe à réseau, nommée *resille*, ou d'avoir dans les cheveux de grosses épingles blanches, ornées de pierres fausses, colorées. Quelquefois ce font des fleurs champêtres, mais il est aisé de voir que le goût ne les place pas. Elles portent aussi des pendans d'oreilles & en changent fréquemment; c'est du Cap - Français que viennent ces bijoux qu'elles aiment avec une forte de coquetterie.

Les créols espagnols font assez sédentaires. Il est rare qu'ils sortent de leur île, ce qu'au surplus leur gouvernement rend aussi difficile qu'il le peut, & l'on croirait même qu'ils redoutent la mer, si l'on ne savait pas qu'en tems de guerre ils embrassent le parti de la course, qui offre toujours un appât à des hommes pauvres, poursuivant des vaisseaux richement chargés.

Le caractère des espagnols de Saint-Domingue, est en géneral un mélange assez bifarre d'avilissement & d'orgueil. Rempants, serviles au besoin, ils veulent paraître fiers. Ils empruntent, par exemple, fous le pretexte, quelquefois évidemment absurde, de vouloir faire un remède , des chofes qu'ils ont la morgue de ne vouloir pas demander & que leur pareffe ne rendra jamais. Timides avec ceux qui ont quelque avantage fur eux , ils fe montrent dédaigneux dans le cas contraire. Profondément haineux , vindicatifs jufqu'aux portes de la mort , ils ne favent pas qu'on peut être grand & généreux , même avec un ennemi.

Dans les campagnes, ce font les femmes qui apprê- tent à manger & qui fervent ; fouvent même elles ne fe mettent point à table & mangent affifes par terre. Cependant cette efpèce de diftinction humiliante, s'efface à mefure que la communication, avec les français , devient plus fréquente , & c'eft fur-tout à la frontière qu'elle perd le plus de fa force. La mode commence même à influer un peu, par notre entre- mife , fur le fexe efpagnol, à portée de fentir com- bien l'on eft heureux de connaître cette divinité capricieufe ; & quelques efpagnoles de la frontière portent de petits cafaquins dont elles ont pris l'idée en voyant des françaifes.

Les femmes s'occupent à coudre. Elles ont alors fur leurs genoux une efpèce de petit couffin , rempli du panache de la plante appellée *Barbe Efpagnole* , & fur lequel elles fixent leur travail. Elles ne font pas ré- clufes comme en Efpagne, & ne prennent le voile ou la cape que pour aller dans les églifes où perfonne ne s'affied, & où elles fe mettent d'un côté & les hommes de l'autre , d'après une loi faite pour les Indes Efpagnoles , le 18 Octobre 1569. Dans les églifes de la campagne , les femmes ont un petit cuir de veau pour s'agenoüiller ; dans les villes c'eft un petit tapis.

On a vu des tems affez malheureux pour que l'on fût
forcé de dire les meffes avant le jour, tant les
vêtemens étaient peu conformes à la décence du tem-
ple. A préfent même, il eft des bourgades, où cer-
trines femmes ne vont point à l'églife, faute de mantes.
Le voile qui cache la moitié du vifage des femmes.
& dont elles faififfent les extrémités, va s'arreter vers
leur ceinture. Il eft ordinairement d'étamine noire,
& de foye pour les femmes appellées *comme il faut.*

Il doit y avoir peu de graces chez un peuple qui
n'en connait pas le prix ; auffi les créoles efpagnoles
ne doivent-elles leurs charmes qu'à la nature qui
femble en être avare, comme fi elle craignait de les
prodiguer en vain. Tout ce que la focieté des femmes
aimables procure de délicieux, eft ignoré des créols
de St-Domingue. L'amour feul y rapproche les fexes,
mais ce n'eft pas cet amour délicat & voluptueux qui
eft l'appanage d'un autre peuple.

Quoique ignorant l'art de plaire, les créoles efpagnoles font très-paffionnées & très-jaloufes, & il
parait, qu'à cet égard, on peut leur appliquer tout
ce que je dis ailleurs des créoles françaifes. Ces affections vives qui annoncent que les créoles aiment ardemment, produifent auffi une forte de penchant pour
la galanterie, & peut-être eft-il plus facile de faire
agréer, & de récompenfer des vœux au devant desquels le climat femble porter. On croirait que l'efprit
fuperftitieux qui préfide à des pratiques extérieures,
devrait oppofer quelque obftacle à ces dangereufes
erreurs, mais l'obfervation peut convaincre du contraire ; tant il eft vrai que les mœurs ne fauraient avoir
d'autres gardiennes que les mœurs elles-mêmes !

Ce que je viens de dire, fait affez concevoir que cette partie de l'Amérique efpagnole n'eft pas exempte des effets d'une honteufe fuperftition. Elle eft commune aux créols nés à St-Domingue avec les efpagnols de tous les points de la terre, & elle les a pliés fous le joug monacal. Dans des lieux peu fréquentés, ils attachent quelquefois du bonheur à baifer les mains d'un moine orgueilleux, qui affecte de préfenter le dehors de cette main & de recevoir, comme un hommage qui ne peut honorer que celui qui le rend, une preuve d'abjection que l'humilité de fon état devrait lui défendre d'agréer.

Là, comme dans tout le refte de la domination efpagnole, les prêtres font exceffivement jaloux de leur autorité, & ils ne manquent pas de pretextes pour trouver que la religion eft intéreffée à tout ce qu'un intérêt très-temporel leur infpire pour manifefter de la puiffance.

L'excommunication eft une arme dont on fait un ufage fi fréquent, qu'on ne fait affez de quoi l'on doit le plus s'étonner, ou de l'abus qu'on en fait ou de l'aveuglement avec lequel il eft fouffert. Fait-on une défenfe, même très-étrangère à toute matière religieufe, par exemple, celle de tuer aux boucheries des vaches & des géniffes, c'eft avec la menace de l'excommunication. Mais c'eft principalement à l'égard du devoir pafcal, que cette peine eft redoutée. Lorfque le terme dans lequel il a dû être rempli eft expiré, on proclame pendant trois dimanches confécutifs, à l'églife, le nom des délinquans; on fonne la cloche comme pour les avertir, & après ces formalités , les foudres écclésiastiques sont lancés.

Ce caractère explique assez pourquoi le nombre des églises , des chapelles & des couvens est plus considérable , à Saint-Domingue , que la population ne paraît l'exiger.

Les espagnols n'ont guères que des livres pieux & sont fort curieux de saintes images. A ne les juger que par leur maintien en public , que par le soin affecté avec lequel ils disent un rosaire ou s'arrêtent pour réciter *l'Angelus* ; on les croirait toujours occupés des vérités éternelles & du mépris des choses de cette vie ; mais ce voile , à travers lequel l'hypocrisie perce , ne peut tromper que ceux qui sont convenus que cette espèce de prophanation tiendrait lieu de vertus.

Les mariages sont très-communs à St-Domingue Espagnol , parce qu'on n'y tolérerait pas un scandale absolument public. Mais l'hymen n'y a pas plus qu'ailleurs la propriété d'enchaîner les passions, ou de ne leur donner qu'une seule & unique direction.

Les créoles sont communément assez grasses , sur-tout celles de l'intérieur, & l'élégance de la taille est un avantage qu'elles ignorent, ainsi que les ressources & les agrémens de la toilette. Elles ne se laissent point embrasser à la française , & trouvent même que notre usage est très-peu délicat. Mais lorsqu'on est familier avec elles , il est permis de les prendre en plaçant le bras droit sur leur cou, & le gauche vers leur taille , en les pressant contre soi. C'est à ceux qui peuvent avoir comparé les deux manières , à juger quelle est celle qu'on doit préférer, & à prononcer sur ce point important.

La nourriture des efpagnols de Saint-Domnigue eft très-frugale. Dans les campagnes fur-tout , ils vivent de chair de bœuf & de porc , à laquelle ils donnent des noms différens , fuivant la préparation qu'ils lui font fubir , & qui annonce qu'ils ne con-naiffent pas l'art , quelquefois dangereux , des affai-fonnemens.

Ils appellent *féfinne* la moitié d'un bœuf qu'on a fait fécher au foleil , après l'avoir faupoudrée de fel & arrofée de jus de citron , & qu'on fait cuire avec du piment. Cette même viande eft nommée *taffau* , lorfqu'elle eft coupée par aiguillettes. On ajoute à ces mets , la chair du cochon marron (fauvage) , appellée *toffine* , & qu'on a féchée ou fumée , après l'avoir piquée de feuilles de bois d'inde. Des confi-tures faites avec la noix du cocotier , ou celles très-renommées fous le nom de *pâtes de goyave* , font affo-ciées à l'ufage de ces viandes. Privés le plus fouvent de fucre qu'ils fabriquent mal , ils employent, pour les confitures , le firop fait avec le jus de la canne ou le miel qui eft très-commun chez eux. La banane , le maïs & la caffave , tiennent lieu de pain.

Mais les créoles efpagnoles ne connaiffent pas ce ragoût caraïbe , à jamais célèbre fous le nom de *calalou* , dans quelques colonies , & fous le nom de *gombau* dans d'autres , & que les femmes de toutes les Antilles françaifes prifent par-deffus tout. Elles ont même le malheur d'ignorer qu'un *calalou* peut être le prétexte de fêtes , d'où l'on veut bannir tout cérémonial , ou de plaifirs qu'un heureux miftère couvre de fon ombre pour les rendre plus aimables encore. G 2

Le poisson qui est abondant sur les côtes & dans les rivières de la partie espagnole, & les tortues terrestres ou marines, offrent encore des subsistances. Il faut même louer l'exactitude des pêcheurs espagnols à brûler les mancenilliers qui se trouvent le long du rivage, afin que le fruit de cet arbre empoisonné, ne devienne pas une cause de mort pour les hommes qui mangent le poisson auquel il a servi d'aliment.

La sobriété de ces insulaires se fait encore remarquer dans leur boisson, qui est habituellement de l'eau, & dont souvent ils ne boivent même qu'un coup à la fin du repas. Ils aimeraient assez le tafia (*), mais comme il ne leur est apporté qu'en contrebande, il est tout à la fois & fort rare & fort cher, car on le paye 30 sous tournois la pinte.

Les espagnols ne mangent point de salade, & blâment même l'usage contraire, parce qu'ils prétendent qu'il a quelque chose qu'il faut abandonner aux animaux. Mais ils font une grande consommation de chocolat. C'est le souper ordinaire d'un espagnol & le mets qui flatte le plus son palais. On commence cependant, depuis quelques années, à faire usage du café, & même à en cultiver l'arbuste dans les montagnes.

Le tabac plaît aussi généralement que le chocolat; l'on en répand la fumée au milieu de la compagnie. Il est heureux que la nature ait assez fortifié les têtes des créoles espagnoles pour soutenir une pareille épreuve, dont la seule idée effrayerait dans d'autres

____

(*) Eau-de-vie de cannes à sucre.

climats. Mais on fera moins furpris de cet ufage, en fachant qu'elles font auffi dans l'habitude d'une forte de machicatoire qui n'eft que la côte de la feuille du tabac. Elles prétendent que ce moyen les défend des ravages du fcorbut. Il faut cependant des yeux accoutumés à l'effet de cette fubftance fur l'émail des dents, pour n'en pas regretter la blancheur, juftement vantée comme un des plus grands ornemens de la beauté.

Les créoles efpagnoles accouchent très-heureufement & prefque feules. Une fibre peu tendue & leurs petites fatigues domeftiques, contribuent fans doute à leur procurer ce bienfait ; d'ailleurs la fituation de leur ame que les défirs du luxe ne fatiguent point, en eft, à coup fûr, une nouvelle caufe.

Néanmoins la population de la partie efpagnole n'eft pas proportionnée à fon étendue, quoique les enfans y réuffiffent avec affez de fuccès ; mais dans un lieu où l'induftrie eft nulle, où l'exiftence eft prefque végétative, il doit fe trouver de grands efpaces inhabités & les hommes doivent être comme difféminés avec de grands intervalles.

Les efpagnols de St-Domingue prennent, après le diner, un repos qu'ils nomment la *fiefte*. Cet ufage favori d'une nation indolente, convertit les lieux les moins privés d'habitans en véritables déferts, pendant les heures où ces hommes font en quelque forte fatigués de leur exiftence.

Ce genre de vie prolonge communément les jours des créols efpagnols & les conduit à la vieilleffe. Ce ferait même un avantage à leur envier, fi la durée de

la vie avait pour mesure le nombre des jours qui la
composent & non pas leur emploi.

Les maladies ne sont pas fort communes dans la
partie espagnole, où il n'y a guères de médecins ni
de chirurgiens, si ce n'est dans la ville de Santo-Domingo, où des français refugiés, remplissent ces deux
états. La sobriété est, à coup sûr, une des raisons de la
solidité de leur santé ; leurs maladies les plus ordinaires sont les fièvres malignes & les pleuresies.

Ils n'employent pas l'inoculation, aussi la petite
vérole exerce-t-elle tous ses ravages parmi eux. Ils
sont dans l'usage de mettre du sain-doux aux boutons
pour en hâter la maturation, & de les laver avec de
l'urine lorsqu'ils sèchent.

Il est une autre maladie, peut-être encore plus
cruelle pour l'espèce humaine, qu'elle attaque dans
sa source, & que l'on attribue à l'Amérique ; les espagnols en font un sujet de plaisanterie, & c'est assez
dire quelle n'est pas rare parmi eux ; on employe des
traitemens tirés des végétaux & sur-tout de la classe
des sudorifiques.

C'est peut-être à cette espèce d'indifférence que la
lèpre, qui afflige assez fréquemment dans la partie
espagnole, doit sa naissance. On a même été forcé
d'établir une léproserie à St-Yague & une autre à Santo-
Domingo. On marie les lépreux entr'eux, lorsqu'ils
le désirent, & ils vivent avec leurs femmes & leurs
enfans ainsi renfermés ; à moins que les enfans ne
soient sans aucune trace du levain qui infecte le sang
de ceux dont ils tiennent la vie, car alors ils sortent
de la léproserie.

Les logemens ne font rien moins que commodes ni fomptueux dans la partie efpagnole. A la campagne, ce font de fimples cafes faites de bois légers, entourées de planches ou même de pieux, couvertes de feuilles de palmifte ou de latanier. On les éclaire avec des morceaux de bois de pin, des torches & du bois - chandelle, dans un pays où le fuif eft commun, & où les abeilles feraient feules les frais de la cire, que l'indolence ne veut pas prendre la peine de fe procurer. Quelquefois il n'y a pas d'autres fièges que des portions de troncs d'arbres. On a des tables en acajou, dont une demeure prefque toujours au milieu de la chambre ou falle principale. Dans les angles des chambres, font des armoires qui ne font fouvent formées que d'un rideau qui cache ce qu'on veut fouftraire aux yeux.

On couche ordinairement, fur un cuir de bœuf ou de cheval. C'eft un grand luxe que d'avoir un matelas. Souvent quatre fourches, fur lefquelles des liannes attachent en travers des planches de palmifte, forment un lit, où les efpagnols, étendus fur le cuir, peuvent feuls goûter un fommeil tranquille, en dépit des infectes qui tourmentent par des morfures, ou des piqûres plus ou moins vives. Sur les bords de la mer, une multitude innombrable de maringoüins & de mouftiques, contraignent à fe mettre fous une efpèce de pavillon, formé d'un morceau de toile qu'on fufpend à un point du plancher, & qui s'étend par fa bafe pour embraffer le coucher, & encore faut-il, le plus fouvent, commencer par écarter ces effaims, en faifant une épaiffe fumée. Au nombre des infeétes qui fatiguent durant le jour , il faut compter le *macarabon* , forte de groffe mouche qui a les extrémités des aîles encore p‘‘is noires que le refte du corps , & qui défole depuis 10 heures du matin , jufqu’à 4 heures du foir.

Dans les bourgs & dans les lieux fréquentés , on fe procure quelquefois des commodités inconnues aux habitans des campagnes ; mais qu’elles font encore loin d’être égales à celles dont les lieux femblables font jouir dans la partie françaife !

Les créols efpagnols ont très-peu de goûts parti-culiers qui puiffent défigner des paffions très-vives , ou leur donner un caraétère qui leur foit propre. Les hommes font affez curieux d’armes ; ils ont de petits pierriers portatifs , nommés *trabauds* , & qu’ils met-tent devant eux à cheval.

Le chant de ces infulaires eft très-monotone & fort analogue à leur efpèce de mélancolie, qui pafferait pour de la trifteffe chez des français. Ils danfent , mais à la morefque, au fon d’une rauque guitarre , qui fe plaint douloureufement de la mal-adreffe des doigts qui la pincent, ou fimplement au fon d’une callebaffe qu’ils agitent , ou fur laquelle ils exercent des mains peu harmonieufes. En entendant un pareil chant , en voyant une pareille danfe , il ferait bien difficile de reconnaître les enfans du plaifir.

Il eft même des lieux où il s’eft introduit un ufage qui choque toutes les bienféances. C’eft celui d’un petit bal , *fandinguette* , où une jeune fille , prefque toujours jolie , vient danfer au milieu d’un cercle de fpeétateurs qui lui jettent fucceffivement

leurs

leurs chapeaux. Elle les ramaſſe , les place ſur ſa tête, ſous ſes bras , ou en forme un tas à terre. Sa danſe finie , elle va rapporter le chapeau & recevoir de celui à qui il appartient , une chétive rétribution dont l'uſage fixe le taux , & qu'il eſt mal-honnête de refuſer & inſultant d'excéder.

Les eſpagnols s'adonnent peu à la culture des jardins : ils en ont un fort petit , au milieu duquel ils élèvent une croix. On y plante quelques pimentiers, du thym , des grenadiers , mais rarement des légumes. On n'y voit point de fleurs , ſi ce n'eſt un œillet de très-petite eſpèce , qu'on fait venir dans des pots. J'ai cependant dit que les femmes aimaient à placer des fleurs dans leurs cheveux ; il eſt des peuples chez leſquels ce goût ſeul en ordonnerait la culture , mais l'eſpagnol , malgré ſa célébrité en amour , n'eſt pas occupé de plaire à l'objet aimé.

La population de la partie eſpagnole eſt compoſée de trois claſſes d'individus , les Blancs dont je viens de parler , les Affranchis & les Eſclaves.

Les Affranchis ſont peu nombreux , ſi on les compare aux Blancs , mais leur nombre eſt conſidérable ſi on le rapproche de celui des Eſclaves. Par un principe de religion propre aux eſpagnols de Saint-Domingue , ils regardent comme un acte de piété , le leg de la liberté que fait un maître. Les confeſſeurs entretiennent cette opinion , de manière qu'il eſt aſſez commun de voir des teſtamens qui affranchiſſent pluſieurs eſclaves à la fois. Un autre ſentiment produit le même effet , c'eſt celui qui prend ſa ſource dans une affection illicite. Il eſt fréquemment la cauſe de l'affranchissement & de celle qui l'a inspiré, & de ceux à qui elle a donné le jour. Enfin, dès qu'une esclave présente à son maître 250 piastres gourdes (1,375 liv. tournois), elle est assurée de sa liberté; & l'enfant qu'elle porte dans son sein peut acquérir le même avantage, moyennant 12 gourdes & demie, ou avec le double, si c'est après sa naissance. Une loi du code des Indes, porte que lorsqu'on veut vendre des enfans provenus d'une esclave, si le père est espagnol, il sera préféré à tout autre acheteur.

Si l'on en croit Don Antoine de Valverde, cette facilité des affranchissemens (à la ratification desquels le gouvernement n'attache aucune rétribution) ne produit le plus communément que des vagabonds & des femmes qui se rappellant toujours comment elles sont devenues libres, & qui n'ayant aucunes ressources pour subsister, se livrent à un commerce honteux & affligeant pour les mœurs.

Le préjugé de la couleur, si puissant chez les autres nations, où il établit une barrière entre le blanc & l'affranchi ou sa descendance, n'existe presque pas dans la partie espagnole. Aussi les loix des Indes espagnoles sur les affranchis, y sont-elles absolument en désuétude; car il en est qui les assujettissent à un impôt particulier, qui leur défend d'être greffiers & notaires, de se faire servir par des Indiens, de porter des armes, à peine de bannissement perpétuel; d'autres qui prononcent la peine de leur retour à la servitude, s'ils favorisent la révolte, les brigandages & les vols des esclaves; il en est même une qui ne

veut pas qu'une affranchie porte de l'or, des perles,
ni de la foie, ni une mante qui aille plus bas que la
ceinture, à peine de confiscation de ces ornemens. Il
répugnerait cependant à beaucoup de créols de
former des alliances avec la race des affranchis;
& pour en être convaincu, il fuffit de voir l'indignation de Don Antonio Valverde, créol, contre
M. Veuves, qui a hazardé l'affertion contraire dans
fon ouvrage. Cette claffe eft même exclue, par le
fait, de prefque tous les emplois civils & militaires,
tant que la teinte de la peau marque encore fon origine; mais encore une fois, la conftitution politique
de la colonie efpagnole, n'admet point de différence
entre l'état civil d'un blanc & celui d'un affranchi. Il
eft même rigoureufement vrai que la majeure partie
des colons efpagnols font des fang-mêlés, que plus
d'un trait africain trahit quelquefois, mais qui ont
fait taire un préjugé qu'on pourrait appeller nul.
Quant au facerdoce, les hommes de couleur y font
admis fans difficulté, d'après les principes d'égalité
qui font la bafe du chriftianifme, & qui ne font éludés
qu'à l'égard des nègres, dont les efpagnols n'ont pas
encore fait des prêtres & même des évêques comme
les portugais.

Il réfulte de cette opinion une faveur qui s'étend
néceffairement fur les efclaves. Ceux-ci font nourris,
en général, comme leurs maîtres, & traités avec une
douceur inconnue aux autres peuples qui poffèdent
des colonies. D'ailleurs tout efclave pouvant devenir
libre, en fe rachetant de fon maître qui ne peut s'y
refufer, il eft tout naturel que l'idée de le voir paffer

à chaque instant dans la classe libre , empêche de le traîter avec cette supériorité qui existe ordinairement du maître à l'esclave. Ainsi la servitude se trouve tempérée, d'un côté , par l'espoir de la faire cesser, & de l'autre , par l'habitude de se confondre, en quelque sorte , avec ceux qui n'aguères étaient encore esclaves.

Une déclaration récente du roi d'Espagne , qui a pour objet de favoriser la culture à Saint-Domingue , & dont je parlerai , semble cependant faite pour produire une révolution à cet égard, puisque cette loi ne veut pas que l'esclave . soit une propriété précaire.

Mais tant que la quantité des nègres sera aussi petite; tant qu'elle se trouvera répandue sur une surface immense , il ne pourra s'en rencontrer que quelques-uns çà & là ; & dès lors ne pouvant être assujettis à une discipline exacte , qui n'est utile que dans de grands ateliers, leur sort sera toujours analogue à celui de leur maître, dont ils sont plutôt les compagnons que les esclaves.

Les loix des Indes contre les esclaves fugitifs, prononcent la peine du fouet & des fers : les nègres ne peuvent s'absenter sans une permission par écrit de leur maître ; s'ils frappent un blanc , ils peuvent être punis de mort , & le port-d'armes leur est interdit; mais ces loix sont négligées à St-Domingue ; ce qui n'a pas lieu pour celle qui veut que les audiences royales écoutent & rendent justice à tous les esclaves qui réclameront la liberté et qu'elles ne souffrent pas que les maîtres les maltraitent.

Si l'on croyait quelques individus de la partie efpagnole, l'on ajouterait à la divifion de fa population, une quatrième claffe qui ferait bien intéreffante par la longue fuite d'infortunes qu'elle rappelpellerait; je veux parler de certains créols, en trèspetit nombre, qui ont des cheveux femblables à ceux des Indiens, c'eft-à-dire, longs, plats & trèsnoirs, & qui prétendent être iffus des premiers naturels de l'île. Ils attachent une grande importance à cette defcendance, néanmoins démentie par tous les faits hiftoriques qui conftatent tous que cette race d'hommes à été exterminée. Tout ce qu'on peut leur accorder, c'eft qu'ils en defcendent après un mêlange avec la race efpagnole, &, à cet égard, on peut affurer qu'en 1744, on voyait encore à Banique des Indiens qui prouvaient qu'ils avaient eu, pour auteurs, des fujets du trop malheureux Cacique Henri, & on verra à l'article où je parlerai de *Boya*, que ce lieu en renferme encore quelques-uns du même genre.

Les créols manquent prefque tous d'inftruction, parce qu'il n'exifte point de lieu d'enfeignement public, quoique San-Domingo ait une univerfité; ou parcequ'ils ne font pas à portée de ceux où l'on enfeigne les premiers élémens de l'inftruction. Auffi les habitans des campagnes favent-ils à peine lire & écrire. De-là le défaut de fociété; car l'ignorance tend à ifoler des hommes, qui n'ont prefque rien à fe communiquer.

Une autre caufe concourt à tenir les efpagnols féparés entre eux, c'eft la nature des chemins. Un peuple pauvre , auquel la puiſſance qui poſsède les mines du Mexique, & du Pérou, à été forcée de donner un papier-monnoye, avec un change de 45 pour cent, ne peut rien entreprendre qui porte une empreinte remarquable. Ce papier-monnoye qu'on achevoit de retirer de la circulation en 1788 a été remplacé par celui de la banque St-Charles. Il n'y a donc point d'établiſſemens publics & pour en être bien convaincu, il ſuffit de ſavoir que les priſons n'ont d'autre ſoutien que la charité commune. Il n'y a pour chemins que des ſentiers où l'on ne voyage qu'avec difficulté & lenteur. On ne peut y paſſer qu'à cheval ou à pied, & il faut ſe précautionner de tout ce qui eſt néceſſaire pour ſe nourrir & pour ſe coucher. On ne fait qu'avec peine des journées de 8 lieues, & ſouvent ſans avoir rencontré une ſeule habitation. Ces chemins ſont encore fréquemment interrompus par des rivières ſujettes à de grands débordemens, & que les animaux paſſent à la nage & les hommes dans des canots ou dans des cuirs. J'offrirai tous ces détails.

Indiquer la nature des chemins, c'eſt avoir dit que la partie eſpagnole de St-Domingue ne fait preſque aucun commerce; car le commerce veut des routes, des canaux où ſon génie puiſſe faire circuler les productions de la nature & de l'art, qui ſont ſon aliment & ſa vie. La partie eſpagnole n'a preſque aucune relation avec ſa métropole, qui l'avoit ſoumiſe au privilége excluſif de la compagnie de Catalogne. Cette compagnie, comme toutes les autres, ne fourniſſait que très-inſuffiſamment les choſes néceſſaires.

La banque de St-Charles l'a remplacée récemment ; c'eſt-à-dire, que la cauſe des privations a changé de nom.

Les reſſources des colons eſpagnols ſont donc extrêmement bornées. Ils ont cependant des établiſ-ſemens ; mais dont la médiocrité eſt extrême. Par-courons en ſucceſſivement les divers genres.

On compte, dans toute la colonie, vingt-deux ſucreries ou manufactures à ſucre de quelque conſi-dération, car le reſte ne vaut pas la peine d'être cité ; & encore ces vingt-deux n'ont-elles qu'environ 600 nègres entr'elles toutes. Elles ſont du ſucre & du ſirop, tandis que les autres, où les animaux ſont mou-voir les moulins à preſſer les cannes, ſans abri & en plein air, & qu'on appelle *tourniquets*, ne donnent que du ſirop. Toutes ces productions ſont conſom-mées dans l'île, & même à l'époque des années favorables, les propriétaires ſe voyent forcés de renoncer à une partie de leur récolte, faute de débou-ché, & parce que le bas prix ne dédommage point du travail & des dépenſes. Par la même raiſon, il en eſt très-peu qui terrent leur ſucre, à l'exception de quelques quintaux pour des confitures ou d'autres uſages du même genre ; mais lorſqu'il s'eſt préſenté des occaſions d'en vendre ou d'en charger, pour Porto-Rico ou pour l'Eſpagne, ce qui a eu lieu quelquefois en très-petites quantités, la bonté du ſucré a prouvé celle du ſol, mais rien en faveur de l'art du fabricant.

On ne cultive de café que ce qui ſuffit à la très-foible conſommation qu'en font quelques habitans d'un pays où on lui préfere le chocolat, & encore ceux qui font près de la frontière, s'en approvifionnent-ils chez les français. C'eft du Dondon que les efpagnols ont reçu les graines de café qu'ils ont plantées. Le cafier réuffit dans toutes les parties de l'île, & produit beaucoup, fur-tout dans certains endroits hauts & montagneux. Il varie néanmoins en qualité & en groffeur, felon que le terrain eft plus ou moins élevé, & par d'autres circonftances locales ; mais le café eft toujours bon, & il eft des terrains qui en fourniffent d'auffi eftimé que celui de Moka. On évalue ordinairement le produit à une livre pefant par cafier en rapport.

A l'infouciance qu'on montre pour la culture du cotonnier, il ferait impoffible de croire que cette denrée a une valeur très-propre à exciter l'induftrie, & que cet utile végétal croît naturellement à Saint-Domingue, & fe trouve d'une excellente qualité, lors même qu'il eft venu fans aucun foin. Il réuffit dans les terrains pierreux, dans ceux qui font le plus arides, & même dans les crevaffes des rochers.

Dans le principe de la découverte de l'île, on y cultivait un peu d'indigo, &, à la fin du feizième fiècle, on en fit des envois confidérables à la Métropole ; mais cet arbufte a fuivi la dépopulation ; il a été abandonné, & les colons efpagnols ne connaiffent plus de lui que l'obftacle qu'il oppofe par fa profufion naturelle & par fes racines, aux travaux médiocres qu'ils ont à faire dans les champs où l'indigo s'eft propagé fpontanément.

Le tabac, naturel à l'île, fe rencontre par-tout.

Valverde

Valverde obferve que la largeur de fa feuille excède celle de tous les tabacs de l'Amérique ; que fa qualité généralement bonne dans prefque tous les fites , égale quelquefois celle du tabac de Cube ou de la Havane ; qu'il eft auffi eftimé que celui-ci dans les fabriques de Séville , & qu'il lui eft même préféré quand on veut l'employer en cigarres. Ce tabac acquiert encore de la vertu par la rape , & celui qui eft en andouilles ou carotes , eft recherché des français, parce que mêlé à d'autres tabacs , il leur communique de la qualité par la vigueur de fa sève. Cependant on fe bornait à en femer un peu dans les parties de St-Yague & de la Véga , & feulement pour la confommation de la colonie & pour faire un peu de contrebande avec les îles voifines. Mais depuis que le roi d'Efpagne a encouragé cette culture , en prenant une partie de cette denrée , elle occupe plufieurs perfonnes dans les deux quartiers qu'on vient de nommer & dans celui du Cotuy , & il eft poffible qu'elle prenne de l'accroiffement.

Le cacao eft un des objets qui occupe le plus dans la partie efpagnole. Il eft indigène auffi , & fe trouve dans beaucoup d'endroits. Selon Valverde (dont j'emprunte cet article) , au moment de la découverte de St-Domingue , le cacao a été , après les mines & le fucre , la fource la plus réelle des richeffes des colons. Il n'y avait pas au feizième fiècle d'autre cacao , que celui de St-Domingue & cette île approvifionnait alors toute l'Efpagne ; il s'en trouvait même un excédant , qui porta à folliciter de la cour de Madrid la permiffion d'en faire le tranfport à

l'étranger. L'amande du cacao de St-Domingue eft
plus acidulée que celle de la province de Venezuela
& de Caraque, à laquelle elle n'eft point inférieure ;
& il eft d'expérience conftante dans les Indes, que
le chocolat qui fe fait avec parties égales des deux
cacaos, eft plus délicat que celui qui fe fait avec le
cacao de Caraque feulement. Mais cette culture a
diminuée comme toutes les autres. A la vérité les ouragans qui fe font fentir dans la partie du Sud, &
dans celle de l'Eft de l'île, font un grand fléau pour
les cacaoyers ; mais il eft tant d'autres lieux où ils fe
reproduiraient encore de manière à rappeller l'époque
où ils ont été fi utiles ! On a à peine du cacao pour
la confommation de la colonie, parce que depuis 1764,
qu'on était revenu au point d'en exporter un peu à
Cadix, les vents ont détruit une partie des arbres
qui donnent cette graine dont l'ufage eft, tout
à la fois, agréable & fain. On trouve encore dans
la plaine de la Véga-Real, & dans d'autres lieux de
la partie du Nord, un témoignage évident de l'ancienne utilité qu'on retirait de cet arbufte, c'eft-à-
dire, d'innombrables cacaoyers fauvages qui font
dans l'épaiffeur des bois.

Quant au rocou, on ne trouve que des veftiges de
fa culture qui était fort productive au feizième fiècle
qu'il y en avait de grandes plantations.

On peut dire la même chofe de l'abandon du
gingembre dont on envoyait autrefois des cargaifons
entières en Efpagne ; le canificier a eu le même fort.

. Il eft encore de petits établiffemens de la partie

eſpagnole, appellée *Conacos* (*), nom qui équivaut à celui d'habitation à vivres ou place à vivres dans les îles françaiſes ; c'eſt le partage ordinaire de quelques colons peu fortunés, & plus communément des hommes de couleur ou affranchis.

Si l'expoſition rapide que je viens de faire des différens objets qui peuvent exercer l'induſtrie des colons eſpagnols, les comprenait tous, il ſerait aſſez difficile de concevoir comment ils peuvent leur aſ-ſurer, & des ſubſiſtances, & les moyens de ſatisfaire à differens beſoins ; mais il me reſte préciſement à parler d'un genre d'établiſſement qui eſt tout à la fois le plus commun, le plus utile, & le plus analogue aux mœurs, & au caractère de ces mêmes colons ; je veux dire celui des hattes.

Une *hatte* eſt une eſpèce de haras, deſtiné à l'éducation des animaux, & on les diſtingue dans la partie eſpagnole par l'épithète tirée de l'eſpèce d'animal qui eſt l'objet principal de la hatte. Ainſi l'on dit, une *hatte de bêtes cavalines* ; une *hatte de bêtes à cornes* & enfin l'on appelle corail, mot qui ſignifie *enceinte*, *parc*, le lieu deſtiné à l'éducation excluſive des pourceaux.

La partie eſpagnole de St-Domingue abonde en bœufs, chevaux, moutons, chèvres, anes & cochons, qui ſe ſont propagés d'une manière dont les premiers écrivains eſpagnols ſur l'Amérique, parlent avec une ſorte d'admiration. Oviédo diſait en 1535, 43 années après la découverte de St-Domingue, que les vaches,

<hr>

(*) Lieu enclos pour le cultiver.

dont les premières étaient venues d'Espagne, étaient déjà en si grand nombre, que des navires retournaient chargés de leurs cuirs, & qu'il arrivait quelquefois d'en tuer, avec des lances, jusqu'à cinq cens, seulement pour avoir ces cuirs. On avoit pour un sou, 4 liv. de viande; une vache pleine pour une gourde trois quarts; un bélier pour un huitième de gourde. Oviédo, qui dit même avoir vendu moins cher ceux de son habitation, ajoute, que beaucoup de troupeaux de bêtes à laines & de porcs, étaient devenus sauvages dans les bois.

Or, s'il y avait déjà un pareil excédant à l'époque où parlait Oviédo, & où la colonie était le plus remplie d'indigènes & d'européens, la décadence & la dépopulation n'ayant pas cessé de diminuer le nombre des consommateurs depuis long-tems, les troupeaux qui s'étaient déjà infiniment accrus & les animaux devenus sauvages, devraient s'être multipliés au point de couvrir, en quelque sorte, toute la surface de St-Domingue.

Cependant, le fait est loin de répondre à ce calcul; on a toujours des hattes, elles sont même, comme je l'ai dit, le genre le plus nombreux des établissemens espagnols. Elles varient en étendue & par le nombre des animaux. Mais en général elles contiennent un espace disproportionné avec l'usage qu'on en fait; ce qui prouve encore combien l'on attache peu de prix à des possessions territoriales, presque sans utilité pour les espagnols. Il y a des hattes qui occupent en ce moment plusieurs lieues, pour n'avoir que 4 ou 500 têtes de bétail, & quelquefois moins.

Ces terrains font d'immenfes favanes ou prairies naturelles, dans lefquelles on a cependant des parties de bois, dont une eft affez fouvent à l'extrémité de la hatte, de manière que ce bois qui fe nomme *vénerie*, puiffe être commun à d'autres hattes limitrophes. La vénerie qui peut fervir à abriter les animaux pendant les grandes chaleurs, a encore pour but d'attirer des animaux fauvages, dont la chaffe nourrit les colons.

Dans ces efpaces confidérables, les animaux fe féparent en troupeaux appellés *hattas* ou pontes, & pâturent loin les uns des autres ; chaque *hatta* eft fous l'efpèce d'influence d'un étalon ou d'un taureau qui ne fouffre point que l'étalon ou le taureau d'un autre *hatta* s'y mêle. Et malgré cette efpèce d'aggrégation, il arrive encore que 10 ou 12 animaux fe difperfent fur une furface d'un quart de lieue ou d'une demi-lieue.

Cette grande divagation qui produit dans le caractère même des animaux des changemens fenfibles, a fait, comme le dit Valverde, que les hattiers les ont divifés en quatre claffes ; favoir : les *coraillers*, les *paifibles*, les *extravagans* ou hautains, & les *montagnards* ou braves.

Les animaux *coraillers* forment la claffe la moins nombreufe. Ce font ceux qui font élevés à paître aux environs de la maifon, & à entrer fans difficulté dans les parcs où l'on peut même aller traire les vaches.

Les animaux *paifibles* font ceux qui s'écartent peu de la maifon, qui vont formés en *hattas*, & qui entrent dans les parcs, lorfqu'on les cerne & qu'on les dirige vers ce point.

Les *extravagans* ou *hautains*, s'éloignent extrêmement, & vont abfolument féparés les uns des autres.

Les *montagnards* ou *braves*, vivent dans les parties
les plus retirées des bois & des montagnes.

Pour la direction & les foins d'une hatte, outre le
propriétaire (qui peut cependant n'y pas réfider,)
il y a un chef nommé majoral, quelquefois un fous-
majoral & des pionniers ou lanciers. Le majoral &
le fous - majoral, veillent à ce que les animaux
foient réunis lorfqu'il eft néceffaire, pris, vendus
&c. ; en un mot, ils règlent tout ce qui a rapport à la hatte, & les pionniers ou lanciers, font occupés de tous les foins qu'on y accorde aux animaux.

Mais dans la plupart des hattes de la partie efpa-
gnôle, le propriétaire eft lui-même le majoral, fes
enfans font fes pionniers ou lanciers, à moins que ces
emplois ne foient remplis ou partagés par quelques
nègres ; & pour mieux faire juger quelle eft la fituation d'un pareil être, je tranfcris Valverde qui va
nous dire lui-même, comment un hattier eft logé,
nourri, & quelles peines il doit prendre.

L'hofpice qui le recueille, ainfi que fa famille, eft
une cabane, en pieux ou en planches mal jointes,
couverte de paille, avec une falle de 12 à 18 pieds
en quarré, dans laquelle eft une table, deux ou trois
tabourets, & un hamac. Pour coucher il a une
feconde pièce, moins grande que la première, & un
ou plufieurs grabats, tels que je les ai décrits plus
loin. S'il pleut, les goutières que forment les orifices,
font tomber l'eau en dedans, & bientôt le fol de
l'intérieur, qui n'eft point carrelé, & qui ne diffère

des champs, que parce que les pas y ont fait périr l'herbe, est converti en boue. Le déjeuner se fait avec une tasse de chocolat, ou de café, ou de l'eau de gingembre & une banane rôtie. Au dîner & au souper, c'est du ris, des racines & des fruits du pays, tels que des patates, des ignames, de la cassave, des bananes, avec de la viande, quelquefois fraîche, mais le plus souvent salée ou fumée, car les œufs & la volaille font une friandise.

Il se leve à l'aube du jour, pour aller visiter les médiocres cultures qui assurent sa subsistance, ou pour aller prendre le cheval qu'il doit monter pour faire ses courses. Il foule, de ses pieds nus, l'herbe encore imbibée par l'abondante rosée de la nuit, ou même couverte de boue s'il a plu. Un soleil ardent le frappe bientôt, de manière qu'il est brûlant dans certaines parties du corps, tandis que les autres sont pénétrées d'humidité. Il éprouve l'incommodité de la pluye dans les bois, les montagnes & les savanes ; allant tantôt au pas, tantôt au galop pour reconnaître ses animaux dispersés, les arrêter, les réunir, autant qu'il est possible, & conduire au parc ceux qui sont attaqués de quelque maladie.

Cet exercice, dont la négligence pendant un seul jour pourrait donner lieu à des pertes, n'est encore rien, puisque cette espèce de ronde ne comporte que des soins purement domestiques & ne comprend que les animaux *coraillers* ; mais les autres animaux exigent bien d'autres fatigues. Les bêtes appellées *paisibles*, quoiqu'assez réunies, ne se rendent point aux parcs qu'après de grandes difficultés. Si elles sont nombreuses, leur réunion consomme plusieurs jours, pendant lesquels, le maître avec ses gens & ses pionniers à cheval, courrent sans cesse, de tous les côtés, pour les rassembler & les enfermer.

S'agit-il des *extravagans* ou des *hautains*, il faut que beaucoup de personnes se rassemblent ; qu'on lâche beaucoup de chiens & qu'on aille grimpant les montagnes & poussant les animaux vers un centre où le nombre & l'adresse de ceux qui les pressent à cheval puissent les contenir. Pour cette opération, on a, ou de fortes lances ou des bois taillés qui les imitent & dont l'extrémité reçoit un instrument de fer, d'environ huit pouces, de forme demi-circulaire & coupant intérieurement. Quand les animaux fuyent d'une manière qui ne permet pas d'espérer qu'on les dirigera vers le point adopté, on recourt à d'autres moyens. L'un d'eux consiste, en ce que celui qui est à cheval & qui pourfuit la bête, épie un moment, la saisit par la queue, à la course, lui fait perdre l'équilibre & la renverse. Au même instant, & avec une promptitude presque incroyable, l'homme saute à bas de son cheval, & se jette fur l'animal avant qu'il ait pu se relever. Si c'est un bœuf, on lui tourne le cou, on lui fiche les cornes en terre & on le tient immobile tout le tems nécessaire pour s'en rendre maître & l'attacher à un autre, (ce qui s'appelle macorner); enfuite ou les conduit avec des cordes. Quand cette espérance est perdue, on tue l'animal avec la lance, ou on lui coupe les jarrets avec l'instrument dont j'ai parlé, & qui est destiné à cet usage. (*)

(*) Dampier le décrit dans ses voyages , tom. 2 , page 350.

Cette

Cette opération extrêmement laborieuse ne se fait guère dans les hattes, que lorsqu'il faut acquitter le tribut. C'est la contribution que chaque propriétaire est tenu de fournir en animaux pour la consommation de la ville capitale de San-Domingo. Il est réglé, au commencement de l'année, par l'échevin qui a eu dans le canton, l'année précédente, la police des poids & mesures. Le tribut est composé de 80 têtes mâles de plus de trois ans. Si la hatte est considérable, il est fourni en une seule fois & à des époques différentes, s'il en est autrement. Mais malgré toute cette peine, on ne peut pas songer à conduire les *extravagans* aux parcs, à cause de leur caractère farouche.

Il faudrait cependant encore les compter parmi les animaux tranquilles, si on les comparait aux *montagnards*, qui font une autre cause de lassitude pour les hattiers, dont ils forment la subsistance en grande partie.

Le hattier, sans chaussure, part communément à pied avec une lance & ses chiens. S'il va à cheval, il faut qu'il quitte sa monture à l'entrée du bois ou au bas de la montagne, parce qu'ils sont inaccessibles à un cavalier. Il ne peut même entrer dans la forêt qu'en faisant mille contorsions avec son corps. Il lâche ses chiens, auxquels la nécessité, plutôt que leur inclination, a appris à chercher la bête. A peine un animal *extravagant* apperçoit-il un homme, soit à pied, soit à cheval, qu'il se met à fuir, & s'enfonce dans les bois, de manière à n'y être arrêté que par les chiens qui l'attaquent, & qui le combattent jusqu'à l'arrivée du chasseur ou du hattier. Celui-ci au bruit des chiens, court avec sa lance, rompant des branches, marchant sur des épines, & trébuchant sur des souches auxquelles il laisse des lambeaux de ses vêtemens, & assez souvent de sa chair. Dès qu'il paraît, l'animal en furie se dirige vers lui ; le hattier l'attend de pied ferme en lui présentant sa lance. S'il manque son coup, il prend l'abri d'un arbre mince, au pied duquel il tourne, en harcelant l'animal, jusqu'à ce qu'il puisse le tuer avec sa *machette* (*).

Le profit qu'il tire de sa victoire est très-petit, & lui coûte encore des soins pénibles. Dans un climat où l'on ne peut guère conserver la viande au de-là du jour où l'animal a été tué, & où elle est presque l'unique ressource pour les hattes, il est difficile que le hattier passe plus de huit jours, sans renouveller ses recherches, ses combats & conséquemment ses dangers. Il faut encore qu'il divise en aiguillettes, la chair de la bête, après l'avoir écorchée, & qu'il prenne seulement ce qu'il peut en porter sur ses épaules jusques chez-lui, ou bien il la laisse dans un lieu où il puisse retourner la chercher avec le secours de son monde. Très-souvent il a triomphé dans un lieu où il ne peut profiter de quelques pièces, qu'en les jettant au bas de falaises, ou de points rapides, où il risquerait de se précipiter, s'il y passait avec une charge.

Telle est la vie d'un malheureux hattier, qui ne ressemble que trop à celle de la plupart des colons espagnols. Dans ses courses, il ne tempère sa soif qu'avec le suc de quelques fruits, & notamment

____

(*) Espèce de coutelas.

celui des oranges aigres ou douces. Ses pieds acquièrent, par l'habitude d'aller fans fouliers, (dit toujours
Valverde), une femelle ou croute , de l'épaiſſeur d'un
doigt, & que dès épines fans nombre ne peuvent
percer juſqu'au vif. En lui voyant couper , à l'aide
d'un rafoir , cette efpèce de doublure de la plante
de fes pieds , on croirait qu'il oppère fur un corps
étranger , tant elle eſt infenfible.

Que ferait-ce donc , fi ces infortunés colons n'avaient
pas , dans l'éducation de leurs animaux , toute pénible
qu'elle eſt , la reſſource la moins précaire pour fubfifter ? C'eſt cette éducation qui eſt l'objet prefqu'unique
de leur commerce , parce que la partie françaife con-
fomme une grande quantité d'animaux & qu'elle les
tire , prefqu'en totalité , de la partie efpagnole.

Par une négligence inexcufable & qu'il eſt devenu
prefqu'impoſſible de réparer , la colonie françaife n'a
jamais eu que quelques faibles hattes , & depuis plus
d'un fiècle , elle eſt dans une dépendance abfolue de
fes voifins , au moins pour fes boucheries , qui font
alimentées par des bœufs efpagnols. Auſſi les vues
des colons nos voifins font-elles prefque toutes tour-
nées vers ce trafic très-lucratif pour eux.

. Le propriétaire donne , par approximation, le dé-
nombrement de fes animaux , non compris les montagnards qui ne font foumis à aucun tribut. Ce nombre
eſt divifé en trois claſſes ; l'une eſt cenfée deftinée à
la réproduction , la feconde à la confommation intérieure , & la troifième à être exportée dans la partie
françaife. Cette fortie eſt grevée d'un droit qui a été
porté juſqu'à cinq piaftres gourdes (27 liv. 10 fous

de France), par chaque macorne , ou paire de bêtes à corne; mais comme elle exige une permiffion par écrit du préfident efpagnol , la permiffion coûte elle-même une rétribution arbitraire. Les hattiers voifins de la frontière , chargent quelquefois ceux qui en font éloignés , de fournir leur tribut aux boucheries efpagnoles ,afin de fe conferver plus d'animaux à livrer aux français ; mais on fe fert auffi contre eux de cette raifon d'un plus grand profit , pour leur faire mieux payer la permiffion de fortie.

Notre confommation eft donc l'une des caufes qui diminuent les animaux dans la partie efpagnole ; l'épizootie y a auffi exercé fes ravages , quoiqu'elle n'y ait jamais eu les caractères funeftes qu'elle a montrés dans la partie françaife. L'étendue du terrain , l'état de liberté dans lequel vivent les animaux , ont feuls contribué à arrêter les progrès d'un mal auquel l'apathie efpagnole n'a rien oppofé.

Il faut ajouter aux caufes de dépopulation , un genre de maladie déjà très-ancien. Comme il fe faifait , au fiècle dernier & au commencement de celui-ci , une grande contrebande en cuirs avec les hollandois & les autres nations, on éleva , pour pourfuivre les beftiaux , beaucoup de chiens d'une grande efpèce , qui fe multiplièrent confidérablement , & caufèrent de grands dommages , parce qu'ils fe jettaient principalement fur les jeunes animaux. Ce fut à l'époque de l'abandon de cette immenfe quantité de chairs , laiffées à la putréfaction , qu'on vit paraître une efpèce de mouches vertes & dorées , femblables aux cantharides. Dès qu'une bête cavaline ou à corne , ou

un pourceau, a une écorchure ou même une excoria-
tion, la mouche dépofe un œuf qui fe change en un
ver, par lequel l'animal eſt rongé jufqu'à en périr.
Les colons efpagnols ont bien employé, avec effica-
cité, le frottement de la pouffière des bouts de tabac
ou cigarres fumées, ou la racine d'Ellebore; mais
ces moyens ne pouvant fervir que pour des ulcères
vifibles, ce qui n'eſt pas l'état de tous, &
étant impraticables à l'égard des animaux fauvages,
ce fléau en fait mourir un très-grand nombre. D'ailleurs les hattiers ont une extrême négligence, relativement aux animaux nouveaux-nés, qui périffent
parce que les vers s'attachent à leur ombilic.

Les féchereffes qui fe font fentir affez fréquemment, détruifent auffi des animaux ou s'oppofent à
leur réprodu&tion. En général les hattiers font dans
l'impuiffance de prendre tous les foins convenables,
& l'étendue même des hattes eſt un obſtacle prefque
infurmontable. Il eſt déjà très-difficile pour le hattier,
de raffembler fes animaux pour régler le tribut, & il
profite de cette circonſtance pour les compter & faire
marquer d'une étampe qui lui eſt propre, ceux qui
font parvenus à dix-huit mois. Il faut encore qu'au
mois d'Avril, à l'approche des pluyes, on faffe brûler les favanes pour en renouveller l'herbe, & détruire
celles qui, comme l'herbe-à-panache (*), fort
commune au pied des montagnes, & l'herbe-à-
aiguille, couvrent les favanes & y étouffent les fe-
mences des graminées utiles. Alors les animaux fe

______

(*) Efpèce d'Andropogon que Bomare appelle *Barbon.*

retirent dans les parties boifées où des liannes aqueu-
fes les nourriffent, tandis qu'une ombre épaiffe les
garantit des ardeurs du foleil. Cette opération du
brûlage amène même quelquefois fur le territoire
français, placé au-deffous du territoire.efpagnol, dans
le fens du vent prefque habituel de l'Eft, & à d'affez
grandes diftances de la frontière, une efpèce de brouil-
lard produit par la fumée.

On a vu, par les détails où je fuis entré & dont
j'ai affecté de tirer une partie de l'ouvrage d'un créol
efpagnol de Saint-Domingue, à quel état de médiocrité & de décadence eft réduite la colonie efpagnole,
qui ferait nulle, à bien dire, fans fon commerce d'animaux avec les français, que Don Antonio Valverde
appele même fon unique appui. Ce commerce eft
pour nous une charge énorme, qu'affoiblit néanmoins
la néceffité où les efpagnols fe trouvent, par l'impéritie
de leur gouvernement, qui les expofe à manquer de
tout, de venir s'approvifionner dans la partie françaife. Ils y venaient ouvertement autrefois; mais je
dirai plus loin, comment ils font réduits à faire en
contrebande ce commerce naguères fi propice, tout
à la fois, & aux intérêts de la métropole, dont il
faifait valoir les marchandifes, & à ceux de la colonie
à laquelle il reftituait une partie de la fomme confidérable payée annuellement par elle pour l'achat des
animaux.

Après avoir effayé de montrer dans toute fa ref-
femblance, l'habitant de la partie efpagnole, il eft
naturel de continuer la defcription du pays qu'il
habite, d'autant que les particularités relatives au

local , nous ramèneront plus d'une fois aux perfonnes.

Les limites entre les deux colonies ont été enfin réglées par le traité difinitif du trois Juin 1777 , qui a donné à la partie françaife des bornes plus étroites que celles reconnues jnfqu'alors. C'eft ce que je crois avoir bien démontré par les détails hiftoriques , dont j'ai cru indifpenfable de placer l'abrégé au commencement de ce volume , afin que le lecteur pût fe convaincre encore mieux , en lifant ce traité , qu'il n'eft pas fondé fur les principes d'une juftice rigoureufe.

BAHORUCO ET SES ENVIRONS.

Le point fitué le plus à l'Occident , à la frontière efpagnole , fur la côte ou bande du Sud , eft l'embouchure de la rivière *des Pedernales* (des Cailloux ,) appellée par les français , *rivière des Anfes-à-Pitre.* C'eft à l'Eft de cette rivière , qui difparait plufieurs fois vers le haut de fon cours , que font les montagnes élevées de Bahoruco ou du Maniel , qui n'appartiennent point au Cibao , puifqu'elles fe dirigent prefque Nord & Sud , vers l'étang falé , & l'étang faumâtre , où elles trouvent des prolongemens des chaînes parties du Cibao , & qui viennent vers le Mirebalais. Les montagnes de Bahoruco font d'une grande fertilité ; elles forment en s'étendant jufqu'à la mer dans le Sud , une pointe qui fuppofée prolongée , irait paffer tout près du point le plus Eft de la petite île de la Béate.

Valverde rapporte , au fujet de ces montagnes , dont il vante la température , que lorfque Don Manuel d'Azlor , préfident de St-Domingue , (depuis vice-roi

de Navarre), y vint une fois pour pourfuivre les
nègres fugitifs, il fit dreffer des tentes la nuit de fon
campement, & qu'il s'y couvrit des feuilles des
choux que les nègres cultivaient.

Ce local où tout annonce des mines d'or, puifque
les eaux y charient & des paillettes & du fable
auquel il eft mêlé, a toujours été depuis 80 ans,
l'afile des nègres fugitifs efpagnols & français, qui
ont, quelquefois dans leurs incurfions, commis des
excès fur la partie françaife qui les avoifine. Malgré
des attaques réitérées, qui les ont diffipés à différentes reprifes, malgré qu'une cédule du roi d'Efpagne,
du 21 Octobre 1764, autorisât le préfident efpagnol
à propofer aux nègres de cette nation, de fe réunir
dans des lieux qu'on leur indiquerait, pour y former
des bourgades où ils feraient confidérés comme des
affranchis ; ils ont toujours préféré cette vie vaga-
bonde, & la nature des montagnes où ils forment
leurs retraites, & fur-tout le peu de population du
territoire efpagnol, leur ont toujours donné la facilité
de s'y maintenir.

Je parlerai de ces brigands, dans la defcription des
paroiffes françaifes qui ont été le théâtre de leurs
horreurs, & je me contente de dire en ce moment,
que depuis 1785 ils ont ceffé leurs irruptions, &
qu'ils ne fe font pas écartés de la promeffe qu'ils
firent alors à M. de Bellecombe, gouverneur-général,
de ne point troubler à l'avenir la paix du territoire
français. Il eft toujours certain que leur voifinage
empêche que ce territoire ne reçoive des habitans
près de la limite. Bahoruco, proprement dit, n'a pas
d'autres habitans.   Le

Le long de la côte à l'Oueſt de ces montagnes, ſont pluſieurs pointes & anſes. Le mot d'*Anſes à pitre* eſt la dénomination commune de cette étendue de côte, depuis la Pointe-des-Piéges, qui eſt à une lieue dans l'Oueſt de l'embouchure de la rivière des Pédernales, & par conſéquent ſur le territoire français, juſqu'au Faux-Cap ; ce qui forme une étendue d'environ 12 lieues.

Les gros vaiſſeaux peuvent mouiller à une demi-lieue devant l'embouchure de la rivière des Anſes-à-Pitre, & les autres plus près. Cette rivière, dont l'eau eſt une des meilleures de l'île, eſt aſſez conſidérable, mais point navigable. Elle prend ſa ſource dans la partie ſeptentrionale des montagnes de Bahoruco. En tems de guerre des vaiſſeaux de ligne & des corſaires anglais font de très-longues ſtations dans cet endroit, & quelquefois même ils y conſtruiſent des barraques dans la partie plane de l'Eſt de la rivière, & s'y tiennent des mois entiers. Les bœufs, les cochons ſauvages & le gibier, leur fourniſſent une nourriture ſaine & abondante ; couverts & cachés par le Faux-Cap, & la Béate, ils ont des vigies qui découvrent de loin, & font ainſi la guerre avec une grande commodité, puiſqu'ils ont des ſubſiſtances, de l'eau, du bois & un point d'obſervation.

Après l'embouchure de cette rivière, & allant vers la partie eſpagnole, on trouve la rivière & l'anſe du Trou-Jacob, puis la pointe du même nom. Cette pointe, comme celles qui la précèdent dans les Anſes-à-Pitre eſt bordée par une côte de fer (pierreuſe) d'environ trois cens toiſes de largeur, qui en

ceint le contour. Mais de là pointe ou falaise du Trou-
Jacob, commence une côte de fer continue, qui
présente bientôt le Cap-Rouge. Entre celui-ci, &
la Pointe des Voutes-d'en-bas ou des Aiguilles, est
l'Anse-à-Rousselle.

Après la Pointe-des-Aiguilles ou les Voutes-d'en
bas, l'on trouve une anse magnifique, appellée
l'*Anse-des-Aigles* ou simplement *Anse-sans-Fond*, où
l'on prétend même que les navires peuvent aller
s'amarrer à terre. Il y a encore un autre mouillage
appellé l'*Anse-Thomas*, entre la Pointe-Chimahé, qui
abrite l'Anse-des-Aigles ou Sans-Fond, au Sud;
& après l'Anse-Thomas, est le Faux-Cap que des
cartes confondent, mal-à-propos, avec la Pointe-des-
Aiguilles.

Du Faux-Cap, où la côte commence à se diriger
vers l'Ouest, jusqu'à la pointe du Bahoruco, on peut
passer dans le canal, entre la Béate & la grande île,
avec fond de six à neuf brasses, laissant au Sud les
îlots de la Béate, mais cette profondeur se réduit
à moins de trois brasses lorsqu'on est sur un haut-fond,
qui part de la Béate & qui courre dans le Nord.

Depuis le Faux-Cap jusqu'au Cap-Bahoruco, la
côte est de fer & très-élevée; c'est-à-dire, qu'elle a
depuis 80 jusqu'à 160 pieds au-dessus de la mer. Elle
offre cependant l'Anse-à-Burgaux, le Trou-du-guet,
l'Ance-des-Truyes où la côte est dirigée au Sud-Est,
& enfin, l'Anse-des-Vases, qui précède la Pointe-
Bahoruco, nommée aussi pointe ou Cap-de-la
Béate & Cap-à-Foux; c'est le point le plus Sud de
toute l'île St-Domingue, & celui où finit la côte de
fer, commencée à la pointe du Trou-Jacob.

Pour qu'on ne prenne pas une idée fauffe du local, où j'annonce une côte de fer & des anfes, il eft indifpenfable de dire que ces anfes font formées par des portions de fable & de terre, qui font entre le rivage & la côte de fer, & que cette dernière en fait des efpèces d'aculs.

En parlant des plaines de la partie efpagnole, j'ai dit qu'il y avait au pied des montagnes de Bahoruco, & à partir de la pointe la Béate, deux plaines, dont l'une à l'Oueft, d'environ 80 lieues quarrées, & l'autre à l'Eft, d'environ 60 lieues quarrées. Les quatre - vingt lieues de la première, bornées à l'Oueft par la paroiffe françaife des Cayes de Jacmel, font propres à toutes les cultures, fans parler des parties montagneufes avoifinantes, où celle du café réuffirait. On peut fuppofer que cette précieufe étendue fuffirait à cent cinquante fucreries de plus de trois cens quarreaux (*), capables d'employer trente mille nègres, & dans ce nombre de fucreries, qu'on ne peut trouver exagéré, il y en aurait près de la moitié qui ne feraient pas à plus de 4 ou 5 lieues de la mer. Il eft aifé de fentir combien cette plaine ferait favorable à toutes les autres denrées, comme l'indigo, le coton & le tabac.

Le calcul qu'on vient de faire, établit auffi que dans la feconde plaine de Bahoruco, fituée à l'Eft, on pourrait avoir pareillement plus de cent fucreries, qui employeraient vingt mille nègres. L'établiffe-

(*) Mefure de la partie françaife de St-Domingne, qui contient cent pas de trois pieds et demi en quarré, ou 122,500 pieds de fuperficie.

ment de ces parties changerait en peuplade policée, les esclaves fugitifs dont j'ai parlé.

C'est à l'Est des montagnes de Bahoruco qu'est la rivière de Nayauco ; puis le Cap-Mongon qui est à 2,500 toises de la pointe Bahoruco. Du Cap-Mongon, en suivant la côte qui se dirige presqu'au Nord, on arrive au petit port, appellé par les espagnols même le *Petit-Trou*, dénomination évidemment française, comme plusieurs de celles que j'ai déjà citées depuis la rivière des Pédernales, & qui suffiraient pour prouver que les français ont été établis dans cette partie.

Le Petit-Trou est peu profond & semé d'écueils ; mais comme ce canton abonde en gibier, il attire fréquemment les chasseurs, qui s'appellent aussi *montagnards*, du nom de l'espèce des bœufs sauvages qu'ils poursuivent, ou *oreillards*, parce que ces bœufs n'ont pas les oreilles coupées, à la différence des *coraillers* & des *paisibles*. De petites barques de la ville de Santo-Domingo s'y rendent pour chercher la viande & la mantegue (sain-doux) qu'a produit la chasse. Des français, à cause de l'inoccupation du Petit-Trou, y chassent aussi quelquefois. On pourrait s'en servir pour extraire les bois & les autres denrées que les environs sont susceptibles de produire.

***

N E Y B E.

Du Nord du Petit-Trou, allant vers l'embouchure de la rivière de Neybe, on trouve la baye de Neybe placée entre les montagnes de Bahoruco & celles de Martin Garcia ; elle porte aussi le nom de Baye

Julienne. De grands bateaux peuvent y mouiller ; mais fi les différentes bouches de cette rivière à la mer, dont la plupart varient chaque année, étaient réunies en une ou en deux feulement (ce qui ne ferait pas d'une grande difficulté), elle ferait navigable pendant plufieurs lieues pour les bâtimens qui maintenant font obligés de refter dans la baye. Il y aurait encore l'avantage de faire pénétrer plus haut des lanches ou barques plates. La rivière de *Neybe* ou de *Neiva*, mot qui, en efpagnol, fignifie *blanc*, *blanche*, naît dans les montagnes de l'intérieur de St-Domingue, près des montagnes de Cibao. Elle fe dirige, pendant plufieurs lieues, à l'Oueft ; puis devenue confidérable, elle prend fon cours au Sud dans la vallée de fon nom, & après y avoir reçu beaucoup d'autres rivières grandes ou petites, elle fe jette à la mer par fept embouchures différentes.

La plaine ou vallée de Neybe, a environ 80 lieues quarrées de furface. C'eft la rivière de fon nom & des parties montagneufes, qui la féparent, à l'Eft, des plaines d'Azua & de Vani ou Bani, tandis qu'elle a pour borne à l'Oueft, la rivière des Dames & l'Etang efpagnol, appellé auffi *Etang de Xaragua*, & *Etang d'Henriquille*, défigné fur les cartes françaifes par l'expreffion de *Riquille*. Difons, à ce fujet, que ce nom d'*Henriquille* ou *Petit-Henri*, lui eft venu du Cacique Henri, qui trouva un afile dans le petit îlet placé à fon milieu, durant ce que les efpagnols appellent fa rébellion. On voit même à quelque diftance de-là & à l'extrémité de la partie françaife, allant vers la mer, des reftes d'un ancien retranchement demi-circulaire, appuyé à une montagne par chaque bout, & garni en dedans de deux rangées de petits puits qui se touchent, & qui servaient sans doute à soutenir le retranchement. Les cavernes voisines sont remplies d'ossemens humains entassés.

La plaine de Neybe est extrêmement fertile, & propre au commerce, à cause de sa rivière qui a un très-grand volume d'eau. La chasse y est aussi utile qu'agréable. Les oiseaux s'y multiplient d'une manière très-rapide, & cette partie semble être l'asile particulier des flamands & des faisans, qui vont en troupe & s'y trouvent par-tout, & principalement dans les points où il y a de l'eau. C'est encore là qu'on rencontre les paons royaux ou paons panachés, (mélange du paon blanc & du paon coloré), très-estimés, parcequ'ils sont d'un goût plus délicat que les paons ordinaires, & que les beautés de leur éclatant plumage, surpassent celles du même oiseau en Europe.

Cette plaine suffirait à l'établissement de plus de 150 sucreries, dont le débouché serait rendu facile, par cette grande rivière que les français ont eue pendant long-tems pour borne de leurs possessions, & qu'ils ont toujours désiré de voir adopter comme une limite, qui laisserait en quelque sorte, à leur industrie, une nouvelle & seconde colonie française à fonder, & d'immenses produits à recueillir. Mais cette attente a été trompée, & ce sol si riche où la nature ne peut montrer sa fertilité, que par de pompeux feuillages & par la grosseur des arbres, n'est guère qu'un désert.

Il y a cependant, à environ neuf lieues de la rivière de Neybe, un bourg appellé aussi du nom de

Neybe, qui contient à-peu-près deux cens maiſons, & qui peut fournir ſois cens hommes portant armes. Le terrain, entre le bourg & la rivière, eſt ſalineux. On compte 15 lieues du bourg de Neybe, à la ville d'Azua, & le chemin qui les fait communiquer, & qui traverſe la Neybe, eſt en partie dans des montagnes arides qui ſe prolongent juſqu'à deux lieues d'Azua.

En allant du bourg de Neybe, juſqu'au point où la ligne de démarcation coupe l'Étang-Saumâtre, il y a environ 16 lieues. On les fait en côtoyant l'un ou l'autre des côtés de Henriquille, dont on rencontre le bout Sud-Eſt, à peu de diſtance après avoir quitté le bourg de Neybe ; le ſentier du bord Sud-Oueſt, eſt reſſerré par une montagne qui le raproche de l'étang. On arrive au corps-de-garde eſpagnol, du lieu appellé le Fond, (*el fundo*) & près duquel eſt la maiſon du commandant de cette frontière : là, eſt l'Étang-Saumâtre, que diviſe la ligne des limites. Le ſentier prend auſſi les deux côtés de ce nouvel étang, appellé par quelques-uns *Lagune d'Azuey*, mais par ſa droite, le chemin eſt impraticable à cheval, tandis que ſur l'autre côté il eſt meilleur ; ce dernier eſt le plus long.

C'eſt par ce chemin des étangs & par le bourg de Neybe, que ſe fait la communication du Port-au-Prince avec la ville de San-Domingo, en gagnant Azua, Bani, &c. Cette route eſt de 69 lieues, car on en compte 14 depuis le corps-de-garde *del fundo*, juſqu'au Port-au-Prince. Pour l'abréger un peu & la rendre ſur-tout moins déſagréable, on peut traverſer l'Étang-Saumâtre en canot.

Il eſt à propos d'obſerver , que ce n'eſt guère que vers 1730 , que les eſpagnols ont fait des établiſſemens à l'Oueſt de la rivière de Neybe , époque où les français avaient même quelques petites *places* dans cette partie.

Le territoire de Neybe a une eſpèce de plâtre , & en outre du talc , qui ſe trouve auſſi dans d'autres lieux. On y voit une monticule de ſel marin foſſile , que les eſpagnols priſent beaucoup pour les uſages domeſtiques , & qui eſt reproduit par la nature avec une telle rapidité , qu'une fouille ordinaire eſt abſolument remplie au bout d'une année.

A z u a.

Après la rivière de Neybe , commence le territoire d'Azua , qui a le territoire de Saint - Jean de la Maguana au Nord-Oueſt , celui de Neybe à l'Oueſt , la mer au Sud , Bani à l'Eſt & au Nord des parties montagneuſes , qui ſe prolongent auſſi derrière le territoire de Bani.

Ces montagnes appartiennent à la 3e chaîne qui , partant de Cibao , va border la rive gauche du Petit-Yaqui , dans la direction du Sud-Oueſt & dont le revers Eſt , répand ſes eaux depuis l'embouchure du Neybe juſqu'à Niſao. De cette chaîne , l'une des plus étendues & les plus élevées , ſort une grande quantité d'autres chaînes dirigées au Sud , & qui laiſſent entre elles & la mer , les plaines d'Azua & de Bani , avec des intervalles plus ou moins larges. Ces chaînes

ſecondaires

secondaires, dont les plus confidérables font, 1°. les deux qui forment la vallée d'Azua dans cette partie, & qui fe terminent près de la ville ; 2°. celle qui borde la rive droite de l'Ocoa & fe termine à la Petite-Anfe-d'Ocoa ; 3°. celle qui finit au plateau de la Croix ; 4°. & enfin celle qui va s'arrêter au Cerre (monticule) de la vigie de Bany, féparent les rivières de Tavora, de Bia, de Sipicepy, d'Ocoa, de Bany & de Paülla, qu'on trouve dans l'ordre où elles viennent d'être nommées, en allant de l'Oueft à l'Eft, avec un grand nombre de ravines intermédiaires.

Le territoire d'Azua eft traverfé par un chemin qui commence où fe termine le territoire de Saint-Jean de la Maguana, à la paffe de la rivière du Petit-Yaqui, dont la fource eft au Cibao, tout près de celle du Grand-Yaqui, & fur la rive gauche duquel eft la chaîne de montagnes dont on vient de parler, & qui coupe le chemin comme on va le voir.

La route traverfe la rivière du Petit-Yaqui (qui a toujours beaucoup d'eau), tout près de fon embouchure dans la Neybe, & va enfuite en plaine trouver à un quart de lieue la hatte de *Bitta al Pendo*. Une lieue plus loin, eft la hatte de la Rivière Salée (*Rio-Salao*), & à un grand quart de lieue de celle-ci, on paffe cette petite rivière *falao* qui tombe dans la Neybe, très-près de-là, & de laquelle, jufqu'à celle de Biahama, où l'on trouve toujours de l'eau, l'on compte plus d'une lieue. Entre les Rivières Salao & de Biahama, mais plus près de cette dernière, le chemin paffe un ravin, qui borde d'un côté un *cerre* que la rivière de

Biahama borde de l'autre. L'on monte ce *cerre*, puis on le redefcend vers la Biahame qui eft précédée, à une très-petite diftance, de la hatte de fon nom, & qui eft paffée, non loin du point où elle fe jette dans la Neybe; de manière que le chemin que je décris longe la Neybe depuis la paffe du Petit-Yaqui.

Après la rivière de Biahame, le chemin monte, puis il redefcend pour trouver la ravine appellée le Môle qui eft à trois grands quarts de lieue de Biahame; le chemin s'éloigne alors de la Neybe qui dans fon cours fe fubdivife fréquemment en plufieurs bras. Du ravin du Môle l'on monte une demi-lieue pour arriver au fommet du Paffage (*el Puerto*), prolongement de la chaîne venant du Cibao, qui s'étend le long de la rive gauche du Petit-Yaqui. Le Paffage eft à une petite lieue & demie de la riviére de Biahame. Enfuite on defcend la montagne, & en avançant environ 15 cens toifes, l'on entre dans la rivière *Sangofto* que l'on côtoye ou que l'on traverfe, à plufieurs reprifes, dans une demi-lieue, jufqu'à fon confluent avec le torrent de *Tavora*. De-là le chemin gagne un peu à droite & l'on prend le torrent de Tavora, qu'on fuit près de deux lieues jufqu'à la hatte de fon nom, qui eft à trois fortes lieues du fommet de la montagne du Paffage.

Le torrent de Tavora eft fort confidérable & très-rapide, & fe rend directement à la mer; fon lit a jufqu'à 60 toifes de largeur dans beaucoup d'endroits, avec un encaiffement depuis 12 jufqu'a 15 pieds de profondeur prefqu'à pic. On n'y voit de l'eau que dans les tems de pluye & d'orage; mais il y a de petites fources au-deffus de la hatte de Tavora, qui fe réuniffent dans des points inférieurs, & où les animaux s'abreuvent. Le chemin paffe différens bras fecs & fort pierreux. La hatte de Tavora eft fur la rive droite du torrent, & au point où vient fe rendre le chemin qui conduit au Port-au-Prince. De la Biahame à Tavora, le chemin s'appelle *cafcaal*, nom donné par les efpagnols à tous les chemins pierreux & difficiles, du genre de celui-ci.

A cinq quarts de lieue après la hatte de Tavora, on quitte le lit du torrent & à-peu-près à cinq autres quarts de lieue on rencontre un chemin qui conduit dans la baye de Neybe. Une demi-lieue plus loin eft la rivière de Houra, fans eau, & qui n'eft elle-même qu'à une grande demi-lieue de la ville d'Azua que je rappellerai bientôt.

Immédiatement après avoir traverfé la ville d'Azua, on rencontre la petite rivière de Bya où Via, & deux lieues plus loin on trouve un chemin qui croife la route & qui fert de communication à quelques hattes. Vers la moitié de cet efpace, on laiffe à droite un cerre affez élevé & qui s'étend jufqu'à la mer; une lieue plus loin & après avoir paffé deux ravins, eft la rivière de Sipicépy, à une demi-lieue de laquelle commence la favane du même nom. Cette favane peut avoir un quart de lieue de longueur, fur trois cens toifes de largeur, & fa figure eft à-peu-près ovale. Enfuite font des bois compofés de palmiers, appellés *palmes d'Ocoa*, qui règnent jufqu'à la rivière de ce nom, c'eft-à-dire, dans une étendue de trois lieues.

A une petite demi-lieue après avoir quitté la savane de Sipicépy, le chemin arrive au bord de la mer & suit le rivage (qui est de sable & de galets) pendant une bonne lieue & demie, après lesquelles l'on trouve la petite savane d'Ocoa qui touche presqu'à la mer. Tout l'intervalle, où le chemin côtoye le rivage, est un escarpement de 15 à 20 pieds de haut, qui ne laisse, entre lui & la mer, qu'une grève étroite de 8 à 10 pieds de large, formant le chemin que de gros galets rendent peu commode. Cet escarpement est surmonté par une pente moins rapide & qui est le revers d'une chaîne secondaire de montagnes venant du Cibao.

Un quart de lieue après la petite savane d'Ocoa, est la fourche que forme, avec le chemin, une communication qui mène dans la baye d'Ocoa, au mouillage des vaisseaux espagnols, éloigné de 700 toises du chemin. En avançant un peu, l'on voit à la gauche & près du chemin, les ruines de l'ancienne sucrerie Zuazo, dont je parle plus loin. A une demi-lieue de-là est le passage de la rivière d'Ocoa, que le chemin va gagner en s'éloignant encore du rivage de la baye & contournant la montagne au bas de laquelle cette rivière coule, & qui est la fin de la chaîne secondaire venant du Cibao dont on vient de parler.

Ici finit le territoire d'Azua, sur lequel j'ai encore beaucoup de détails à fournir avant d'entrer dans celui de Bani.

En doublant la pointe de l'Est de la baye de Neybe, se trouve le vieux port de l'ancien Azua, fondé en 1504, par l'Adelantade Don Diègue Colomb,

Il lui avoit donné le surnom de Compostelle, à cause du commandeur Gallego, de l'ordre de St-Jacques de Compostelle, qui y avait une habitation ; mais ce nom s'est perdu avec le tems qui a fait survivre celui d'Azua, que portait ce lieu lorsque l'île appartenait aux Indiens.

Le vieux port qui est absolument de la même nature que la baye de Neybe, servait autrefois au transport des excellens sucres de la plaine d'Azua, où les cannes produisaient durant six années sans avoir besoin d'être replantées. On allait charger ces sucres dans les vaisseaux mouillés à Ocoa & à Santo-Domingo ; ainsi que l'attestent les historiens de ce tems, & notamment Oviédo & Herrera.

La plaine d'Azua, qui à l'Ouest commence à la rivière de Neybe, & qui va jusqu'à l'Anse-de-la-Chaudière à l'Est, a environ 150 lieues quarrées de surface. On nomme aussi *Via*, le canton d'Azua, qui tire vanité de ce qu'il a eu au nombre de ses habitans, Cortez, conquérant du Mexique, qui fut greffier de la municipalité d'Azua. Outre la rivière qui lui donne son nom, Azua a celles des Muses, de Tavora, de Mijo ; & encore celle d'Yaqui qui le sépare du quartier de St-Jean de la Maguana, & qu'on ne doit pas confondre avec la rivière du Grand-Yaqui, qui coule dans la partie du Nord & se rend à Monte-Christo.

Toutes ces rivières étaient autant de causes de fertilité & des moyens de transporter, soit au port d'Azua, soit à la baye d'Ocoa, suivant la situation des établissemens, d'immenses quantités de sucre, du canifice de la meilleure qualité , & des bois précieux.

Tout ce que produit le canton d'Azua , excelle par sa bonté & son goût exquis. On y a vu autrefois des cannes de 18 pieds de hauteur. Quelques personnes prétendent cependant que son terrain au Nord & à l'Est, est loin de valoir celui du Sud & du Sud-Ouest. C'est son sol qui fournit en abondance, & pendant toute l'année , les plus belles oranges & d'une saveur si sucrée, qu'elles ne laissent pas appercevoir d'acidité.

Azua a plusieurs mines d'or qu'on travaillait anciennement , mais qui font absolument abandonnées. Depuis le furieux tremblement de terre du 18 Octobre 1751 , qui commença à 3 heures de l'après-midi, on a découvert , dans les montagnes de *Viajama* , des eaux minérales qui jaillissent de plusieurs sources , & qui font soupçonner , par leur nature , que la montagne qui les contient est sulphureuse. On a aussi du talc à Azua.

Les montagnes d'Azua font remplies de bois de fustet qui fournit une belle teinture jaune , qui est d'un travail facile & qui acquiert un beau poli.

Ce territoire jouit d'un avantage infiniment précieux ; c'est de conserver une race de chevaux qui n'ont, pour ainsi dire, pas dégénéré de ceux qu'on estime le plus en Espagne. Lors de la découverte de l'Amérique , elle n'avait point de chevaux , & l'on sait assez quelle impression l'aspect d'un homme porté par l'un de ces animaux, produisit sur l'esprit des insulaires. Mais bientôt l'Amérique a vu ce beau quadrupède lui devenir propre en quelque forte , &

y fervir, comme en Europe, à l'utilité de fes habitans. C'eft une loi à laquelle la nature a foumis prefque tous les êtres, que celle de la dégénération,
lorfqu'ils font tranfplantés à de grandes diftances, &
en général le cheval a perdu de fa ftature dans nos
îles, peut-être même fa conftitution s'eft-elle déter-
riorée, mais il n'a pas été dégradé quant au moral, &
ceux d'Azua ont même confervé tous leurs avantages
corporels. On remarque feulement que leur robe n'eft
pas auffi variée qu'en Efpagne; ce que l'on attribue
au peu de foin de chercher, dans le mêlange des efpèces, celui des poils.

J'ajouterai ici qu'il y a des chevaux efpagnols de
trois efpèces à Saint-Domingue. Les uns vifs, très-
fins, d'une taille avantageufe, & propres feulement à
la felle, fervent de montures & d'étalons; les autres
moins beaux, d'une taille moyenne, mais pleins
d'ardeur & ayant encore de la grace dans leurs mouvemens, font propres à l'attelage des chaifes, ou
même aux perfonnes qui, ignorant l'art de l'équita-
tion, ne cherchent qu'une monture facile. Ceux de
la troifième efpèce font foibles, leur robe eft ifabelle
dorée ou foupe de lait; leur vue eft tendre, & ils
rendent fi peu de fervice, que la modicité de leur
prix eft le feul motif qui porte à les acheter; on ne
peut les mettre à la voiture que pour de petites courfes, & en général, il faut éviter de les fatiguer. On a
auffi dans la partie efpagnole, une race de chevaux
frifons qui a été apportée de Philadelphie & de
l'État de New-York.

Les chevaux efpagnols ont un caractère un peu

inquiet ; ils font affez fouvent quinteux & prefque
toujours l'approche de l'homme les allarme. Il ferait
imprudent de les aborder fans précaution, d'arriver
près d'eux fans en avoir été vu , car ils font prompts
à lancer des ruades, & ce caractère fe fait encore
appercevoir dans les chevaux efpagnols de race mêlée
de la partie françaife. La manière dont ces chevaux
font élevés, & qui eft vraiment fauvage, doit contribuer pour beaucoup à leur donner ces défauts. Les
chevaux de Caraque étant encore plus eftimés que
ceux de St-Domingue efpagnol, fur-tout comme
étalon, on en tire quelquefois de cette province, ainfi
que de Ste-Marthe & de Rio-de-la-Hache, pour
améliorer l'efpèce.

Azua qui fut pillé, par des corfaires français, avant
1543, n'avait ceffé de décroître de l'état floriffant où
j'ai dit qu'il était parvenu, tellement qu'en 1737, fa
population s'élevait à peine à 500 individus. Mais le
tremblement de terre de 1751 vint lui porter un
coup funefte, en renverfant fes maifons & en amenant la mer jufques fur le point où la ville était bâtie ;
de forte qu'on l'a reconftruite fur la rive droite de la
petite rivière de Bya, à cinq quarts de lieue de la mer
& à une petite demi-lieue de l'extrémite de deux
chaînes de montagnes qui viennent de Cibao, & qui
forment la vallée où coule la Bia. Azua eft agréablement fitué, dans une pofition faine & dans une
plaine ouverte. On voit une très-grande place au
centre de la ville, qui femble fortir depuis 1780
de fon état miférable, fans toutefois qu'elle foit digne
d'une grande attention. L'églife n'y a été achevée,

qu'à

qu'à une époque affez récente. Les habitans d'Azua qui defcendent en grande partie des peuplades venues des Canaries, font induftrieux, grands, & bienfaits.

La ville d'Azua, eft à 24 lieues dans l'Oueft de la capitale, on y compte environ trois cens maifons, & plus de trois mille perfonnes dans l'étendue du territoire qui porte ce nom, & qui pourrait avoir au moins quatre cens fucreries, où quatre vingts mille nègres trouveraient du travail. Il fournit cinq cens hommes portant armes, en comptant une compagnie de cavalerie.

Azua a obtenu le 6 Décembre 1508, des armoiries qui font ; un écu d'azur à l'étoile d'argent en chef & ondé d'argent & d'azur en pointe.

Entre le vieux port de l'ancien Azua à l'Oueft & la Pointe-des-Salines à l'Eft, fe trouve la célèbre baye d'Ocoa. Dans la partie Eft de fon entrée, eft le port de la Chaudière, affez grand, affez ouvert, & affez profond pour recevoir les bâtimens de toutes les dimenfions.

La baye d'Ocoa, eft à 18 lieues de la capitale, c'eft-là que la rivière du même nom, dont j'ai déjà parlé, fe jette à la mer à fept lieues de Nifao & à neuf de la ville d'Azua, & fournit aux navigateurs une eau abondante & facile. La figure de la baye d'Ocoa, que plufieurs perfonnes marquent en fer à cheval, eft vraiment celle d'un *omega*. Les deux caps ou pointes qui en forment l'entrée, font à environ trois quarts de lieues l'une de l'autre, & vont en s'écartant, à mefure qu'on entre dans l'intérieur, jufqu'à former une circonférence de trois ou quatre

lieues. Cette baye peut recevoir les plus fortes escadres
& les flottes les plus nombreuses , dont les vaisseaux
pourraient approcher jusqu'à mettre leur beaupré
sur la terre & à s'y amarrer. L'élevation des côtes
défend la baye des vents, & y rend la mer calme
& tranquille. Sur le côté où se jette la rivière d'Ocoa,
on découvre les palmistes dont j'ai parlé plus haut,
& dont le prolongement semble appeller une peuplade,
dans le point où sont encore les murs ruinés d'un
moulin appartenant dans l'origine au licentié Zuazo,
& qui faisait une grande quantité de beau sucre, dont
deux *charrettées* payèrent, le 15 Avril 1592, la
rançon de la ville d'Azua, à Christophe Newport,
anglais.

La baye d'Ocoa avait mérité des espagnols le nom
de Beau-Port (*Porto-Hermoso*) ; les vaisseaux espagnols viennent y mouiller. Le rivage de cette
baye est de sable ; ses environs sont comme abandonnés, il est même des points où l'on ne voit que
des torches & des plantes du même genre. On
prétend que l'air n'est pas très-sain dans son voisinage.

BANI OU VANI.

A la rivière d'Ocoa, que l'on traverse au point que
j'ai indiqué, commence le territoire de Bani qui a
Azua à l'Ouest, le Nisao à l'Est, la mer au Sud, &
des montagnes au Nord.

Ce que j'ai désigné de la rivière d'Ocoa, est son
grand bras, où l'on trouve toujours beaucoup d'eau.

A une lieue de celui-là on paſſe le ſecond bras ou petit bras. Entre l'un & l'autre , ſe trouve une grande quantité de petits bras, fort pierreux , avec beaucoup de torches & de brouſſailles. Cet intervalle s'appelle Savanne de la *Boye* ; un peu avant ſon milieu , & à cinq cens toiſes ſur la gauche du chemin , ſont les hattes nommées auſſi de la *Boye*. Entre cette ſavane & la mer, & près de l'embouchure de la rivière d'Ocoa , eſt le *cerre de more*. Du petit bras d'Ocoa, l'on monte avec un peu de rapidité ſur un grand plateau aſſez élevé où eſt une très-belle ſavane , appellée *Savane-de-la-Croix*. De ce plateau qui eſt très-étendu du Nord au Sud & qui peut avoir douze cens toiſes de l'Oueſt à l'Eſt, la vue ſe promene ſur la magnifique baye d'Ocoa , dont l'aſpect ſe marie agréablement au ſite du lieu des palmes , & réveille des idées de grandeur & de puiſſance , avec leſquelles l'état d'abandon des points environnans , forme un contraſte que le voyageur philoſophe ne remarque pas ſans fruit.

Les hattes de la Croix ſont à la gauche du chemin , à-peu-près au milieu du plateau , où l'on trouve une croix de bois à droite , lorſqu'on eſt prêt à en atteindre le ſommet. Il eſt évident que ce ſigne religieux a donné ſon nom à ce canton.

Du plateau, on deſcend dans un grand ravin encaiſſé , qui ſe trouve à une lieue & demie du petit bras d'Ocoa. On rencontre preſque immédiatement après les hattes du Ruiſſeau-Profond (*Arroyo hondo*) , puis l'on va à une grande ravine, après laquelle on entre dans la ſavane de la *Mantenne,* où eſt, à un très-grand quart de lieue , la première des hattes de la Mantenne.

De celles-ci on paffe à travers un petit bois au milieu duquel eft un ravin. Un demi-quart de lieue après être forti du bois & à la gauche du chemin, font les hattes de Don Pedro Martin, qui ne font qu'à cinq quarts de lieue de celles du Ruiffeau-Profond, & desquelles l'on compte encore fept quarts de lieue jufqu'au bourg de Bani, qu'on trouve après avoir paffé fept ravins, & contourné le Cerre-de-la-Vigie placé à la gauche du chemin. Ce cerre ou morne, fitué à l'Ouest-quart-Sud-Ouest du bourg, eft l'extrémité d'une grande chaîne de montagnes qui vient du Cibao & qui s'arrête à une lieue & demie de la mer.

Le bourg de *Bani* eft fur la rive droite & à environ 250 toifes de la rivière de fon nom, dans une grande & belle favane qui était une hatte, à trois mille toifes de la mer, & à quatorze lieues de la ville de San-Domingo. Ce bourg qui n'eft pas ancien, a été formé par la réunion de plufieurs hattiers des environs. Il ne renferme que 80 maifons éparfes. On compte, dans l'étendue de la parroiffe, dix huit cens perfonnes, en majeure partie *Ileignes* (venus des Canaries) ou affranchis. Le bourg de Bani eft prefque au milieu de la longueur Eft & Ouest de la plaine qui lui a donné fon nom, & dont la furface peut être évaluée, à environ 80 lieues quarrées.

En quittant le bourg de Vani ou Bani, on trouve à un demi-quart de lieue, en fuivant le chemin, la rivière de Bani. Il y a prefque toujours de l'eau dans cette rivière, qu'on a cependant vu tarir quelquefois. Après l'avoir paffée, on traverfe un bois de trois quarts de lieue qui mène à une favane, où l'on fait

un quart de lieue pour arriver à la rivière de la Pailla ,
qu'on paffe à fec. Après elle on rentre dans un bois ,
puis on vient à la favane de la Pailla , où font des
hattes , & que fuit un bois , puis à une autre petite
favane ; d'où un chemin qui fe dirige à droite , va
gagner l'habitation de l'Eau , (*de la Agua*) ; enfin ,
on rencontre la favane de la Catherine , un peu plus
grande que celle de la Pailla , de figure ronde & de
plus de fix cens toifes de diamètre , où font auffi
quelques hattes. A l'extrêmité de la favane de la
Catherine , eft un ravin diftant de trois grands quarts
de lieue du Nifao , & l'on trouve cette dernière
rivière après avoir traverfé trois petites favanes , dont
les deux plus voifines du Nifao ont des hattes. C'eft
ici que finit le territoire de Vani.

En examinant la côte de ce territoire , on voit que
de la Pointe-des-Salines ou d'Ocoa, qu'il faut appeler
Pointe-la-Chaudière , d'après un plan fait par Don
Jofeph de Solano en 1776 , la côte du Sud courre de
l'Eft à l'Oueft jufqu'à la rivière & à la pointe de
Nifao. Entre cette rivière & cette pointe , de petites
barques ou lanches peuvent mouiller , principalement
dans les embouchures du Nifao à la mer , & plus à
l'Eft dans l'anfe de la Catherine , (où la rivière de
Bani fe jette à la mer) , au moyen de laquelle les
Jéfuites faifaient l'extraction des denrées de leurs habitations & de leurs fucreries , comme le pratique
encore à préfent Don Nicolas Guridi , qui poffède
une partie de leurs domaines.

La rivière de Nifao vient des montagnes du centre
de l'île , & fe jette à la mer à l'Oueft de la pointe de

son nom. La pointe est elle-même à l'Ouest de celle de la *Palonque* (*place à vivres ; ménagerie*).

Oviédo parle avec complaisance de la rivière de Nisao, à cause des riches cultures de ses bords & des beaux troupeaux de ses environs.

Le territoire de Bani est fertile en excellens paturages pour des troupeaux de toutes les espèces ; dont la chair acquiert un goût très-délicat, & qui fourniffent en abondance du lait & du suif. Les bêtes à corne ont accoutumé d'y paître, notamment dans les longues fécherefses que cause l'impétuofité prefque continuelle des brifes qui ne laiffent pas aux nuées le tems de fe réfoudre en eau. Auffi y éprouve-t-on quelquefois de grandes pertes d'animaux. Mais telle est la nature heureufe de ce lieu, qu'avec quelques pluyes ces pertes font bientôt réparées. Plufieurs perfonnes ont trouvé, dans l'ouverture des puits, un préfervatif contre ce dommage ; mais tous les propriétaires n'ont pas le moyen d'employer une pareille reffource. Le canton de Vani partage, avec celui d'Azua, l'avantage d'avoir une belle race de chevaux d'Efpagne.

On pourrait former dans la plaine de Bani, plus de cent vingt fucreries, & y occuper 24 mille nègres.

VILLE DE SANTO-DOMINGO, ET TERRITOIRE EN DEPENDANT.

A partir du cours de la rivière de Nisao, qui vient du Cibao, commence la plaine & le territoire de

Santo-Domingo, borné à l'Oueft par celui de Bani, au Sud par la mer, à l'Eft par le cours de l'Ozama, & au Nord par les montagnes. Il convient de parler d'abord de ces dernières pour être plus intelligible.

Une chaîne de ces montagnes, qui borde la rive gauche du Nifao, s'étend dans une direction à-peu-près Sud, verfe fes eaux entre le Nifao & Jayna, & fépare, par des cuiffes ou contre - forts, les rivières de Nahayo, Senaqua, Nigua & Itavo. C'eft la quatrième chaîne du Cibao.

Une autre chaîne venant auffi du Cibao, fépare la rivière Jayna de celle d'Ifabelle, & laiffe un fort grand intervalle de plaine entre fon extrêmité & la mer; je l'appellerai la cinquième chaîne.

Dans l'efpace qui eft entre l'Ifabelle & l'Ozama, le terrain eft affez plat, & c'eft l'une des extrêmités de la plaine de Santo-Domingo; mais ce terrain s'élève en fe dirigeant vers le Cibao au Nord, ce qui peut le faire confidérer depuis ce point, comme une fixième chaîne de peu d'étendue, ou plutôt comme un contre-fort du Cibao, dont les pentes viennent finir vers les favanes de la Monga, de Can-famanfeu, de Prietta & de la Souïre, où elles fépa-rent les rivières d'Ifabelle, de Gribeplatta, de Guia-cuara, d'Icaco, d'Ozama, de Cavoa & de Lymon.

Enfin vient la chaîne de Pardave ou feptième chaîne qui fe dirige à l'Eft, & qui eft fort élevée. Elle fépare la rivière d'Iaffe d'avec celle de Bermejo, qui fe jettent, l'une & l'autre dans l'Ozama, mais fur la rive gauche, & qui vont encore augmenter le volume de fes eaux.

Venons maintenant au chemin de communication entre Vani & Santo-Domingo.

A la fin du territoire de Vani, l'on paſſe le grand bras de Niſao, où l'on trouve beaucoup d'eau ; dans l'intervalle de ce grand bras juſqu'au petit, qui eſt à une demi-lieue, on en paſſe pluſieurs qui, comme ce dernier, n'ont de l'eau que dans le tems des pluyes Tout cet eſpace eſt rocailleux, ce qui rend le chemin. aſſez mauvais. Du petit bras de Niſao on paſſe cinq ſavanettes, dont la première, qui a ſeule un peu d'étendue, contient des hattes qu'on nomme *hattes de Niagua*, & à une lieue du petit bras, eſt un ravin d'où l'on monte vers un plateau aſſez conſidérable, au haut duquel eſt une jolie ſavane nommée *grande ſavane*.

Cette prairie naturelle contient pluſieurs hattes ſur la gauche du chemin & au bord d'un bois. Du plateau on deſcend vers un autre ravin placé à une grande lieue du précédent, & qui va ſe jetter dans l'anſe Nahayo. En côtoyant cette anſe, on paſſe encore un ravin qui ſe trouve à ſon milieu, & l'on arrive à la rivière de Nahayo, dont l'embouchure eſt à l'angle Nord-Eſt. L'Anſe a une demi-lieue d'ouverture & preſque autant d'enfoncement.

La rivière de Nahayo a toujours de l'eau ; on la traverſe, puis l'on contourne un petit cap de roc qui ſépare l'Anſe de Nahayo de celle de Senaqua, & l'on va ſur la droite juſqu'à gagner le rivage qui eſt plat & ſablonneux. On le ſuit pendant environ une demi-lieue avant d'arriver à la rivière de la Senaqua, qu'on paſſe comme celle de Nahayo, fort près de

ſon

fon embouchure , & qui n'eft qu'à une lieue & demie de cette dernière.

De la Sénaqua on monte un plateau dont les pentes font douces , & qui fépare la Sénaqua de la Nigua, dont elle n'eft qu'à environ feize cens toifes. Sur ce plateau , à gauche du chemin & à un demi-quart de lieue de la Sénaqua, eft la hatte de l'embouchure de Nigua (Boca de Nigua). On paffe la rivière de Nigua où l'on trouve toujours de l'eau ; & qui eft divifée en deux branches dans cet endroit.

Oviédo vante la Nigua dont il a vu l'utilité , à caufe des grandes manufactures qui étaient fur fes bords ; & notamment fes belles fucreries. Elle a 9 ou 10 lieues de cours & prend fa fource fur un rocher très-élevé, qui femble , dit Valverde , être la borne de mon habitation de Villegas. Elle en defcend , ajoute-t-il , en formant deux bras fur une grande plage de fable qui l'abforbe en totalité , fans qu'on puiffe favoir ce qu'elle eft devenue. Mais comme l'eau qui tombe de quelques montagnes & celles de beaucoup de ruiffeaux & de petites rivières , viennent fe réunir dans cette partie, elles y forment un réfervoir affez étendu , qui eft cependant très-réduit dans les tems fecs , où il ne reçoit plus que le ruiffeau de Galan & d'autres peu confidérables. A environ une lieue au-deffous du Rocher, dans le Sud , il y a une petite île entre les habitations de Boruga & de Pedregal à l'Eft, & celle de Villegas à l'Oueft. En face de cette île & d'une montagne, eft un rocher qui, vers le milieu de fa hauteur, donne trois jets, féparés entr'eux par un intervalle d'environ huit pieds , d'où l'eau fort

continûment avec un volume de huit pouces de diamètre pour chacun.

Les premiers moulins à eau pour des sucreries de
St-Domingue, furent placés dans ce terrain, où l'on
profita de ce riche présent de la nature, en recueil-
lant les eaux de ces trois bouches, dans un bassin
spacieux qui, malgré le tems & l'abandon, se conserve entier sous le nom de *prise d'eau*. Les aqueducs
qui étaient dirigés vers deux ou trois grands moulins,
s'étant obstrués, l'eau a repris son cours naturel par
le réservoir appellé *Réservoir de Nigua*, & arrive à
la mer après avoir reçu le tribut des ruisseaux de
Villegas, de Marceline, de Jean-le-Cavalier, de
Velasquez, d'Yaman & de plusieurs autres.

Cette description de Valverde, parle sans doute
des mêmes lieux que ceux cités par Charlevoix,
tom. 1, pag. 19 bis, où il dit, que le commandeur
Ovando envoya Pierre de Lumbreros & Pierre de
Mescia pour visiter un lac à la cime d'une haute montagne, du pied de laquelle sort le Nisao.

Il y a plus de 20 ans qu'on a formé une bourgade
ou établissement paroissial entre le Nisao & le Nigua;
appellé *des moulins à eau*, à cause des circonstances
qu'on vient de voir. Cette cure n'a ni église, ni
dixmes, mais seulement les offrandes & le produit
d'une capitation sur les nègres de sa dépendance,
peuplée d'environ 2,500 individus, en partie hommes
de couleur libres. Cette paroisse qui n'est, à proprement parler, qu'une annexe de Santo-Domingo, a
une succursale, espèce d'hermitage où le curé dit
la messe alternativement, annonçant chaque dimanche

ou fête , celui des deux lieux où il célébrera le service divin le dimanche où la fête suivante.

On pourrait y mettre cinquante sucreries de plus & y placer encore un nombre égal d'indigoteries & de cafeteries.

L'embouchure de la Nigua est à 7 lieues environ de celle de Nisao. Tout l'espace qui est entr'eux , a été cultivé autrefois & forme un terrain plat dans sa plus grande partie. Le sol y est si fertile , que l'immense forêt du Mont Najayo , qui a crû depuis que la culture y a cessé , fournit continuellement les bois nécessaires aux constructions de la capitale & de ses environs , sans qu'on s'apperçoive qu'on y ait fait des coupes. Ce fut , au témoignage de Valverde , son épaisseur qui fut la principale défense des espagnols , lors de la descente de Vénables , qu'ils contraignirent à se rembarquer & à se diriger vers la Jamaïque où les anglais furent plus heureux , puisqu'ils en firent la conquête (*). Toute cette portion de terrain est inculte en ce moment.

La rivière de Nigua traversée , on monte pour gagner l'habitation qui s'appelle aussi *Nigua* ; placée sur une éminence & distante de quatre lieues & demie de Santo-Domingo. On descend assez rapidement le revers du plateau , & l'on passe la petite rivière

---

(*) J'observerai ici , en passant , que Valverde s'est grossièrement trompé dans ce qui concerne Vénables , qu'il fait périr dans cette attaque , tandis que ce général retourna en Angleterre après la conquête de la Jamaïque , qu'il laissa le 25 Juin 1655. Cromwel le fit même emprisonner à la Tour de Londres , d'où il ne sortit qu'après avoir été démis de tous ses emplois.

d'Itavo qui ne conserve point d'eau dans les temps secs, & sur la rive gauche de laquelle se trouve une hatte de chaque côté du chemin. De-là on gagne un ravin sur le bord gauche duquel est une hatte. De ce ravin, le chemin suit l'ance de *Jayna* pendant près de trois-quarts de lieue pour arriver à la rivière de Jayna, susceptible d'être rendue navigable; avantage que l'on pourrait procurer aussi à la rivière de Nisao & à celle de Nigua.

Les rivières de Nigua & de Jayna, ne sont pas très-éloignées l'une de l'autre; mais, dès leur naissance, ces deux rivières s'écartent dans leur cours, que la première dirige à l'Ouest de la seconde. Elles renferment entre-elles deux, une plaine vaste & fertile, qui, dans l'origine, a été la source la plus abondante des richesses de la colonie. La quantité d'or pur qu'on tirait de ses cavités, ses sucreries, ses cacaoyères, ses indigoteries, & ses autres denrées, produisaient des droits qui surpassaient ceux que fournit aujourd'hui toute la partie espagnole. Une habitation placée sur les bords de Jayna & qui est sans nulle valeur, était connue anciennement sous le nom de la Baleine, au lieu de celui de Cagnabola qu'elle porte à présent. Le premier nom lui avait été donné à cause de l'envoi que faisait annuellement son propriétaire à Séville, de l'excédant des denrées qu'il n'avait pu consommer dans la capitale de l'île, sur un vaisseau appellé *la Baleine*. On voit, dans les environs de Jayna, de l'indigo, devenu sauvage, qui annonce & que cette utile plante favorisait autrefois ce canton & qu'elle y produirait encore de nouvelles ressources.

La rivière de Jayna n'eft point guéable, on la paffe dans des canots ou *dans des cuirs*, à deux cens toifes de fon embouchure, & les animaux la traverfent à la nage.

C'était vers le haut de cette rivière qu'étaient les célèbres mines d'or de St-Chriftophe, découvertes par François de Garaz & Michel Diaz, & dans le voifinage defquelles Colomb avait fait conftruire le fort du même nom de St-Chriftophe. Non loin de ces mines, fe trouve aujourd'hui la cure de Ste-Rofe ou de Jayna qui comprend, dans fon étendue, l'ancienne & riche population de Bonnaventure, réduite à un petit nombre d'individus qui élevent des troupeaux ou qui lavent de l'or. Les établiffemens de la plaine de Ste-Rofe & des bords de la rivière de Jayna, doivent être confidérés comme une dépendance de la cité de San-Domingo. On y compte, au moins deux mille individus, pour la plupart hommes de couleur, libres & efclaves.

Sur les bords de Jayna dans l'habitation de Gamboa & Guayabal, fe trouve une mine d'argent, très-riche, qu'on avait commencé à travailler, mais qui à été abandonnée parce que dix huit nègres y périrent dans un éboulement. Il y a une autre mine du même métal entre les hattes de la Croix & de St-Michel.

Après la Jayna, le chemin paffe près la batterie du plateau formé par une langue de terre dont je vais parler, & qui eft à trois lieues de Santo-Domingo. En avançant une lieue, on trouve quelques établiffemens de culture ; de-là, le chemin fuit le rivage jufqu'au fort St-Jérôme, placé à une grande demi-lieue de Santo-Domingo, & va, en tournant un peu sur la gauche, gagner la capitale, par un point de son enceinte, qui est vers le Nord-Ouest; deux cens toises avant cette enceinte, est la croisée du chemin par lequel on va au Cotuy sans entrer dans la ville.

La côte qui correspond à l'espace que l'on vient de parcourir par le chemin, forme aussi une étendue d'environ douze lieues depuis Nisao jusqu'à San-Domingo. De la pointe de Nisao qui avance d'environ quatre lieues dans le Sud, la terre tourne brusquement au Nord-Est jusqu'à l'embouchure de Jayna. Ce fut sur cette plage que le Vice-Amiral Penn mit à terre en 1655, les troupes anglaises aux ordres de Vénables. Ce débarquement fait sous voile, prouve tout à la fois, & l'accessibilité de la côte & son peu de défense, quoiqu'elle soit voisine de la capitale.

A peu près à la moitié de la distance de Nisao à Santo-Domingo, est la petite peuplade de Jayna (*), si on peut donner ce nom à deux ou trois habitations nouvelles, placées à l'extrémité Est d'une anse qui porte, comme-elles, le nom de la rivière sur la rive gauche de laquelle elles se trouvent, non loin de son embouchure. Le cours de Jayna, en partant de cette embouchure, est dirigé au Nord, pendant environ trois cens toises, puis il va vers l'Est-quart-Nord-Est pendant cinq cens toises, pour reprendre ensuite sa première direction Nord. Cette espèce de coude, formé à trois cens toises de l'embouchure, laisse entre lui & la mer, un plateau qui commande & domine

____

(*) Les français prononcent *Cayne* parce que le *J* espagnol a le son fort de notre *C*.

toute l'anse de Jayna qui eſt de ſable, & qui a plus de quinze cens toiſes d'étendue. Comme on ne peut pas faire de débarquement dans la côte compriſe entre le Fort-St-Jérôme & la rivière de Jayna, la poſition de ce plateau eſt très-avantageuſe, auſſi eſt-il fortifié par la batterie dont j'ai parlé. Le terrain y eſt extrêmement fertile, & ſa ſituation eſt très-agréable & très-ſaine. On trouve même en abondance de l'eau dans ſon voiſinage. Car à environ trente toiſes de l'embouchure de Jayna, cette rivière eſt encaiſſée, & cet encaiſſement va en augmentant juſqu'à ſoixante pieds de hauteur. La Jayna n'eſt point guéable dans tous ſes points, & les bords de ſa rive droite ſont, je le répète, couverts de bois impénétrables.

La côte compriſe entre Jayna & Santo-Domingo eſt de roc, eſcarpée preſqu'à pic, en général depuis ſix juſqu'à quinze pieds d'élévation, & il règne dans la mer, en avant de cette côte, des reſſifs qui ont environ trente toiſes de largeur.

Le Fort St-Jérôme, eſt ſur le bord de la côte & près du chemin. Ce n'eſt, à proprement parler, qu'une redoute en maçonnerie, mais conſtruite avec art. C'eſt un quarré fortifié, de vingt toiſes de côté & d'environ vingt pieds d'élévation avec un foſſé. Il peut recevoir cent cinquante hommes avec les vivres & munitions qui leur ſont néceſſaires. Un commandant intelligent pourrait ſe faire honneur dans ce petit fortin qu'on ne pourrait prendre ſans une brêche en règle.

Nous voici maintenant arrivés au port de la ville capitale.

Ce port est formé du confluent des rivières d'Isabelle & d'Ozama, qui ont à leur jonction la forme
d'un Y. Chacune d'elles en reçoit dans son cours,
d'autres moins considérables & un nombre infini de
ruisseaux, de ravins & de courans ou égouts. Ces
deux rivières prenent leur source dans les montagnes
qui sont au Nord-Ouest de la capitale, & viennent
mêler leurs eaux à une forte lieue au-dessus de cette
dernière, pour former, devant la ville, un mouillage
capable de recevoir des vaisseaux de ligne. L'Ozama
a, devant Santo-Domingo, la largeur de la Charente,
sur laquelle est Rochefort & est fort encaissée entre
deux rives de rochers perpendiculaires, qui ont quelquefois vingt pieds de hauteur, quoiqu'ils se réduisent
à quatre pieds au Nord de la ville. L'Ozama a pendant une lieue, depuis quatorze jusqu'à vingt-quatre
pieds d'eau, avec un fond de vase ou de sable mou.

C'est un magnifique port, un véritable bassin naturel, avec des carénages sans nombre pour les bâtimens
qui peuvent arriver jusques-là ; car à l'embouchure,
qui porte le nom de l'Ozama seul, se trouve une roche
qui n'en permet pas l'accès aux bâtimens tirant plus
de dix-huit ou vingt pieds d'eau. Oviédo dit y avoir
vu passer le navire l'Impérial de plus de 400 tonneaux,
& l'on assure que cette roche pourrait être ôtée sans
un travail très-difficile. Je dois ajouter que cette barre
ne s'élève point, puisqu'elle fut sondée en 1681, par
M. de Maintenon, montant une frégate française,
& qu'il y trouva seulement dix-sept pieds de profondeur.

On peut juger de l'énorme volume d'eau que les
deux

deux rivières portent à la mer, par la nuance rousse qu'elles y produisent dans les débordemens & qui s'y étend aussi loin que la vue, sans toutefois que ces rivières franchissent alors leurs rives; comme cela arrive dans des inondations très-rares, telles que celle du mois de Mai 1751. L'Ozama est navigable pendant neuf ou dix lieues du Nord au Sud. Il y a sur ses bords, des manufactures de tuiles, des places à vivres & des sucreries, dont je parlerai plus loin.

La rade devant l'embouchure de l'Ozama est très-mauvaise & découverte depuis le Ouest-Sud-Ouest jusqu'a l'Est; il n'est pas possible d'y mouiller dans la saison des Suds; les Nords font chasser au large & la mer y est extrêmement grosse.

La ville de Santo-Domingo fut originairement fondée sur la rive Est de l'Ozama en 1494, par *Barthelemy* Colomb, qui lui donna le nom de *Nouvelle Isabelle*, auquel celui de Santo-Domingo a été substitué; on ne sait ni à quelle époque, ni à quelle occasion; à moins qu'on n'adopte ce que j'ai déjà rapporté d'après quelques auteurs, que Christophe Colomb donna à la nouvelle ville le nom de son père. Les habitans de la ville d'Isabelle, fondée par Christophe Colomb, en 1493, sur la côte Nord de Saint-Domingue en mémoire de la reine d'Espagne alors regnante, passèrent à la Nouvelle Isabelle en 1496. On assure qu'ils y furent attirés par une indienne, princesse de la rive Ouest de l'Ozama, devenue éprise d'un deserteur espagnol de St-Yago-de-la-Véga, nommé Michel Diaz, qui, après avoir commis un meurtre, s'était sauvé dans les lieux où elle commandait encore. On prétend même qu'elle l'époufa & qu'elle fût baptifée fous le nom de *Catherine*.

Diègue Colomb, fils de Chriftophe, fit bâtir enfuite, à l'Oueft du fleuve, une maifon pour lui. Elle avait des murs épais fuivant l'ufage d'alors, & une enceinte pour la garantir des entreprifes des Indiens. Cette circonflance, très-fimple en foi, fut l'une de celles dont on profita pour imputer à Diègue Colomb de prétendre à la fouveraineté.

La capitale continua à fubfifter fur la rive Eft, jufqu'au mois de Juillet 1502, qu'un ouragan en détruifit prefque tous les établiffemens, conftruits en bois & couverts en paille. Cet événement porta le gouverneur Don Nicolas Ovando, grand commandeur d'Alcantara, à abandonner cette fituation où la ville jouiffait d'un air très-pur & où l'on avait une fource d'eau courante, abondante & falubre, pour la tranfporter en 1504 fur la rive occidentale de l'Ozama, où l'air eft moins bon & où l'eau manque, parce que celle de l'Ozama eft falée à plufieurs lieues de fon embouchure. Ovando, pour remédier à ce dernier inconvenient, conçut le projet de conduire les eaux de la rivière de Jayna à un grand réfervoir de la place la plus confidérable de la cité, où on le voit encore ; mais il n'eut pas le tems de l'accomplir. A cette époque, un bac fervait au paffáge des habitans pour aller prendre l'eau à la fontaine de la ville dépeuplée ; mais ce foin trouvé penible a infpiré l'idée des citernes : pratique qui s'eft confervée jufqu'à-préfent, quoiqu'elle ne foit pas favorable à la fanté. On voit encore actuellement des veftiges du rempart de la ville de l'Eft où les habitans étaient extrêmement incommodés par les fourmis lorsqu'ils l'abandonnèrent.

La nouvelle ville s'éleva, en peu de tems , avec une forte de grandeur qui n'était pas indigne de la première métropole du Nouveau-Monde. Ovando y fit conftruire le fort qui eft à fa pointe Sud-Eft & qu'on nomme *le Château* ou *la Force* , & en outre un fuperbe logement pour lui. Plufieurs particuliers bâtirent, par fpéculation, des rues entières dans cette ville qui a la figure d'un trapèze d'environ 450 toifes à l'Eft le long de l'Ozama , 400 toifes au Sud , le long de la mer & environ 1500 toifes de tour.

A l'Oueft & au Nord , font de riantes campagnes , du moins à partir d'une demi-lieue ; car jufques-là il y a du terrain rocailleux. Tout autour de la ville eft un rempart, commencé fous la préfidence de Don Alonzo de Fuenmayor , archevêque de l'Ifle. Son épaiffeur eft de huit pieds , fa hauteur depuis huit jufqu'à douze pieds. Il a un revêtement en pierre de taille & n'eft terraffé nulle part ; l'efcarpe eft taillée dans le roc. On voit quelques veftiges de foffé , mais aucune de chemin couvert, ni de glacis. Les baftions font plats , fort petits , fuivant l'ufage qui fubfiftait au commencement du feizième fiècle ; ceux des quatre angles font plus grands & retranchés par la gorge. On n'y trouve que deux efpèces de demi-lunes deftinées à couvrir les deux portes qui donnent vers la campagne & quelques ouvrages irréguliers du côté de la mer pour y placer des batteries.

Il y a beaucoup d'artillerie à Santo-Domingo , fur-tout en fonte. La hauteur des Ileignes qui règne paral-

lélement au rempart du Nord-Oueft de la ville , la
domine , & fa crête n'eft qu'à deux cens toifes du
foffé ; c'eft affez dire qu'elle n'eft pas deftinée à une
longue défenfe. D'ailleurs des baftions affez petits
pour qu'une bombe pût y démonter toutes les pièces,
& affez mal tracés pour que la ligne de défenfe tombe
fur la face & non fur le flanc , ne méritent guère le
nom de fortifications.

L'intérieur de la ville a , dans fes rues larges , tirées au cordeau & alignées avec exactitude, une apparence qui plaît. Il y en a dix qui vont du Nord au
Sud & autant qui courent du Levant au Couchant. La
ville eft bâtie dans le goût des anciennes villes d'Efpagne & d'Italie. La majeure partie des maifons conftruites dans l'origine , font d'une efpèce de marbre
que fourniffent les environs , & celles plus récentes
font conftruites en *tapia* , efpèce de *pifé*. Il confifte à
former une caiffe en planches entre des piliers de
maçonnerie. On jette dans la caiffe une terre argilleufe
rougeâtre qu'on y bat & qu'on preffe , jufqu'à ce
qu'elle forme un folide ou efpèce de mur qui remplit
l'intervalle des piliers. Cette terre , ainfi comprimée ,
acquiert une dureté furprenante , & telle même que
quelquefois l'on fuprime les piliers de maçonnerie.

Les maifons de Santo-Domingo font affez jolies ,
à étage, d'un goût fimple & prefque uniforme. Depuis
environ quinze ans, on en a conftruit un affez grand
nombre en bois qui font couvertes de feuilles ou
tâches de palmifte. Les toits font ordinairement en
plate-formes, deftinées à recueillir les eaux pluviales
pour les citernes. Les appartemens ont quelquefois

des tapifieries d'étoffe, mais qui ne vont que jufqu'à la moitié de la hauteur feulement ; l'on dit que c'eft une imitation de l'Efpagne. Le fol de la ville eft très-élevé au Sud, ce qui la protége contre la fureur des flots & lui fert de digue infurmontable.

Le climat de Santo-Domingo eft fort tempéré. Les nuits des mois qui répondent à l'hiver, y font même trouvées froides.

Cette ville autrefois fi juftement célèbre, puifque tous les conquérans du refte de l'Amérique y formèrent leurs projets, & y trouvèrent les moyens de les exécuter; cette ville de laquelle Gonzalo-Fernandez Oviédo difait à Charles-Quint, qu'il n'y en avait pas une en Efpagne qui méritât de lui être préférée, foit pour le fol, foit pour l'agrément de fa fituation, foit pour la beauté de fes rues & de fes places, foit enfin par l'aménité de fes environs, & que fa majefté imperiale logeait quelquefois dans des palais moins commodes, moins vaftes & moins riches, que plufieurs édifices de Santo-Domingo, a prodigieufement perdu de cette fplendeur, comme le fera voir la fuite de la defcription.

Santo-Domingo eft la réfidence du préfident qui eft le chef militaire & civil de la colonie efpagnole & qui emprunte ce titre de la fonction qu'il remplit à l'Audience royale, établie dans cette ville en 1511, & dont Louis de Figueroa, religieux hiéronimite, fut le premier nommé préfident. Ce titre n'a pas toujours été celui des chefs de la partie efpagnole, qui étaient appellés gouverneurs-généraux auparavant, & qui réuniffent affez communément à la qualité de préfident, celle de gouverneur & de capitaine-général;

réunion qui s'est rencontrée deux fois dans la personne
de deux évêques de cette colonie & dans celle de
l'un de ses archevêques.

L'Audience royale est chez les espagnols, une cour
ou tribunal supérieur de justice qui prononce en dernier ressort. Elle a pour membres ordinaires un régent
ou doyen & six oydors (auditeurs ou conseillers) qui
siègent en robe, en rabat & en cheveux longs, cos-
tume qui est aussi celui des avocats & des procureurs.
L'homme du ministère public y porte le nom de fiscal.
L'Audience royale de Santo-Domingo a pour ressort
la colonie espagnole, l'île de Cube, celle de Porto-
Rico, & celle de la Marguerite & de la Trinité.
Les provinces de Maracaïbo, de Cumana & de la
Guyane espagnole en ont été démembrées en Juillet 1787. Les procès y sont longs & couteux. Le
doyen recoit annuellement six milles piastres gourdes
& chaque conseiller 3,300 gourdes, à titre d'appoin-
temens. L'Audience royale ne prononce jamais de dépens contre une partie, qu'autant que celle-ci est
condamnée à l'unanimité. S'il y a une seule voix
pour elle, on compense les dépens, parce qu'on suppose qu'un plaideur, moins éclairé qu'un juge, a
bien pu se tromper sur son droit, puisqu'il s'est trouvé
un juge de son avis. D'après l'usage d'Espagne, trois
juges suffisent pour faire arrêt, même en matière criminelle.

Malgré les differens juges supérieurs & inférieurs,
pour lesquels le peuple montre cependant une sorte
de vénération, les crimes sont fort communs & restent
souvent impunis dans la partie espagnole. Le code

criminel eſt cependant moins rigoureux que celui des
colonies françaiſes. Il condamne le plus ſouvent
au *préſide* (chaîne publique) ou au *ſep* (double pièce
de bois où la jambe eſt ſaiſie dans une mortoiſe). Lorſque pour une execution à mort, il ne ſe trouve pas de
bourreau, (& celui-ci eſt un coupable dont la peine a
été commuée en celle d'être exécuteur des-hautes-œu-
vres) , on fait fuſiller le criminel par des nègres auſſi
repris de juſtice.

L'Audience royale coopère en outre, en quelque
ſorte, avec le préſident, à l'adminiſtration de la colonie;
puiſque , comme je le dirai ailleurs , chaque préſident
doit faire choix d'un auditeur (conſeiller de l'audience) pour lui donner des avis ſur les affaires con-
tentieuſes qui ſont laiſſées au jugement du préſident
comme gouverneur & adminiſtrateur ; celui-ci peut
néanmoins négliger l'avis de l'aſſeſſeur , ſauf à répondre alors du parti qu'il prend.

Lorſque le préſident meurt ou qu'il eſt abſent de
la colonie , le régent ou doyen de l'audience eſt
chargé de toutes ſes fonctions civiles. Les membres
de l'Audience royale qui ſont des juriſconſultes d'Eſpagne ſont amovibles & on leur fait parcourir les
différentes poſſeſſions eſpagnoles en Amérique. Ils
jouiſſent de la plus haute conſideration à Santo-Domingo. Elle paraît juſques dans l'attention de s'arrêter pour les ſaluer, eux & leurs femmes , lorſqu'ils
paſſent dans les rues. Ils prétendent avoir le pas ſur
les colonels & ne reconnaiſſent au deſſus d'eux que
le gouverneur comme leur préſident. Ils ont des *cliens*
qui les appellent leurs *parains* & qui jouiſſent ſous

leur bienveillance de la faveur publique. Ils eurent en
1781, pour un conseiller du conseil du Port-au-Prince
qui se trouvait à Santo-Domingo, par la suite d'un
naufrage, les plus grands égards & lui prodiguèrent
les marques d'estime & les honneurs.

Le gouverneur de la colonie, quoique président
de l'Audience royale n'y a point de voix dans les
procès ; aussi n'y va-t-il que pour les délibérations qui
ne sont point des jugemens entre les particuliers.
Encore un coup, on trouvera ces détails dans un
autre lieu.

Santo - Domingo est aussi le siège principal d'un
archevêché, érigé en 1547, par le pape Paul III. Le
pape Jules II. avoit crée en 1511 un archevêché du
royaume de Xaragua, ayant pour ses suffragans, un
évêché à Larez-de-Guahaba, & l'autre à la Conception-de-la-Véga. Mais ce plan ne s'étant pas effectué, il érigea en 1517, un évêché à Santo-Domingo
& un autre à la Conception-de-la-Véga, tous les
deux suffragans de l'archevêché de Séville & qui
furent réunis en 1527, en un seul évêché de Santo-Domingo. Garcia-de- Padilla, franciscain, confesseur de
la reine Léonore, femme de Don Manuel, roi de
Portugal, avait été nommé évêque de Santo-Domingo
en 1512, mais étant mort avant sa consécration,
Alexandre Gerardino, romain, grand-aumonier de
Charles V. fut le premier qui, comme évêque de
Santo-Domingo, fit les fonctions épiscopales dans cette
ville. Ensuite Alonso-de-Fuenmayor cinquième évêque, y fut promu à l'archevêché lors de sa création,
& l'on compte jusqu'à-présent trente-cinq archevê-

ques

ques qui ont occupé ce fiège, dont les fuffragans actuels font les évêques de Cube & de Porto-Rico & l'Abbé de la Jamaïque; car ce dernier titre a été confervé par la maifon des Dominicains de la capitale. L'archevêque de Santo-Domingo prend le titre de *Primat des Indes*; il jouit de huit à dix mille piaftres gourdes par an & d'une haute confidération; le peuble s'agenouille pour recevoir fa bénédiction, & les gens d'un certain ordre, font feulement une inclination révérentieufe à fon paffage. On eft auffi dans l'ufage de baifer fon anneau & le préfident lui-même ne s'affranchit pas toujours de ce devoir fuperftitieux.

Lors de la création des évêques à Saint-Domingue, le pape leur concéda, en 1511, les dixmes & les prémices de *toutes chofes*, excepté l'or, l'argent, les autres métaux, les perles & le pierres précieufes où ils n'auraient aucune part. Il leur donna de plus l'autorité & la jurifdiction fpirituelle & tous les droits & les prééminences des évêques de Caftille & qui leur appartiennent, fuivant le droit & l'ufage.

Il y eut auffi à la même époque un concordat entre le roi & ces évêques. Il leur donna les dixmes, à la charge de prier pour les rois & pour *ceux qui mouraient en faifant des découvertes*. Ils devaient auffi diftribuer les dixmes au clergé, aux fabriques & aux hôpitaux. Tous les bénéfices & les dignités furent déclarés à la nomination du roi, avec cette condition qu'ils ne feroient concédés qu'à des Caftillans & non à des Indiens; que les pourvus feroient nés d'une union légitime & que leur nomination, fi elle était faite dans l'ifle au nom du roi, ferait fujette à fa ratification pendant le délai de dix-huit mois. Le concordat portait de plus, que l'on ne prendrait que des personnes capables, sachant le latin; que les ecclésiastiques auraient la tonsure, les cheveux en rond, la robe ou soutane ouverte ou fermée, mais descendant jusqu'aux talons, & n'étant ni rouge ni verte, *ni d'une autre couleur déshonnête*. Il voulait enfin qu'on n'ordonnât pas plus d'un fils du même père; qu'il n'y eût de gardé que les fêtes prescrites par l'église & que les dixmes fussent prises en nature & non en deniers.

Le chapitre collégial, créé à Santo-Domingo, en 1512, avait alors 25 membres, divisés en dignitaires, en prébendiers & sous-prébendiers. La pauvreté de l'île força à supprimer, dans la suite, trois dignitaires, ensuite deux chanoines, & enfin les trois demi-prébendiers, ce qui réduisit les individus à dix-sept. Enfin au lieu de canonicats qui avaient valu jusqu'à quatre à cinq mille gourdes & plus, l'union des dixmes & des droits paroissiaux, ne procurant plus une subsistance honnête, il en a été fait abandon au trésor public, qui paye au chapitre une portion congrue, augmentée il y a environ cinquante ans. Les canonicats sont payés huit cens gourdes, & les dignités mille; il y a trois cens gourdes en gros fruits, le reste est en assistance. Je viens de dire que ces gros fruits sont payés par le roi, qui a accepté en échange les dixmes & les premiers fruits ou novales du chapitre. La dixme se perçoit sur le pied du dixième sur les récoltes ordinaires, & sur le pied du septième sur les fruits. Quant aux objets qui exigent de l'industrie, comme le sucre l'indigo &c, c'est le vingtième. Sa majesté a exempté des dixmes , vers 1785 , les nouveaux défrichemens.

Il y a un féminaire à Santo-Domingo.

On peut placer au nombre des monumens qu'offre cette ville, les ruines de la maifon que Diègue Colomb, fils de Chriftophe , avait fait commencer entièrement en pierre de taille. Elle était dans la partie Nord de la cité & bordant le rempart fur l'Ozama ; les murs en fubfiftent encore avec quelques reftes de fculpture autour des fenêtres. Le toit & les planchers font tombés & l'on y enferme des beftiaux. Une infcription latine qui était demeurée fur la porte, eft à préfent couverte par une cabane de pâtre.

La cathédrale, faite des mêmes pierres que la maifon de Diègue Colomb, eft vers le Sud-Eft ; fon entrée donne fur une belle place, formant un quarré long, au Sud-Oueft duquel eft la Maifon de ville. Cette églife eft d'une architecture gothique, mais majeftueufe. Elle a une nef & deux bas côtés & mérite d'être admirée , à caufe de la hardieffe de fa voûte qui , malgré des tremblemens de terre , trop fameux par leurs ravages , n'a eu que depuis quinze ou vingt ans la première léfarde. Cet édifice, commencé en 1512 & terminé en 1540, conftruit fur le modèle d'une bafilique de Rome , pofsède les reftes d'un homme dont le génie a influé fur le globe entier. C'eft-là que repofent les cendres de Chriftophe Colomb qui a voulu être tranfporté dans l'île qu'on peut confidérer comme le premier fondement de fa célébrité. Il avait même ordonné que des fers deftinés à lui rappeller ceux que la calomnie lui avait fait donner , fuffent mis dans fa tombe , mais les efpagnols refusèrent fans doute d'accomplir fa volonté , dans un point qui aurait perpétué la mémoire d'une honteufe perfécution.

Il n'eft perfonne qui ne s'attende à trouver dans l'églife métropolitaine de Santo-Domingo , le mauſolée de Chriſtophe Colomb ; mais loin de-là l'exiftence de fes dépouilles mortelles dans ce lieu , n'eft en quelque forte appuyée que fur la tradition. A la vérité, l'incurfion des anglais , fous le commandement de François Drake , en 1586 , ayant amené le pillage de la ville , lors duquel les archives de la cathédrale furent brulées ou détruites , on n'y trouve plus d'actes antérieurs à cette époque. Les plus anciens même ne vont pas au-delà de 1630 , excepté un vieux régiftre qui comprend les déliberations du chapitre , depuis 1569 jufqu'en 1593 & que le tems & les vers ont à moitié détruit.

Colomb mourut à Valladolid , le vingt Mai 1506. Son corps porté à Séville y fut mis en dépôt & non pas aux chartreux , de l'autre côté du Guadalquivir , comme quelques auteurs , & notamment Oviédo & Zuniga l'ont avancé. On le plaça au-devant du chœur , dans la cathédrale , fous une pierre où l'on grava ces deux mauvais vers caftillans qu'on y lit encore.

A Castilla y Arragon ,
Otro Mondo dió Colon ,

Les hiftoriens difent bien que de là il fut tranſporté dans la cathédrale de Santo-Domingo , mais fans fixer la date de ce tranſport. Un finode tenu en 1633 , dont il exifte des exemplaires , en parlant de l'églife de Santo-Domingo , ajoute qu'en dehors de la marche du maître-autel , à droite & à gauche , repofent, dans deux cercueils de plomb, les os de Chriftophe Colomb & ceux de Don *Louis* fon frère ; mais rien ne défigne lequel des deux eft à la droite ou à la gauche.

Comme tout ce qui a trait à Chriftophe Colomb, eft fait pour exciter le plus vif intérêt , & fur-tout dans ceux qui veulent faire connoître l'île St-Domingue , j'avais un ardent défir de me procurer des renfeignemens certains fur fa fépulture à Santo-Domingo. Je m'adreffai donc à Don Jofeph Solano , lieutenant des armées navales d'Efpagne , commandant celle qui était alors au Cap-Français. Le caractère obligeant de cet officier général , les preuves particulières que j'avais de fes difpofitions à me fervir , fon titre d'ancien préfident de la partie efpagnole & fes relations d'amitié avec Don Ifidore Péralta , qui lui avait fuccédé dans cette préfidence , tout me promettait une recommandation efficace. Don Jofeph Solano écrivit en effet de la manière la plus inftante & je crois devoir tranfcrire ici la réponfe de Don Ifidore Péralta.

Santo-Domingo, 29 Mars 1783.

" Mon très-cher ami & protecteur. J'ai reçu la
" lettre amicale de votre feigneurie du 13 de ce mois,
" & je n'y ai pas répondu fur le champ, afin d'avoir le
" tems de m'informer des détails qu'elle me demande
" relativement à Chriftophe Colomb ; & encore
" afin de goûter la fatisfaction de fervir , votre fei-
" gneurie , autant qu'il eft en mon pouvoir & de
" lui faire éprouver celle de complaire à l'ami qui l'a
" engagé à recueillir ces mêmes détails,

" A l'égard de Chriftophe Colomb , quoique les
" infectes détruifent les papiers dans ce pays & qu'ils
" ayent converti des archives en dentelles ; j'efpère
" malgré cela remettre à votre feigneurie , la preuve
" que les offemens de Chriftophe Colomb font dans
" une caiffe de plomb , renfermée dans une autre
" caiffe de pierre qui eft enterrée dans le fanctuaire
" du côté de l'évangile ; & que ceux de Don *Bar-*
" *thelemy* Colomb fon frère , repofent du côté de
" l'épître de la même maniére & avec les mêmes
" précautions. Ceux de Chriftophe Colomb y ont
" été tranfportés de Séville, où ils avaient été dépofés
" dans le panthéon des ducs d'Alcala après y avoir
" été conduits de Valladolid & où ils ont reftés juf-
" qu'à leur tranfport ici.

" Il y a environ deux mois que, travaillant dans
" l'églife, on abattit un morceau de gros mur qu'on
" reconftruifit fur le champ. Cet événement fortuit
" donna occafion de trouver la caiffe dont j'ai parlé ,
" & qui, quoique fans infcription , était connue,
" d'après une tradition conftante & invariable, pour
" renfermer les reftes de Colomb. Outre cela , je fais
" rechercher fi l'on ne trouverait pas dans les ar-
" chives eccléfiaftiques , ou dans celles du gouver-
" nement, quelque document qui pût fournir des
" détails fur ce point ; & les chanoines ont vu &
" conftaté, que les offemens étaient réduits en cen-
" dres, en majeure partie, & qu'on avait diftingué
" des os de l'avant-bras.

" J'adreffe auffi à votre feigneurie la lifte de tous les
" archévêques que cette île a eus, & qui eft plus

« curieufe que celle de fes préfidens ; car l'on m'af-
« fure que la première eft complète, tandis qu'il
« fe trouve dans la feconde des lacunes produites par
« les infectes dont j'ai parlé, & qui attaquent plutôt
« certains papiers que d'autres.

« A l'égard des édifices, des temples, de la beauté
« des rues, ainfi que du motif qui a déterminé à
« tranfporter cette ville fur la rive Oueft de la rivière
« qui lui forme un port, je vous en entretiens auffi.
« Mais *quant au plan que demande la note*, il y a
« une difficulté réelle, parce que cela m'eft défendu
« comme gouverneur ; les lumières fupérieures de
« votre feigneurie lui en font fentir la raifon „ &c.

Voilà la pièce envoyée par Don Ifidore Péralta &
que je poffède, revêtue de toutes les formes légales.

« Moi Don Jofeph Nugnez de Caferes, docteur en
« la facrée théologie de la pontificale & royale univer-
« fité de l'Angélique St-Thomas d'Acquin, doyen
« dignitaire de cette fainte églife métropolitaine &
« primatiale des Indes ; certifie que le fanctuaire de
« cette fainte églife cathédrale ayant été abattue le 30
« Janvier dernier, pour le conftruire de nouveau, on
« a trouvé, du côté de la tribune où fe chante l'évan-
« gile, & près de la porte par où l'on monte à l'ef-
« calier de la chambre capitulaire, un coffre de pierre,
« creux, de forme cubique, & haut d'environ une
« vare (*), renfermant une urne de plomb, un peu
« endommagée, qui contenait plufieurs offemens hu-
« mains. Il y a quelques années que dans la même

─────────────────────

(*) A peu près deux pieds & demi de France.

" circonstance , ce que je certifie, on trouva, du côté
" de l'épître, une autre caisse de pierre semblable, &
" d'après la tradition communiquée par les anciens
" du pays & un chapitre du sinode de cette sainte
" église cathédrale , celle du côté de l'évangile, est
" réputée renfermer les os de l'amiral Christophe
" Colomb & celle du côté de l'épître , ceux de
" son frère , sans qu'on ait pu vérifier si ce sont ceux
" de son frère Don Barthélemy, ou de Don Diègue
" Colomb, fils de l'amiral ; en foi de quoi j'ai délivré
" le présent. A Santo-Domingo , le 20 Avril 1783.
" *Signé* ; D. Joseph Nunez de Caseres.

" Don Manuel Sanchez chanoine , dignitaire &
" chantre de cette sainte église cathédrale, certifie &c.
" (*comme le précédent mot à mot*). A Santo-Domingo,
" le 26 Avril 1783. *Signé* ; Manuel Sanchez.

" Don Pierre de Galvez , maître d'école , cha-
" noine dignitaire de cette église cathédrale pri-
" matiale des Indes ; certifie que le sanctuaire ayant
" été renversé pour le reconstruire, on a trouvé , du
" côté de la tribune où se chante l'évangile, un coffre
" de pierre avec une urne de plomb, un peu endom-
" magée, qui contenait des offemens humains ; & l'on
" conserve la mémoire qu'il y en a une autre du côté
" de l'épître du même genre ; & selon ce que rappor-
" tent les anciens du pays & un chapitre du sinode
" de cette sainte église cathédrale , celle du côté de
" l'évangile renferme les offemens de l'amiral Chris-
" tophe Colomb, & celle du côté de l'épître, ceux
" de son frère Don Barthelemy. En témoignage de
,, quoi j'ai délivré le présent, le 26 Avril 1783. *Signé*,
" Don Pédro de Galvez ,,   Telles

Telles font les uniques preuves du glorieux dépôt que recèle l'églife primatiale de Santo-Domingo, & qui font elles-mêmes enveloppées d'une forte de ténèbres, puifque l'on ne faurait dire affirmativement laquelle des deux caiffes renferme les cendres de Chritophe Colomb; à moins qu'à l'appui de la tradition, on ne faffe valoir la différence des dimenfions des deux caiffes, parce que celle où l'on croit que les reftes de Colomb ont été placés a 30 pouces d'élévation, tandis que l'autre n'a que les deux tiers de cette hauteur.

Depuis 1783, l'on a encore cherché dans les dépôts de la Partie Efpagnole, quelques traces des faits relatifs à Chriftophe Colomb, mais toujours infruĉtueufement; je fuis même très-redevable, à cet égard, au zèle complaifant de M. le chevalier de Boubée, alors commandant la frégate la Belette, qui, dans un voyage à Santo-Domingo, fait en 1787, voulut bien, & pour concourir à mon ouvrage & pour fatisfaire une curiofité qu'il partageoit, fouiller dans les archives du chapitre que le Doyen & l'Archivifte lui montrèrent avec beaucoup d'affabilité.

Quel fujet de réflexion pour le philofophe ! Trois cens ans font à peine écoulés depuis la découverte du Nouveau-Monde, & déjà une foule de détails manque fur l'homme extraordinaire qui en fut l'auteur ! Il attache un grand prix à ce que fes cendres foient tranfportées dans la capitale de l'île immenfe qui a fervi à conftater la vérité de fes opinions fur l'exiftence d'une autre partie du globe, &

cette translation, postérieure à l'époque où la cathédrale a été terminée, est faite sans qu'aucun monument serve à la constater & à la rappeller aux yeux de tous.

Je dois cependant dire ici que Don Antoine d'Alcedo, au mot *Amérique* de son intéressant dictionnaire, assure qu'on avait posé l'épitaphe suivante :

Hic locus abscondit præclari membra Columbi
    Cujus nomen ad astra volat.
Non satis unus erat sibi mundus notus, at orbem
    Ignotum priscis omnibus ipse dedit ;
Divitias summas terras dispersit in omnes ;
    Atque animas cælo tradidit innumeras ;
Invenit campos divinis legibus aptos ,
    Regibus et nostris prospera regna dedit.

Mais cette épitaphe n'existe plus, & son souvenir même est perdu dans la colonie espagnole.

Un synode, tenu 143 ans après la perfection de l'église métropolitaine, parle bien de l'existence des dépouilles mortelles de Christophe Colomb dans cet édifice; mais c'est sans entrer dans aucune explication, quoi qu'on eut dû songer que le pillage fait par Drake, 47 ans auparavant, avait causé la destruction des archives, & que les insectes auraient suffi seuls pour anéantir des pièces importantes. Et ce synode , lui-même , il commet une erreur impardonnable, puisqu'il donne un frère, *Don Louis*, à Colomb, quoi qu'il n'en ait jamais eu de ce nom, mais seulement deux appellés *Don Barthelemy* & *Don Fernand.*

Ce qui doit ajouter à l'étonnement, c'eſt que la famille même de Colomb, devenue très-conſidérable dès lors, puiſqu'au retour de ſon cinquième & dernier voyage, Colomb fut fait duc de la Veragua, province du Mexique, érigée en duché pour lui, & en même-tems duc de la Vega, nom d'une ville de la Jamaïque, & marquis de cette dernière iſle, n'ait pas cru ſa propre gloire intéreſſée à lui faire conſtruire un monument, ſoit à Valladolid où il eſt mort, ſoit à Santo-Domingo où il a été tranſporté. Mais ce reproche qui s'adreſſe encore aujourd'hui au duc de Liria, poſſeſſeur, par alliance, des immenſes richeſſes de la famille de Colomb ; qu'il eſt foible en comparaiſon de celui que mérite la nation eſpagnole toute entière, pour l'inſouciance qu'elle a montré envers un homme à qui elle eſt redevable de ſa plus grande illuſtration ! Il n'a même pas ljoui de cette juſtice tardive que l'on rend enfin aux grands hommes lorſque leur mort a déſarmé l'envie. Ce n'était pas aſſez que de ſon vivant il eût vu donner le nom d'un autre à la découverte par laquelle il avait, pour ainſi dire, agrandi l'Univers, il a fallu que tout ſe réunît pour caractériſer envers lui la plus honteuſe, comme la plus incroyable ingratitude. Ajouterai-je que dès 1787, c'eſt-à-dire, lorſqu'il y avait à peine 4 ans que Don Iſidore Péralta avait eu occaſion de faire conſtater qu'on avait trouvé le cercueil de Colomb, l'original de cet acte ne pouvait déjà plus être trouvé à Santo-Domingo, où M. de Boubée le chercha vainement à cette époque, poſtérieure au décès de Don Iſidore Péralta. Ainſi ſans le mouvement qui m'a

porté à chercher des détails sur cet homme immortel, la pièce authentique que j'ai rapportée, ne subsis-
terait peut-être pas. Mais le génie de Colomb a
plané sur le globe entier, il a mis son sceau sur son
siècle & l'admiration des siècles futurs le vengeront
de tous ceux qui jouissent des fruits si précieux de ses
travaux, de sa persécution même, sans exhaler vers lui
un seul sentiment qui exprime la gratitude.

Il faut que je maîtrise enfin ma juste indignation
pour offrir au lecteur, qui la partage sans doute, les
autres détails de l'édifice où se trouve tout ce qui reste
de l'être dont l'existence aura produit les effets les
plus extraordinaires & les plus multipliés.

C'est dans cette cathédrale qu'on conserve comme
la plus précieuse relique, une croix qu'on dit être
la même que celle plantée par Colomb sur une
hauteur près de la Véga. Après son exaltation, les Indiens tentèrent vainement de la déplacer, de la couper & de la brûler. Frappés de terreur, ils apper-
çurent la Vierge penchée sur les bras de cette croix, &
les flèches qu'ils dirigeoient vers elle, revenaient les
percer. L'Empereur Charles-Quint la fit transporter
à ses dépens. Elle a été recouverte en argent avec un
travail en filigrane & mise sous trois clefs dont le
doyen du chapitre, le plus ancien chanoine & le plus
ancien prébendier sont dépositaires. Il y a des indul-
gences pour ceux qui l'invoquent & l'on en rapporte
une multitude de miracles.

L'Amiral royal Don Ignace Caro fut enterré dans
la cathédrale, en 1707 ; le Châtelain Don Pedre
Niela, chef de la colonie, en 1714; & le Colonel Don

Iſidore de Péralta, auprès des cendres de Chriſtophe Colomb, en 1786.

On peut encore remarquer à Santo-Domingo, la maiſon deſtinée à loger le Préſident & que l'on nomme le palais, parce que l'Audience royale s'y aſſemble. Cette maiſon ſituée près de la cathédrale, mais plus au Nord, eſt ſur une petite place & donne d'un côté ſur l'Ozama. La place ſert de marché public; c'eſt-à-dire, qu'elle réunit une quarantaine de nègres vendant des vivres du pays. L'imprimerie, les priſons & pluſieurs anciennes maiſons de particuliers ſont près du palais.

Santo-Domingo a trois égliſes paroiſſiales; ſavoir: celle de Ste.-Barbe qui eſt vers le Nord-Eſt de la ville; celle de Saint-Michel placée au lieu où était un hermitage que le tremblement de terre de 1751, a ruiné & où Michel de Paſſamonte avoit fondé un hôpital ſous l'invocation de ſon patron; & celle de St.-André. Mais ces deux dernières ne ſont guères que des ſuccurſales ou des annexes de la première & ſe trouvent, en quelque ſorte, hors de l'enceinte de la ville. Il y a de plus une égliſe de St-Lazare & un hermitage de St-Antoine, voiſin de l'égliſe de Ste-Barbe.

On voit auſſi à Santo-Domingo trois couvens d'hommes qui ont reçu de l'accroiſſement depuis 1782. Celui des Dominicains ou Jacobins, fondé par Charles-Quint avec une Univerſité ſous la protection de St.-Thomas d'Aquin, eſt dans le Sud. Un autre de Cordeliers eſt vers le Nord; il a été bâti aux frais d'Ovando en 1503, ſur un monticule où eſt une mine de mercure & Don Jean-Joseph Colomo, président, est enterré dans cette église. Le troisième couvent est de religieux de la Mercy, de la Rédemption ou Trinitaires, il est dans l'Ouest; la dédicace de son église a eu lieu en 1730, & elle renferme les cendres du brigadier, président, Don Fernand, Conflans Ramirez de St-Yague, mort en 1723.

Cette cité a encore deux monastères de femmes; celui des Clarisses, religieuses du second ordre de St-François, ainsi nommées à cause de Sainte-Claire, leur patrone; il est contigu au couvent des Cordeliers mais au nord de ce dernier; & celui des Dominicaines ou Jacobines, ou Dames de Ste-Catherine, qui est dans l'Ouest de celui des Jacobins. Toutes les églises de la capitale sont belles, riches par leurs ornemens, par des vases précieux, par des tableaux & par des statues de métal ou de marbre, mais la cathédrale l'emporte sur elles à tous égards.

On compte à Santo-Domingo, trois hôpitaux, dont un fut élevé par Ovando en 1503, & dédié à St-Nicolas son patron. Un autre est destiné aux incurables, & porte ce nom qui réveille des idées si déchirantes pour les cœurs sensibles.

Les Jésuites avaient fondé un collége, qui, commencé vers 1735, a été achevé environ 20 ans après.

C'est à Santo-Domingo que sont les principaux agens de l'administration générale, & la majeure partie de la garnison. Cette dernière est composée d'un régiment de milices réglées qui ont succédé au commencement de ce siècle, à trois ou quatre compagnies de troupes réglées, les premières qu'ait envoyé l'Espagne dans cette colonie, où elles arrivèrent à la fin du siècle dernier. Ce régiment est composé de 12 compagnies de 62 hommes chacune ; il y a de plus une compagnie d'artillerie & deux ingénieurs. On met les milices de la colonie sur pied pendant la guerre, & leurs officiers jouissent de la demisolde durant la paix.

Il n'y a pas d'autre état - major à Santo-Domingo que le gouverneur, un major & un aide-major de place ; l'officier des troupes détachées dans les différens quartiers y commande: c'est celui des milices lorsqu'il n'y a pas de troupes réglées.

La population de la ville de Santo-Domingo est peu considérable, encore s'est-elle singulièrement accrue depuis vers 1780. Les recensemens récens de cette capitale n'offrent pas plus de vingt mille ames, de tout âge & de tout sexe ; mais pour être convaincu qu'ils font au-dessous de la réalité, il faut savoir comment se font ces recensemens, qui eux-mêmes indiquent un trait du caractère espagnol.

Ils font dressés, dit Valverde, par des personnes à qui les curés ou vicaires en confient le soin, & qui vont, de maison en maison, vérifier quelles font les personnes qui ne s'acquittent pas du devoir paschal. Cette forme a le premier inconvénient de ne pas comprendre les enfans au-dessous de 7 ans, & de négliger les chefs de famille absens de chez eux ou de la ville. Mais la cause principale de l'inexactitude, est que la moitié du territoire paroissial de la ville est hors de ses murs.

Ce territoire comprend le lieu nommé *les plaines*, une grande partie de Mont-de-Plate & encore tant à l'Est-qu'à l'Ouest de San-Domingo, un grand nombre de petits lieux de plaisance, de biens de campagnes & d'habitations à vivres où résident plusieurs familles de noirs, de sang-mêlés & de blancs cultivateurs. Or ceux-ci ne paroissant en ville que dans l'intervalle du carême à la St.-Jean, pour accomplir le précepte de l'église, & n'y logeant qu'un jour ou deux chez quelque parent ou ami, où chez le commissionnaire qui vend leurs denrées, il se trouve 5 ou 6 mille individus non recensés. Ainsi la population totale de la ville & de ses dépendances, doit être portée au moins à 25 mille ames.

Quelle prodigieuse décadence si l'on compare cet état à celui de cette capitale, dans les premiers tems de la découverte de l'Amérique ; lorsqu'elle renfermoit un nombre considérable de malheureux Indiens ; lorsque les espagnols, insatiables d'or, y accouraient en foule de tous les points de leur métropole ; lorsqu'on y préparait principalement les armemens qui servirent à la conquête des îles de Porto-Ricco, de Cube, la Jamaïque, la Marguerite, la Trinité & plusieurs autres ; à la découverte du Continent, à la conquête du Mexique ; lorsqu'il en sortait des colons pour peupler différens autres lieux, soit dans l'île même, soit ailleurs, comme la ville de Coro dans la province de Venezuela ; lorsque son port était continuellement rempli de bâtimens qui venaient y charger des cuirs (dont la Colonie envoya plus de 35 mille en Espagne dans la seule année 1587), de la

caffe

caſſe, du ſuif, & même des beſtiaux pour les autres établiſſemens de l'Amérique ; lorſqu'au commencement du 16e ſiècle, les riches mines de la Colonie, & en particulier celle d'argent trouvée près de la capitale, portèrent l'empereur à fonder dans la ville de Santo-Domingo, un hôtel où la monnoye était battue au même titre que celle d'Eſpagne ; lorſqu'enfin tous les genres de proſpérité exiſtaient dans l'île, & qu'ils étaient encore plus remarquables dans ſa capitale qui leur ſervait comme de centre & de point de réunion.

Et cependant la ſituation actuelle de Santo-Domingo, eſt elle-même floriſſante, ſi on veut la comparer à ce qu'elle a été depuis 1550 juſqu'au commencement de ce ſiècle. Toutes les richeſſes & la ſplendeur de l'île eſpagnole, furent, pour nous ſervir de l'expreſſion de Valverde, ſemblables à la beauté & à la délicateſſe d'une fleur qui laiſſe à peine le tems de voir ſes belles nuances & de reſpirer ſon odeur ſuave. En effet, la ruine de l'île fut auſſi rapide que ſes progrès. Il ſerait également long & difficile d'en aſſigner toutes les cauſes, mais on peut indiquer les principales.

La première & celle qui porte un caractère vraiment révoltant, c'eſt la perſécution contre Chriſtophe Colomb qui produiſit la commiſſion donnée au commandeur Bovadilla, & dont on vit réſulter, contre le vœu d'Iſabelle & de Ferdinand, la ſervitude des Indiens & leur répartition entre les habitans, pour le travail des mines, où la plupart trouvèrent la mort. Ovando, ſucceſſeur de Bovadilla, n'ayant fait qu'imiter ou même furpaffer fes crimes , la Colonie fe trouva livrée aux factions , & en proie aux guerres civiles que les quatre religieux envoyés par le cardinal Ximenes , n'eurent pas le talent de faire ceffer.

Les Indiens , victimes de la plus horrible avarice , fuyaient en gagnant le Continent ou quelque île propice ; d'autres périffaient de la petite vérole , maladie qu'ils ignoraient avant la découverte , & qui en détruifit plus de trois cens mille en peu de tems. Contraints de travailler , eux qui avaient l'habitude d'une vie libre & indépendante , forcés fur-tout à un travail exceffivement pénible , les germes de plufieurs autres maladies , également nouvelles pour eux , fe développèrent & achevèrent de détruire cette race d'hommes dont tout le crime était de poffèder une terre des entrailles de laquelle on voulait arracher des richeffes qu'eux feuls avaient eu le bonheur de méprifer. Avec la difparution des Indiens, arriva celle du produit des mines qui avaient fourni au tréfor public jufqu'à 6 millions de droit de quint par an.

Les nouvelles conquêtes & les nouveaux établiffemens vinrent encore dépeupler Saint - Domingue. Marcello de Villalobos , l'un des auditeurs , en tira les colons qui allèrent s'établir à la Marguerite. Dans la même année , Rodrigue de Baftidas en partit avec une efcadre pour aller peupler la côte de Ste-Marthe , dont il avait été nommé gouverneur ; le Mexique & le Pérou épuisèrent l'île. François de Montejo en tira de quoi former les établiffemens de l'Yucatan ; Lucas Balquez de Ayllon & Pamphile de Narvaez , ce qu'il leur fallait pour ceux des deux Florides &

Heridia pour ceux de Carthagène. Les habitans les plus riches étoient ceux qui quittaient les premiers à caufe des diffenfions inteftines. En vain une ordonnance du confeil des Indes, du 16 Décembre 1526, prohiba les émigrations, comme elle exceptait les cas de conquête & de nouvel établiffement, à la charge de remplacer les colons qu'on prendrait; les levées continuèrent & le remplacement n'eût jamais lieu.

Cependant St-Domingue lutta, en quelque forte, contre fa propre deftruction pendant un affez long-tems, puifqu'à la fin du 16e fiècle, l'île avait encore des reffources, faibles à la vérité, dans fes cultures & fes nombreux troupeaux, qu'elle devait en majeure partie aux travaux des nègres; mais alors fon commerce ceffa avec l'Efpagne. A peine voyait-on dans fes ports quelques vaiffeaux de régiftre tous les deux ou trois ans; elle n'eut plus de rapport qu'avec le Mexique, & fans les étrangers & notamment les Hollandois, la Colonie aurait péri de la mifère qui la défola pendant long-tems.

La cour d'Efpagne que rien ne frappa dans cet affligeant tableau, que la contrebande qui donnait une apparence de vie aux pitoyables reftes de cette colonie, fit démolir, en 1606, les places maritimes qui fervaient d'entrepôt à cette contrebande, & obligea les habitans de plufieurs points de la côte nord, à fe retirer dans l'intérieur, parce qu'ils furent confidérés comme les agens d'un commerce prohibé.

Enfin les épidémies de la petite vérole, du farampion, efpèce de rougeole très-dangereufe, & de la diſſenterie, notamment en 1666, appellée la cruelle année des 6, achevèrent la dépopulation & réduiſi- rent la Colonie à n'être plus qu'une eſpèce de déſert au commencement du ſiècle actuel. La capitale qui avait reſſenti, plus qu'aucun autre lieu, les déplora- bles effets de tant de cauſes deſtructives, en avait ſouffert de particuliers. Elle ne fut, à la vérité, que menacée par l'attaque qu'en firent les anglais en 1551, ſous les ordres de Guillermo Gauſon, avec une forte eſcadre.& plus de deux mille hommes de débarque- ment, dans laquelle ils furent promptement repouſ- ſés; mais lors de l'attaque de Drake, en 1586, elle perdit des édifices conſidérables, & les tremblemens de terre remarquables de 1684 & de 1691, renver- ſèrent preſque tous ceux que l'entrepriſe de Drake avait épargnés; de ſorte qu'on ne voyait, pour ainſi dire, à Santo-Domingo, vers 1700, que des ruines & des débris entremêlés de gros arbres, qui atteſ- taient la dépopulation.

Ainſi l'Iſle, métropolitaine de la quatrième partie du monde, ne conſerva plus que les habitans qu'une extrême détreſſe y enchaînait; les maiſons périſ- ſaient faute d'être occupées. Les terres abandonnées, reſtèrent ſouvent ſans propriétaire, & les limites des ivers domaines ayant ceſſé d'être viſibles, on ne fut plus diſtinguer ſa propriété de celle d'autrui. Les rétributions publiques furent preſque nulles, & le fiſc n'avait plus d'autre aliment que la vente de quelques rames de papier timbré & de quelques bulles que l'on délivrait. Il fallut, pour fournir aux dépenſes du gou- vernement, envoyer, chaque année, des ſommes du Mexique. En un mot, la pauvreté était ſi extrême, que la plus grande fête pour la ville de Santo-Domingo, était l'arrivée de l'argent envoyé pour payer les frais d'adminiſtration. Son entrée aux portes de la ville était annoncée par le ſon de toutes les cloches & excitait les réjouiſſances & des cris de joie. Le retard de cet envoi augmentait la conſternation, & telle a été la deſtinée de la Colonie, que depuis un ſiècle, elle coûte plus de 125 millions tournois à l'état. Un recenſement de 1737, montre même que la population totale ne s'élèvoit qu'à 6 mille ames & la capitale en comptait à peine cinq cens.

Ce fut pour donner des habitans à cette immenſe ſurface, que le miniſtère eſpagnol y envoya, dès la fin du ſiècle dernier, quelques malheureuſes familles des Canaries, dont la majeure partie déſertaient ou qui périſſaient, ſoit par leurs propres maux, ſoit par les maladies produites par de nouveaux défrichemens.

Mais enfin la colonie eſpagnole ſortit de ſa léthargie; pluſieurs établiſſemens nouveaux de bourgs & de villes parurent dans divers points de l'île; les anciens s'accrurent ou furent repeuplés; quelques cultures furent entrepriſes; on réédifia dans la capitale où il devint même difficile de trouver des logemens. Dans ſa juriſdiction on vit naître la peuplade de St.-Laurent, compoſée de nègres Mines, & celle de St-Charles ou des Ileignes (inſulaires) prit de l'accroiſſement. Cette dernière qui eſt la réunion de pluſieurs familles des Canaries, & qu'on connait plus généralement ſous le nom de Bourg des Ileignes, eſt placée à environ deux cens toiſes dans la partie occidentale de San-Domingo.

Cette renaissance fut un effet naturel de l'augmentation de la Colonie française, dont les progrès, amenant le besoin d'animaux, produisirent aussi un objet de commerce & une ressource pour la colonie espagnole. Celle-ci pût, avec ses profits, se procurer des instrumens aratoires, & notamment des nègres qui firent renaître la culture.

La contrebande avait la plus grande part aux relations qui s'établirent entre les deux colonies, & même entre les espagnols & d'autres étrangers, & le gouvernement pour arrêter du moins celle qui se faisait par mer, autorisa l'armement de plusieurs corsaires. L'audace de la pauvreté se développa alors, & plusieurs créols espagnols s'enrichirent des dépouilles de ceux qui venaient leur rendre l'existence. Pendant la guerre de 1740, le président Horrilla voyant la colonie sans aucun approvisionnement, y appella les étrangers dont la concurrence amena l'abondance. La rupture de l'Espagne avec l'Angleterre en 1761, favorisa encore le goût de la course, & répandit des richesses dans l'île ; l'agriculture reçut des secours ; les nègres, en augmentant les productions, donnèrent de nouvelles facilités pour se procurer d'autres bras ; les gains faits en mer furent placés sur des sols fertiles, & un très-grand nombre de marins, à la fin de la guerre, se fixèrent dans la capitale pour y jouir du repos de la paix.

Don Joseph Solano, l'un des administrateurs qui ont le plus fait pour l'utilité de la partie espagnole, sentit qu'il était avantageux de permettre aux colons d'employer le produit de la vente de leurs animaux

dans la partie françaife , en nègres qu'ils en ra-
menaient , & dont ils fefaient autant de cultivateurs.

Perfuadé que c'eft fur-tout de la terre qu'il faut
tirer les vraies richeffes, il forma à Santo-Domingo
une fociété , ou chambre d'agriculture , après avoir
demandé au mois de Janvier 1773 , des renfeignemens fur la nature de celle établie au Cap-Français.

Après cette digreffion qui n'était pas inutile ici ,
quoiqu'elle paraiffe appartenir plus particulièrement
à l'hiftoire , & dont les faits font cités par Valverde
lui-même , je reprends la defcription particulière de
Santo-Domingo.

Quoique les créols efpagnols aiment le fpectacle ,
ils n'en ont point , même dans la capitale ; à moins
qu'on ne veuille donner ce nom à des combats de
taureaux , qu'on peut appeller pour eux un fpectacle
national , puifque les efpagnols l'aiment partout. On
y repréfente quelquefois des opéras bouffons , efpèce
de farces que le goût français aurait de la peine à to-
lérer ; mais c'eft dans la place publique & le foir
aux flambeaux. On a pourtant joué quelques comé-
dies chez le comte de Solano pendant fa préfidence.

L'inquifition à un commiffaire à Santo-Domingo :
c'eft d'ordinaire un chanoine de la cathédrale. Son
miniftère eft plutôt de forme que de rigueur. Il ofa
cependant , il y a quelques années , aller demander à
vifiter les livres d'un envoyé du gouverneur français ,
qui fe plaignit de cette entreprife. L'archevêque
informé de cette violation du droit des gens , & fol-
licité peut-être par le chanoine lui-même , que l'excès
de fon zèle avait fini par allarmer , chargea l'un de

fes grands vicaires de porter des excufes à l'envoyé, de ce que fon caractère public avait été méconnu. Ainfi, ce que cet établiffement a de hideux ne fe montre pas dans l'île, quoique les colons n'y manquent pas de fuperftition, comme j'ai eu occafion de le faire remarquer. Ils jettaient même par terre avec indignation, les mouchoirs qui formaient la coëffure des nègres domeftiques du même envoyé, & que ceux-ci gardaient dans l'églife, fuivant l'ufage de la partie françaife.

Les rues de Santo-Domingo font pavées; on y voit quelques voitures : ce font celles que nous appellons, des carroffes coupés ; elles ont des brancards & font tirées par un cheval ou par un feul mulet, fur lequel le cocher eft monté. Le mouvement de ces voitures eft analogue au caractère de ceux qui s'y font conduire. Il eft de la politeffe d'y donner la droite ; mais cet ufage ne s'étend pas jufqu'au préfident, *& fa dignité* lui défend au contraire de le fuivre. Auffi cette contrainte le met-elle dans l'impoffibilité de danfer, tant qu'il eft revêtu de cet emploi, avec une autre femme que la fienne.

Cette circonftance, toute ridicule qu'elle parait, apprend néanmoins qu'elle eft l'importance que l'opinion attache à la place de préfident, dont le traitement annuel eft de 40 mille piaftres gourdes (220 mille liv. de France). Les jours d'anniverfaire de la famille royale, ou ceux auxquels l'étiquette a fixé les *galas* de la cour de Madrid, le préfident, placé fous un dais, reçoit la vifite des différens corps, dont chaque individu lui baife la main, comme un hommage

rendu

rendu au réprésentant du monarque. Je dirai plus loin. tout ce que cette place confère de pouvoirs.

Il n'y a point de société à Santo-Domingo, parce que les créoles espagnoles comme celles des autres nations, s'y livrent peu ; & que les femmes dont les pères ou les maris ont une profession, ne visitent point d'autres femmes dont la famille a une profession différente ; c'est même souvent l'effet de quelques loix qui prescrivent cette bisarre défense. Ces créoles sont cependant assez aimables pendant le déjeûner, auquel les hommes sont communément admis.

C'est un effet de la politesse de Santo-Domingo de visiter les étrangers, au lieu d'attendre qu'on soit prévenu par eux. Cet usage est fondé sur ce qu'on y regarde comme embarassant pour celui qui arrive, de former des liaisons, & de s'annoncer chez tous ceux qu'il va voir. Quiconque désire le connaître, fait donc la première démarche.

Les habitans de la ville de Santo-Domingo ne font aucun commerce. Presque tous ont des habitations, dont la plûpart ne sont que des hattes. A peine les plus riches mangent-ils du pain.

C'est à Santo-Domingo qu'est placée la régie de la poste aux lettres, qui est faite pour le compte du roi & qui consiste en trois courriers, l'un pour Dahabon, l'autre pour St-Raphaël & le troisième pour Neybe. Ils partent de Santo-Domingo le premier de chaque mois, pour arriver le 8 ou le 10 à leur destination, & en repartir 2 jours après. C'est le courrier de Dahabon qui va prendre à Monte-Christ les lettres qu'apporte chaque mois le paquebot, venant d'Espa-

gne , qui y séjourne 3 jours avant de partir pour la
Havane & qui y prend les paquets pour l'Espagne.

La chambre d'agriculture du Cap avait proposé en
1785 , d'établir un courrier réglé , entre cette ville &
celle de Santo-Domingo ; le ministère français avait
même approuvé ce plan , par une lettre aux administrateurs de la colonie, en date du 11 Février 1786 ;
mais la lenteur espagnole l'a laissé avorter, de manière
que pour écrire du Cap (comme des autres lieux
de la colonie française), il faut faire passer sa lettre à
Ouanaminthe , d'où elle part pour Dahabon , le premier de chaque mois , & met 16 jours à gagner San-
Domingo , depuis le départ du Cap. Si la lettre
est destinée pour une possession espagnole , autre
que St-Domingue , elle doit être affranchie jusqu'à
Ouanaminthe.

La capitale espagnole est à environ 90 lieues du
Cap, par la route de St-Raphaël , Azua &c. , & à
environ 100 lieues par celle de Dahabon , St-Yague,
la Véga ; on compte 70 lieues entre elle & le
Port-au-Prince. Elle est située par les 18 degrés 19
minutes , 30 secondes de latitude septentrionale , &
par les 72 degrés , 37 minutes de longitude occidentale du méridien de Paris.

Les armoiries de cette cité sont un écu de gueules ,
ayant dans sa partie supérieure , deux lions d'or , &
dans celle inférieure , une clef d'azur, accostée d'une
croix d'argent & une couronne de gueules posée en
cœur ; pour supports , deux lions rampans , & pour
cimier, une couronne impériale d'or.

Santo-Domingo a donné naissance à plusieurs

hommes eſtimables parmi leſquels , on doit compter Alonzo de Spinoſa , dominiquain , écrivain célèbre. La reconnaiſſance autant que la juſtice , me commande de mettre au nombre de ceux qui y exiſtent en ce moment , Don Antoine Valverde, aux recherches duquel je ſuis redevable , d'une grande partie de ce que je rapporte ſur la colonie eſpagnole qui lui a donné le jour.

Ce que j'ai décrit juſqu'ici de la capitale , ne comprend , à proprement parler , que la ville elle-même & les établiſſemens , qu'on doit conſidérer comme ſes fauxbourgs ; mais il me reſte encore pluſieurs détails à fournir , en parlant de ſon territoire.

Santo-Domingo eſt bâti dans une plaine immenſe ; le terrain qui eſt entre cette ville & Jayna , eſt uni , bien arroſé , couvert d'arbres touffus ou de riantes prairies. Ces bois & ces ſavannes s'étendent preſque juſqu'aux pieds des murs de la capitale , où l'on ne voit pas plus qu'ailleurs , de jardins ni de potagers , ſi ce n'eſt dans les cloîtres où l'on en a ébauché quelques-uns.

On compte depuis Niſao juſqu'à l'Ozama , onze moulins à ſucre , mûs par des bœufs & des mulets , dans une ſituation commode pour tous les tranſports , ſoit par les charettes , ſoit par eau ; néanmoins ils ſe font actuellement à dos d'animaux. La plus éloignée de ces onze ſucreries , qu'on appelle Cumba-Chiqua , eſt ſituée ſur le bord de Niſao. On commence des indigoteries & des cotonneries dans cette étendue.

Il y a auſſi des ſucreries ſur le bord de l'Iſabelle

& de l'Ozama. Ces deux rivières fervent à tranfporter dans la capitale & les productions recueillies le long de leurs rives, & celles qu'y dépofent les charettes des habitations de Barbaroja & de St-Jofeph, fituées plus haut. Enfin elles font utiles de la même manière à des parties plus intérieures encore, & dans le fens de *l'Est de l'île*, au moyen de la communication de plufieurs petites rivières, telles que la rivière d'Yavacao, celles de Mont-de-Plate, de Savita, du Goyavier, du Callebaffier, de Duey, de Jaynamofa, des Orangers, du Maignoc, de Dajao, & autres, dont plufieurs font fufceptibles d'être rendues navigables elles-mêmes.

Des 19 ou 20 manufactures à fucre, du diftrict de la capitale, la plus confidérable eft celle de St-Jofeph, où l'on peut mettre jufqu'à 70 nègres au travail. Celle appellée Jagua qu'on cite auffi, compte 50 nègres, moitié du nombre qu'elle poffédait lorfqu'elle appartenait aux jéfuites.

On voit en outre dans l'efpace dont j'entretiens le lecteur, de fimples tourniquets à mélaffe, dont les plus forts ont 8 ou 10 nègres; des places à vivres où l'on recueille du riz, du mahis, du maignoc & d'autres racines & un peu de légumes & d'herbages; ils occupent depuis 2 jufqu'à 6 nègres. L'œil remarque auffi quelques chétives cacaoyères, tandis qu'on pourrait en avoir 50 ou 60, capables de donner chacune, plus de 25 milliers de cacao. Cinquante nouvelles fucreries & autant d'indigoteries, trouveraient leur place, entre Jayna & l'Ifabelle.

Tout ce que j'ai examiné jufqu'ici de la côte Sud

de la partie espagnole est placé dans l'Ouest de la capitale ; suivons maintenant le chemin qui fait communiquer cette dernière, avec la partie Septentrionale de la colonie. Ajoutons seulement que le terrain de la plaine de Santo-Domingo, est généralement bon , & qu'il faut gémir de ce qu'on ait eu le malheur de le concéder à des personnes de la ville qui en sont même les seigneurs ; sans doute afin qu'on trouvât toujours l'orgueil & la misère espagnole réunis. Près de la ville on loue le terrain à des nègres libres ou à des esclaves journaliers qui n'y travaillent qu'autant qu'il le faut pour vivre , & qui cultivent quelques denrées pour la consommation de la capitale.

Pour aller de San-Domingo vers le Nord de sa jurisdiction , on sort de la ville par la Porte-Neuve ou de Condé. Du pied du rempart, on monte le rideau ou le monticule des Ileignes , & c'est de-là seulement qu'on apperçoit la ville lorsqu'on y arrive par cet endroit. A 200 toises , on laisse à gauche le chemin qui va vers Jayna , Bani, Azua &c. ; et à une petite demi-lieue , le chemin fait la fourche ; la branche la plus septentrionale descend au bourg de St-Charles ou des Ileignes , par lequel l'on peut aussi sortir de la capitale , & venir trouver le point de la fourche dont je parle.

Ce bourg Saint-Charles ou des Ileignes consiste en un petit nombre de rues qui se coupent à angles droits dans le sens des 4 points cardinaux.

Lorsque l'on a fait 5 grands quarts de lieue , depuis la cité, on trouve un chemin, qui, prenant sur la gauche conduit à des hattes & à des habitations des environs.

Une demi-lieue plus loin, on passe à la gauche d'une habitation, située sur une petite éminence, à deux très-grandes lieues de l'Isabelle, & où l'on voit des cannes à sucre & des cacaoyers ; puis ayant traversé plusieurs hattes situées sur les deux côtés du chemin, on entre dans le bois qui conduit à la rivière Isabelle, qu'on passe en canot & qu'on peut remonter de la même manière jusqu'à 4 ou 5 lieues avant son confluent avec l'Ozama ; selon les tems où elle a plus ou moins d'eau. Il y a 3 lieues de ce confluent au point où elle est traversée par le chemin.

Au sortir de l'Isabelle, on rentre dans le bois où l'on fait près d'une lieue & demie, en se dirigeant vers le Nord-Est, jusqu'au passage de la rivière de Gribbe-Plate (nom qui me semble signifier qu'elle charie de l'argent ou qu'elle vient d'un lieu où il y en a). On peut dire que depuis Santo-Domingo tout est bois jusqu'à Gribbe-Plate ; car il n'y a, dans cette étendue, que les interruptions produites par quelques habitations & quelques hattes éparses.

Après la petite rivière de Gribbe-Plate, vient la savane de la Monge ; dans laquelle l'on fait un quart de lieue pour arriver à la rivière appellée *Guyacusa Guacuara* & même *Goyaconasi*, mais plus souvent *Guyacuara*; après celle-ci, est la savane Canfamanceu, qui va jusqu'à deux petits ruisseaux assez près l'un de l'autre, qu'on nomme les Ruisseaux du Magnoc (Yuca). De ces ruisseaux le chemin gagne à l'Est, & contourne un petit morne adjacent au cerre de Priéta, puis regagnant vers le Nord, il range d'assez près ce cerre de Priéta, qu'il laisse à gauche & qui eſt un côteau peu élevé , couvert de bois. Au pied de ce cerre, eſt la ſavane de Priéta où paſſe le chemin ; elle a environ une lieue de largeur & va ſe terminer à la petite rivière d'Ycaque , diſtante de plus d'une lieue & demie de la rivière de Guyacuara , par les ſinuoſités biſarres du chemin. Cette rivière d'Ycaque eſt ſuivie de la ſavane Sanguine , auſſi grande que celle de Priéta & où le chemin , en gagnant la droite, a rive à la rivière d'Ozama , qui reçoit ſur ſa rive droite , les rivières de Gribbe-Plate , de Guyacuara & d'Ycaque , dont nous venons de parler.

L'Ozama eſt ordinairement guéable à cet endroit , mais dans la ſaiſon des pluies , il faut aller chercher un gué beaucoup plus haut & même attendre pluſieurs jours , que ſes grandes eaux ſe ſoient écoulées : inconvénient commun à preſque toutes les rivières un peu conſidérables de St-Domingue.

L'Ozama traverſé, l'on trouve la ſavane de la Louiſe, au bout de laquelle on laiſſe à droite, la hatte du même nom , placée au bord du bois dont cette ſavane eſt entourée , & l'on paſſe la ravine de Cavoa , puis une petite ſavane pour trouver la rivière du Citronier (limon) , qui eſt à une forte lieue de l'Ozama. Arrivé à ce point , on ſe trouve avoir franchi la ſixième chaîne de montagnes dont j'ai parlé plus loin , & dont la pente eſt preſque inſenſible.

De Limon , ou rivière du Citronier , on gagne la ſavane de la Guite dont eſt précédée la hatte du même nom. Cette hatte n'eſt guère qu'à 7 lieues de Santo-Domingo , & cependant on en parcourt 12 par le chemin qui les fait communiquer. Cette

différence eſt produite par l'impoſſibilité de paſſer
l'Iſabelle & l'Ozama dans des points favorables &
par la néceſſité d'éviter des points lagoneux & marécageux , que le terrain préſente à chaque pas. Des
voyageurs à pied peuvent bien ſe hazarder à traverser
ces derniers dans la ſaiſon sèche , & paſſer l'Ozama
dans des pirogues ou même à la nage , comme il
arrive aſſez ſouvent ; mais cela n'eſt pas praticable
pour les gens à cheval.

A un grand quart de lieue de la hatte de la Guite ,
eſt une liſière de bois qui la ſépare de la belle & longue ſavane de San-Pédro , moins large cependant
que la ſavane de la Guite , puiſqu'elle n'a tout au plus
qu'un quart de lieue de largeur. La hatte de San-
Pédro , eſt au milieu de la ſavane du même nom ,
où l'on fait deux lieues pour trouver la rivière Rouge
(Bermejo), bordée de bois.

C'eſt à cette hauteur vers le Nord, mais ſur le bord
de Jayna , que fut bâtie, par le commandeur Ovando ,
en 1504 , la ville de Bonnaventure que le voiſinage
des mines de Saint-Chriſtophe rendit bientôt conſidérable & qui fût placée près de Bonao , bourgade
du nom du ſeigneur du lieu , formée elle-même autour de ces mines dès leur découverte.

Bonao était très-abondant en vivres du pays , à la
fin du ſeizième ſiècle. Fondé par Colomb en 1494 ,
il eut pour armoiries en 1508 , un écu d'argent ,
chargé d'épis d'or , au pied de ſinople ; & par un
hazard très-ſingulier , ce lieu fut oublié lorſqu'en
1512 , on diſtribua les établiſſemens de la colonie ,
entre les deux évêchés.

Ce

Ce fut dans le territoire donné, depuis à Bonna‑
venture, & fur la rivière de Jayna que l'on trouva
le fameux grain d'or dont parlent les auteurs efpa‑
gnols, & particulièrement Oviédo, qui dit, qu'il
pefoit 3 mille 6 cens piaftres gourdes ; fans en comp‑
ter plufieurs autres qui étaient auffi d'une groffeur re‑
marquable. On fondait annuellement à Bonnaventure,
jufqu'à deux cens trente mille piaftres gourdes, &
cette ville fut trouvée affez importante lors de la con‑
ceffion des armoiries, pour qu'on lui donnât un écu
de finople, chargé d'un foleil d'or, fortant d'un nuage
qui laiffait échapper une pluye d'or.

Bonnaventure & Bonao, difparurent à une époque
encore voifine de leur établiffement, & ils étaient
déjà abandonnés en 1606. J'ai dit, en parlant précé‑
démment de Jayna, que le diftrict de Bonnaventure
fait maintenant partie de la cure de Ste‑Rofe ou
Jayna. Plufieurs pauvres habitans y font occupés du
foin de laver de l'or dont le titre paffe 23 karats &
demi. Valverde rapporte même à ce fujet, qu'en
1764, on demanda au bureau du contrôle, d'où pro‑
venait l'or de boucles qu'on y avait apportées pour
y être pefées, & que l'on affura n'en avoir jamais vu
d'auffi pur. Cet or ne vient point de la fuperficie,
ajoute‑t‑il, mais les eaux le charrient en grain, en
le détachant de la grande maffe qui a été travaillée
originairement, & dont les excavations fe voyent
encore. On avait même préparé en 1750, des inf‑
trumens pour les exploiter de nouveau, mais la
mort du prêtre Don Jacob Cienfugos qui dirigeait

l'entreprife , & qui paffait pour intelligent , la fit abandonner.

Le Bermejo ou rivière rouge , eft fuivi de la favane à Don-Juan où eft une hatte avec la même dénomination ; puis d'une petite portion de bois , qui mène à un grand ravin encaiffé à une forte demi - lieue de Bermejo.

De ce ravin , le grand chemin monte & devient tortueux , très-pénible & de difficile accès ; mais combien le magnifique fpectacle qu'on trouve étant arrivé au fommet de la montagne , qui eft la chaîne de Pardavé ou la feptième , dédommage de la fatigue. L'œil enchanté découvre tout autour de ce point, la péninfule de Samana , le Cap-Raphaël , la Pointe-de-l'Epée , toutes les terres des immenfes plaines de Seybo & d'Higuey, Santo-Domingo & fa plaine , & il va faifir encore vers l'Oueft, le groupe de Cibao. Dans cette étendue où la vue s'arrête fur mille points, où la beauté d'une perfpective femble difparaître en confidérant une perfpective plus belle encore, que d'afpects majeftueux, agréables, pittorefques & variés! Ici eft la mer , dont la brillante furface s'offrant dans différens intervalles, contrafte avec le ton azuré des terres qu'on ne peut appercevoir que dans le lointain, & qui recréent elles-mêmes les yeux en tranchant avec la verdure de points plus voifins. Des rivières, plus ou moins confidérables , mêlent auffi le charme de leurs eaux tortueufes à ce tableau enchanteur, tandis que le front fourcilleux des chaînes groupées au Cibao , y mêlent quelque chofe de fublime. Quels regrets pour le contemplateur de tant de richesses, de songer que la nature les prodigue en vain, & qu'elles n'ont fait sortir qu'un instant l'espagnol de son engourdissement, pour commander aux malheu-reux Indiens de mourir en travaillant à satisfaire son horrible cupidité, supérieure à tout, excepté à son indolence !

Le voyageur est comme ravi ; c'est avec peine qu'il s'arrache de ce lieu, & après s'être résolu à descendre l'autre côté de la montagne, il est presque retourné vers la queue de son cheval, pour ne perdre que le plus tard qu'il pourra la jouissance délicieuse qu'il éprouve. Mais tout a disparu, & le voilà dans un chemin difficile & roide, pratiqué au milieu d'un bois dont les intervalles momentanés n'offrent aucune diversion. Après ce bois, est une jolie savane appel-lée de l'Émeraude (Aguacate), qui mène à un grand ravin où se termine la pente Nord de la chaîne de Pardavé & qui se trouve à une lieue & demie de l'autre ravin où finit sa pente au Sud.

Au ravin, l'on rentre dans un bois, & à une petite demi-lieue, est la passe de la rivière d'Yasse qui se jette comme celle du Citronnier & la Rivière-Rouge dans l'Ozama, par sa rive gauche. Après Yasse qui a toujours de l'eau, l'on reprend le bois qui devient plus serré, & à un petit quart de lieue est la rivière d'Arainos ; puis est un autre bois entremêlé de petites places qui font autant de savanettes, & à la suite duquel est la savane de la Palience, qui a près d'une lieue & demie de longueur, dirigée au Nord-Ouest-quart-de-Nord, & un quart de lieue de largeur.

Elle est terminée par la rivière de l'Oranger (Naranjo) qui ne tarit jamais, non plus que celle d'Arainos dont elle n'est qu'à deux lieues.

Après la rivière de l'Oranger, qu'on appelle aussi le petit Sévico ou Cévico , & qui se rend dans la mer , au fond de la baye de Samana , on gagne la savane de Sévico , très-grande & semée de petits bouquets de bois , & dans la droite de laquelle est la hatte du même nom où conduit un sentier. Cette hatte est à 5 ou 600 toises du passage de la rivière de l'Oranger. Après avoir rencontré la traverse du sentier , on fait encore plus d'une demi-lieue avant d'arriver à la rivière de Sévico ou Cévico , qui est fort encaissée , bordée de bois & qui a beaucoup d'eau. On va de celle-ci , en traversant un intervalle d'un grand quart de lieue, partie en bois, partie en savanes , à la Petite-Rivière-Blanche (Blanco), qui conserve toujours de l'eau & vient du Cibao.

C'est de cette rivière qu'on commence à monter la seconde chaîne de montagnes ou chaîne de Sévico, au moins aussi rapide & aussi élevée que la 7e. En général, elle est couverte de bois, quoiqu'on y trouve quelques intervalles nus & quelques petites savanes çà & là. Le chemin y est très-mauvais & très-difficile , & il fait plusieurs sinuosités à cause de la nature du terrain. Parvenu au sommet, les sensations qu'on a eues au haut de la chaîne de Pardavé , se reproduisent, parce qu'on découvre tout le pays , qui du fond de la baye de Samana, s'étend pour former la Véga-Réal. On fait encore ici une station pour admirer une plaine, dont l'étendue & la beauté étonnent ; on détaille chaque portion ; on mesure, on calcule des distances, on saisit des aspects, & après avoir rendu mille fois hommage à l'auteur de tant de bienfaits, on est toujours ramené à l'idée de leur presqu'inutilité relativement aux espagnols.

Mais comme ce point est celui qui sépare réellement la partie Est de la colonie espagnole, de la partie septentrionale, & qu'il termine le territoire de San-Domingo, laissons y le voyageur dont la monture se repose, & tandis qu'il y repaît sa vue & son imagination, occupons le lecteur d'une vaste étendue d'environ 700 lieues quarrées, formant la partie orientale de l'île, & dont plus de 600 lieues sont en plaines. Cette surface est bornée au Nord, par la Montagne-Ronde, qu'on pourrait presque considérer comme le prolongement de la seconde chaîne, & dont le côté septentrional s'abaisse vers la partie Sud de la baye de Samana ; à l'Est & au Sud, par la mer, & à l'Ouest, dans presque toute sa longueur, par le cours de l'Ozama & par celui des différentes rivières, qui placées au Sud de la chaîne de Sévico, vont en se jettant successivement les unes dans les autres, porter le tribut de leurs eaux ainsi réunies, dans l'Ozama ou dans le fond occidental de la baye de Samana.

Il n'y a dans cet immense intervalle, que l'on désigne même en l'appellant *les plaines*, & où l'on ne voit que de légères collines qui semblent être les extrémités foibles & interrompues de quelques petits contreforts du groupe du Cibao, que de foibles établissemens ou bourgs, dont la plûpart sont à peine dignes de ce nom. C'est la portion de la partie espagnole le plus pauvre & la plus délaissée.

D'abord fur la rive gauche de l'Ozama & en face de San-Domingo, eft un petit raffemblement qui a prefque l'air d'une bourgade. C'eft le voifinage même de la ville qui en a été la première caufe; c'eft là que fût la première fondation de la capitale, & le chemin de San-Domingo à Seybo, part de ce point. Si de cette bourgade l'on remonte vers le Nord, on trouve à environ 1800 toifes (après avoir paffé une briquetérie), le bourg de Saint-Laurent-des-Mines, fitué à 250 toifes du bord oriental de l'Ozama, & à environ un quart de lieue de fon confluent avec l'Ifabelle & non pas fur le bord occidental comme le marquent la plûpart des cartes.

Saint-Laurent-des-Mines, qu'on ne peut confidérer que comme une dépendance de la ville de Santo-Domingo, contient 300 habitans, tous nègres libres, & forme une cure. Ces nègres font des defcendans de nègres, pris dans la partie du Nord de la colonie françaife, lors des invafions de 1691 & de 1695; & d'autres nègres français fugitifs, qu'on avait réunis, à Santo-Domingo en 1719, pour les reftituer d'après les ordres du roi d'Efpagne. Mais les efpagnols s'étant oppofés, à force armée, à leur départ, ils ont formé cet établiffement, qui a pris l'épithète de *mines*, parce que les principaux d'entre ces nègres étaient du royaume des Mines à la côte d'Afrique.

En continuant à fuivre la même direction vers le Nord, on trouve le fecond établiffement de l'Eft; c'eft Mont-de-Plate. Il eft à environ 16 lieues dans le Nord-Eft de Santo-Domingo, & placé dans la

direction Nord & Sud d'une ligne qui, partant du
vieux Cap-Français, viendrait se rendre à l'embouchure de la rivière de Macoriz : embouchure dont
Mont-de-Plate est à environ 15 lieues. J'ai déjà eu
occasion de dire que l'établissement de Mont-de-
Plate fut formé par les habitans de Port-de-Plate &
de Monte-Christ, lorsqu'on les força à abandonner
ces deux villes. Dans l'origine, Mont-de-Plate eut
quelque lustre, mais il le perdit très-rapidement, &
il est devenu, depuis plus de 50 ans, un lieu miséra-
ble auquel il semble qu'on n'ait donné que par ironie,
le titre de *cité*, qui, parmi les espagnols, a pour objet
d'accorder à un lieu, une qualification supérieure à
celle de ville. La paroisse de Mont-de-Plate renferme environ six cens personnes.

C'est à deux lieues, à peu près, dans le Nord-Est
de Mont-de-Plate qu'est la malheureuse bourgade
de Boya, où se retira le Cacique Henri, avec 3 ou
400 Indiens, reste de ceux qui lui avaient été fideles,
lorsque la cruauté des espagnols le força à la révolte.
Il choisit cet asile après que l'empereur Charles-Quint
lui eut pardonné, pour me servir de l'expression d'un
auteur espagnol. Ces infortunés ne furent pas plus
heureux que les autres Indiens d'Haïti, & ils périrent
successivement, de manière qu'il n'en existe aucune
descendance pure. Il n'y aurait même aucun vestige
de bourg dans ce lieu, s'il ne s'y trouvait pas une
image de Notre-Dame, avec le titre *des Saintes eaux*,
dans une jolie église voûtée, où une confrérie de
Santo-Domingo entretient un chapelain. Depuis
l'extinction des Indiens, le bruit des miracles avait

attiré plusieurs personnes qui venaient de la Terre-Ferme pour s'établir à Boya avec différens projets ; mais ils s'y sont également anéantis, laissant seulement 25 ou 30 métifs, qui jouissent des droits & des priviléges, tardivement concédés au Cacique Henri, à qui l'empereur avait daigné accorder le titre de *Don*. On prétend que pendant long-tems le chef des Indiens de Boya s'intitulait *Cacique de l'île Haïti*, & qu'un tribunal composé d'Indiens, condamnait, même à mort, sauf l'appel à l'audience de Santo-Domingo. Ainsi Boya doit être cher à toutes les ames sensibles, puisqu'il a été le dernier point de l'île, où les Indiens ont trouvé un asile contre leurs farouches conquérans, & qu'on peut encore y rencontrer, quelques individus qui ont dans leur sang, des gouttes de celui qui a coulé dans les veines de ce peuple paisible, anéanti par l'avarice Européenne.

.A environ quatre lieues dans le Sud-Est de Boya, on trouve la cité de St-Jean-Baptiste de Bayaguana. Elle doit son origine à la même cause que Mont-de-Plate, & elle a été fondée par les habitans de Léogane & de Bayaha. On peut lui appliquer tout ce que j'ai dit de l'état médiocre de Mont-de-Plate ; sa paroisse a cependant mille personnes.

Dans le terrain qui est entre Mont-de-Plate, Boya, Bayaguana & Santo-Domingo, on a placé, il y a environ 20 ans, les deux hermitages de St-Joseph & de Tavira, où l'on dit la messe aux habitans qui sont trop éloignés de ces premiers lieux.

C'est dans des hauteurs dépendantes de Bayaguana & appellées *Haïti - de - Roxas* que Valverde a eu
l'occasion

l'occasion , après l'avoir long-tems désirée & vainement cherchée , de voir un petit quadrupède qui , par sa figure & sa grosseur , ressemblait à un cochon de lait de 15 jours , excepté que son groin était un peu plus alongé que celui du cochon. Son poil , dit cet auteur , était rare & aussi fin que celui des chiens nommés *Chinois* ; il n'avait point de queue ; il était absolument muet & mourut en peu de tems. " Je „ ne sais, ajoute Valverde, à laquelle des quatre petites „ espèces de quadrupèdes trouvées dans l'île lors de „ sa découverte , il correspondait ; parce qu'Oviédo „ les a décrites avec assez de confusion , ce qu'a suivi „ la nouvelle encyclopédie , en y ajoutant d'autres „ équivoques , suivant l'usage. „

A douze lieues , à peu près dans le Nord de la petite île Ste-Catherine , est Seyvo ou Seybo qui n'est pas celui fondé en 1502 par Jean de Esquivel , mais un établissement formé dans le même canton , il y a environ 60 ans , par plusieurs hattiers ou éducateurs d'animaux répandus dans ce local , & qui désiraient avoir un point de réunion pour y entendre la messe. Vers 1780 , ce lieu avait pris de l'accroissement , comme beaucoup d'autres de la partie espagnole , mais depuis , il est retombé dans un état qui ne fait pas espérer d'amélioration. Cependant Seybo est très-considérable , comparé au reste du territoire Est , puisqu'on compte dans sa paroisse , plus de 4 mille personnes , dont la plupart sont des hattiers , des nègres libres & des sang-mêlés.

Les pâturages du canton de Seybo , se détériorent chaque jour par l'immense quantité de goyaviers

& d'ycaquiers dont ils se couvrent & qui, indépenda-
ment du terrain qu'ils envahissent , servent de retraite
aux animaux & font cause que ceux qui sont piqués
du ver , ou attaqués de quelque maladie , y périssent
faute de soins.

Dans le sens d'une ligne Nord & Sud qui passe-
rait vers le milieu de l'île de la Saone , & à six lieues
de la côte Sud de St-Domingue, est la cité de Higuey
connue aussi sous les noms de *Salvaléon de Higuey*,
& d'*Alta - Gratia*. Elle a été très - considérable
& son territoire était renommé par son extrême
fertilité en sucre. Salvaléon fut fondé par Jean
de Esquivel en 1502 , 1504 , ou 1506 ; car les auteurs citent ces trois époques , & en 1508 , il obtint
pour armoiries un écu d'argent au lion de pourpre ,
ayant inférieurement deux têtes d'hommes au naturel.
Il est même des historiens qui semblent croire que
Higuey & Salvaléon de Higuey , étaient deux établissemens distincts , & que le dernier était proche de la
mer. Le Higuey qui est l'établissement le plus
oriental de toute l'île St-Domingue , donne son nom
à une rivière & à une baye , dans laquelle se jette
cette rivière : baye que l'on connaît aussi sous le nom
de baye d'Yumba (du callebassier). Le Higuey
était originairement sous l'invocation de Saint-Denis.
Lors de la décadence de l'île , il se trouva réduit à
n'avoir qu'une cinquantaine d'habitans ; on y a bâti
dans le cours de ce siècle , une nouvelle église & la
population actuelle s'éleve à 5 cens personnes , provenues des plus anciennes familles de la colonie. Il ne
reste plus en ce moment , d'un lieu qui fut le siège

de la cour du plus puissant Cacique de l'île, que la fertilité de ses environs ; bienfait, désormais inutile, pour ceux qui n'en savent pas profiter.

Il y a trois communications de Higuey à Santo-Domingo, dont il est à environ 40 lieues : la première qui est directe, passe à trois ou quatre lieues de la côte, & traverser toutes les rivières qui s'y jettent ; mais jusqu'au point où la route de Seybe à San-Domingo vient joindre celle-ci, ce n'est guere qu'un mauvais sentier : la seconde consiste à aller gagner Seybe : & la troisième, va par Bayaguana & Boya, gagner la route de San-Domingo au Cotuy, entre la rivière d'Arainos & celle d'Yaffe.

On voit d'après ce que je viens de dire, que Seybe a deux moyens de communication avec San-Domingo. Celui direct du chemin qui aboutit au bord Est de l'Ozama en face de la capitale, n'a qu'environ 20 lieues. Celui qui menerait au chemin du Cotuy serait extrêmement détourné.

Bayaguana, Boya, & Mont-de-Plate, ont le choix de venir à San-Domingo, par Seybe ou par le chemin du Cotuy ; car de Boya, un grand chemin conduit à Bayaguana, & de cette dernière ville partent deux routes, l'une mène à Seybo, & l'autre à la ville de Higuey ; la seconde, laisse la rivière de Higuey à droite, tandis que le chemin allant, de Seybo à Higuey, a cette rivière à gauche.

Il y a de Seybo à la baye de Samana, un sentier où l'on a pu passer autrefois à cheval, mais qui n'est plus praticable que pour des hommes à pied.

On peut aller de San-Domingo à Samana par la
partie Eft de l'île. On paffe l'Ozama en face de la
ville , & laiffant fon cours à gauche , on va gagner

la fucrerie des Jacobins à	4 lieues 1/4.	
de cette fucrerie à Los-Nunos	5 l.	
à la Mata à la Carba	3 l.	3/4
au ruiffeau Bruxellas	7 l.	
à Foffas (grand ruiffeau)	1 l.	

De-là , le chemin fe divife en deux ;
une branche va par le Purgarin , &
l'autre par le paffage St-Jérome.

De Foffas au purgarin	2 l.	1/2
à Maffas Moras	2 l.	1/2
à l'Ouverture-du-Mort	1 l.	1/4
à la Grande-Savane	1 l.	1/4
à Savane-la-Mer	4 l.	1/2

—————

33 l.

Toute cette route eft en plaine. En prenant par le
paffage St-Jérome au lieu du Purgarin , la route eft
plus longue d'environ trois lieues ; le chemin eft prefque auffi beau.

En ajoutant à ces détails , ceux qui font relatifs à
la côte de cette partie orientale de l'île & à la nature
de fon fol , j'aurai complété tout ce qui la concerne.

Après l'embouchure de l'Ozama , la côte courre
à l'Eft , jufqu'à la pointe du Petit-Palmier , qui regarde l'extrémité occidentale de la petite île de la
Saone , fans que la terre fe porte fenfiblement dans
le Sud , excepté à la Pointe-de-Caufedo qui avance
d'une bonne lieue dans la mer. L'embouchure de

l'Ozama , a dans l'Eſt un petit coude, appellé l'Anſe-de - la - Retraite , avec une pointe éffilée que l'on nomme communément la Petite-Pointe ou la Tourelle ; parce qu'il y a eu autrefois une petite fortification qui en défendait l'entrée & dont les ruines & les fragmens exiſtent encore. Dans la portion de côte qui va de l'Ozama à la Pointe-de-Cauſedo, ſe trouve la Callète ou Petite-Rade , qui eſt un mouillage propre aux goëletes & aux barques moyennes. Les navires peuvent cependant paſſer près de terre , ſans danger , le long de cette plage où l'on pourrait débarquer des troupes ſous voile , ce qui la rend très-dangereuſe pour les habitans durant la guerre.

Paſſé la Pointe-de-Cauſedo , la terre courre exactement à l'Eſt , juſqu'à la pointe du Petit - Palmier Dans ce nouvel intervalle qui eſt de plus de 25 lieues, la côte où ſe déchargent pluſieurs rivières plus ou moins grandes, eſt totalement ouverte. Les petites barques & les lanches peuvent l'aborder partout , & les bâtimens marchands peuvent s'en approcher & entrer dans les mouillages formés par les embouchures des rivières de Macoriz , du Soco, de Comoyazu, de la Romaine & de Quiabon. Ces rivières ſont ſuſceptibles d'être rendues plus ou moins navigables, ſur-tout le Macoriz , que les goëletes remontent déjà durant pluſieurs lieues , & dont l'embouchure forme un véritable port que précède la baye d'Andrez.

La côte eſt encore ouverte depuis le Petit-Palmier , juſqu'à la Pointe-de-l'Épée qui eſt à 18 degrés , 15 minutes de latitude & à 71 degrés , 3 minutes de longitude. C'eſt dans cette étendue qu'eſt l'embouchure de la rivière Yuma (du callebassier) ou de Higuey avec la baye du même nom : baye où les goëletes ou balandres peuvent entrer, & dont la Pointe-de-l'Épée forme l'extrémité orientale.

En tournant la Pointe-de-l'Épée & suivant la côte vers le Nord, on arrive au Cap-Trompeur (del enganno) qui est le plus oriental de l'île, & qui se trouve par les 18 degrés, 25 minutes de latitude, & par les 71 degrés de longitude Ouest.

Ensuite vient le Cap-Raphaël ou St-Raphaël ou de la Montagne-Ronde, situé par les 19 degrés, 30 minutes de latitude Nord, & par les 71 degrés, 25 minutes de longitude. De la Pointe-de-l'Épée au Cap-Raphaël, la côte est abordable & les lanches peuvent y trouver des mouillages, notamment dans les embouchures des rivières de Nisibon, Maymon & Macao, où la pêche est abondante.

Le lecteur se rappelle, sans doute, qu'en détaillant les plaines de la partie espagnole, j'ai dit, que le terrain des 49 lieues qui s'étendent depuis le bord Est de l'Ozama, jusqu'à la Pointe-de - l'Épée, est plane, sur environ 12 lieues de profondeur, excepté entre la rivière du Soco & celle de la Romaine où se trouvent de petites collines cultivables. Ce terrain composé de bois & de prairies, (comme la plaine depuis Nisao jusqu'à l'Ozama), est uni & arrosé par un nombre infini de rivières ; principalement par les eaux du Macoriz qui naît dans les montagnes de l'Est près de la ville de Bayaguana, courre au Sud-Sud-Ouest, & se jette à la mer entre la Pointe-de-Caufedo & la rivière du Soco ; par le Soco lui-même qui à fa fource vers le même point ; par le Cumayare ; par la Romaine, qui placée, à environ 15 lieues du Macoriz & ayant moins d'eau, vient, comme lui des montagnes de l'Eft & fe décharge à la mer dans la Baye-des-Chevaux ; par le Quiabon & par l'Yuma ou Higuey.

Chacune des ces rivières en reçoit de moindres dans fon cours, parmi lefquelles on peut nommer Sanate, Seybo, Cibao, Magarin, Mayorazgo, Mojarras, Cafui, l'Amirale & beaucoup d'autres. Toutes peuvent devenir des moyens de fertilifer, d'arrofer, de tranfporter, de faire mouvoir des machines &c. On voit même entre Cafui & l'Amirale, les ruines d'un grand moulin à eau.

Il ferait facile de mettre dans la plaine, depuis San-Domingo jufqu'à la Pointe-de-l'Épée, plufieurs centaines de fucreries & plus particulièrement le long du Macoriz qui invite des habitans par l'aménité de fes bords. L'efpace fertile & arrofé qui fe trouve en tirant de Higuey vers le Nord, en recevrait encore un grand nombre, tandis que des manufactures d'un autre genre, utiliferaient les hauteurs environnantes.

Les montagnes qui terminent au Nord, la vafte plaine que je décris, font très-giboyeufes & attirent les chaffeurs dont elles récompenfent toujours les peines. Quelques-unes de ces montagnes font d'un accès difficile, parce qu'on n'y arrive que par des fentiers, & que leur fertilité même, en augmentant la groffeur des arbres & l'épaiffeur des forêts, nourrit encore une innombrable quantité de lianes qui, par leurs tours finueux, forment un tiffu quelquefois impénétrable.

Nous voici maintenant arrivés à la partie septen-trionale de la colonie espagnole.

En parlant des deux premières chaînes de monta-gnes du Cibao, qui s'étendent depuis le Cap-Raphaël jusqu'au Port-de-Paix, j'ai observé que la seconde de ces chaînes s'abaisse sensiblement, depuis le point qui correspond au fond de la baye de Samana jusques vers la Montagne-Ronde, quoiqu'elle soit très-élevée & très-rapide en partant du groupe. Telle est même & la conformation & l'espèce d'obliquité de quelques-uns des points de cette chaîne, que pas-sant entre la rivière de Sévico & une rivière d'Yaqui (autre encore que celles du grand & du petit Yaqui) elle n'empêche pas que l'une & l'autre, ainsi que la rivière blanche, ne se jettent dans la rivière d'Yuna qui a, elle-même, comme on l'a vu, son embou-chure au fond de la baye de Samana. De manière que cette chaîne de montagnes parvenue vers l'ex-trémité occidentale de cette baye, laisse des inter-terruptions ou passages, au moyen desquels les eaux versées par son penchant Sud, viennent se ren-dre à la mer, presqu'au même point, où y parviennent celles versées par son penchant Nord ; c'est-à-dire dans la baye de Samana. Dans le surplus de la chaîne les rivières qui en partent, suivent, de leur source à leur embouchure, la pente naturelle de ses deux côtés.

Après ces détails, le lecteur concevra encore plus aisément que la partie septentrionale de la colonie espagnole de St-Domingue, a pour borne au Nord & à l'Est, la mer ; au Sud, la première & la seconde chaîne de montagnes, & à l'Ouest, la mer, depuis

le

le Cap-la--Grange , jufqu'au côté Sud de la baye de Mancenille , & enfuite une portion de la colonie françaife jufqu'au haut de la paroiffe d'Ouanaminthe.

. Mais cette partie Nord eft elle même , pour ainfi dire , fubdivifée en deux , au moyen d'une chaîne de montagnes appellée , *la chaîne de Monte-Chrift* qui , de la baye du même nom , va dans le fens du Sud-Eft gagner le fond de la baye de Samana , à peu près vers le Petit-Efter, où elle s'arrête comme pour laiffer paffer la rivière d'Yuna.

Cette chaîne de Monte-Chrift, eft donc abfolument étrangère à toutes celles qui partent du groupe du Cibao. Entre-elle & la mer eft tout ce qui borde la côte, depuis Samana jufqu'à Monte-Chrift , & que je vais décrire d'abord.

Je viendrai enfuite à ce qui eft entre cette même chaîne & celles du Cibao, à partir du point qui correfpond à la baye de Samana jufqu'à celui où la limite des deux nations , coupe la première chaîne : furface confidérable que je n'ai encore qu'indiquée , en la comptant parmi les parties planes de la colonie.

. A l'oppofite du Cap-St-Raphaël, mais un peu dans fon Nord-Oueft , eft le Cap-Samana ou Cap-Réfon ou Cap-Grondeur qui forme la pointe orientale de la Péninfule de Samana. C'eft entre ces deux caps qu'eft la grande baye du même nom de Samana, qui reçut de Chriftophe Colomb le nom de *baye des flêches*, parce qu'il y trouva beaucoup d'Indiens qui en étaient armés. Ils étaient fujets du Cacique *Çayacoa* qui vifita l'amiral à fon bord & dont la veuve embraffa le chriftianifme & fut appellée *Dona Inès Çayacoa*.

La baye de Samana peut avoir environ sept lieues dans son ouverture qui fait face à l'Est , c'est-à-dire, du Cap-Raphaël au Cap-Rézon ou Samana ; cinq de largeur moyenne , & à peu près , vingt lieues de profondeur ; quoique la direction Nord-Est & Sud-Ouest de la côte , courant du Cap-Samana dans la baye , semble ne faire commencer celle-ci que de la pointe appellée , par les uns , *Pointe-du-Port-Français* & par les autres *Pointe-à-Grappin* , & qui n'est qu'à environ treize lieues du fond de la baye. D'autres marins comptent pour pointe Sud de cette baye, la *Pointe-d'Icaque*, qu'on trouve après le Cap-Raphaël & qui est à dix neuf degrés deux minutes de latitude , & à soixante & onze degrés trente-cinq minutes de longitude.

Cette baye est capable de recevoir les plus fortes escadres & de leur offrir un asile sûr. Placée au vent de l'île , elle a sur tous ses autres points un avantage nautique qui la met à même de protéger toute l'étendue du golphe du Méxique dont elle est une véritable clef. Mais l'entrée effective de cette magnifique baye est fort étroite ; parce que de la partie Sud de son ouverture , part une caye ou ressif qui va en pointe vers le *Port-Banistre* , & entre laquelle & la côte septentrionale , la nature a mis le rocher ou haut fond appellé *des rebelles*. Ce rocher rétrécit l'entrée , de manière qu'entre-lui & la terre qui fait le côté Nord dans l'intérieur de la baye , il n'y a guère plus de huit cens toises. Ainsi une batterie qu'on mettrait à terre & une autre qui serait sur le Rocher-des-Rebelles, empêcheraient par leurs feux croisés , que la moindre barque ne pénétrât dans la baye. Si au contraire on tentait d'entrer entre le Rocher-des-Rebelles & les reffifs, une batterie mife fur ces derniers, car ils font fufceptibles d'être fortifiés, croiferait encore mieux fes feux avec ceux du rocher, puifque l'intervalle eft encore moins confidérable. Outre ces moyens de dé-fenfe que Samana offre dès fon entrée, il en a beau-coup d'autres dans fon intérieur.

La difficulté d'entrer dans la baye de Samana n'eft que trop prouvée par une grande quantité de naufra-ges, depuis que les Européens naviguent dans ces mers. Il eft affez étonnant qu'elle ne foit pas mieux connue, & que l'Efpagne, qui y a perdu en 1724, deux gallions de 70 canons, (*la Guadeloupe & la To-lofe*), fous le commandement de Don Balthafard de Guevara, lieutenant général de marine, & chargés de fucres pour la Vera-Crux, ne l'ait pas fait fonder & relever de manière à en rendre la navigation fûre. Peut-être eft-ce un calcul politique, car cette fcience compte quelquefois les malheurs comme un avantage. Pour moi qui ne découvre point comment ce principe pourrait être applicable à la baye de Samana, je vais citer des obfervations faites par un habitant français de St-Domingue, dans un voyage par mer le long de la côte Nord de la partie efpagnole de St-Domingue, depuis la Grange jufqu'à la baye de Samana inclufi-vement. L'auteur les a recueillies, & je les publie, afin qu'elles amènent un examen particulier de ce point de la côte qui eft la terreur des marins.

Suivant ces obfervations, c'eft la connaiffance des Iflots-des-Rebelles, appellés auffi Iflots-de-Baniftre qui doit fervir comme de règle unique pour entrer dans la baye, à caufe du reffif qui règne depuis la pointe d'Icaque qui, comme on l'a dit, eft plus intérieure que le Cap-Raphaël d'environ quatre ou cinq lieues, jufqu'à ces Iflots. Mais comme ceux-ci, placés à environ 12 lieues du fond de la baye, femblent n'être qu'un prolongement de la terre ou une pointe, il faut s'approcher jufqu'à ce qu'on puiffe voir qu'ils en font détachés & alors on gouverne dans la baye pour paffer entre la terre de la prefqu'île & les Iflots en les rangeant de très-près afin de les laiffer à gauche, & l'on eft hors de danger dès qu'on les a dépaffés. Cependant fi l'on veut aller plus loin dans la baye il faut fuivre la même route encore quelques encablures, jufqu'à ce qu'on ait laiffé le principal de ces Iflots nommé *la caye élévantade* au Nord-Oueft, puis on fait route à l'Oueft-Quart-Sud-Oueft, ou bien on fe dirige fur la pointe des Martiniquois, fi le tems eft bien clair, jufqu'à ce qu'on découvre le Fort-Samana qui eft à dix lieues du fond de la baye, & fur fon côté Nord; on peut mouiller au fort en tenant le milieu entre la terre & des Iflots qui lui font face.

Le nom d'*Iflots-de-Baniftre*& celui de *Port-Baniftre* qu'avait autrefois le mouillage dont je viens de parler, tiraient leur origine d'un combat mémorable qui eut lieu en 1690, entre Banifter, anglois, fameux corfaire, devenu forban, & deux frégates anglaifes. Baniftre qui avait une petite frégate s'était affocié à un bâtiment français monté par un nommé Lagarde. Les deux frégates, fachant qu'ils étaient mouillés à Samana, y entrèrent. Baniſter fit mettre tous les canons à terre en batterie , & avec les 200 hommes des deux équipages , il tua plus de cent vingt hommes aux anglais & força à la retraite les deux frégates qui coulèrent cependant celle de Banifter. Comme il ne reftait plus que le petit bâtiment qui ne pouvoit prendre qu'environ quatre-vingts hommes , ils s'entr'égorgerent pour s'y embarquer , tant ils craignaient qu'on ne vint les pendre.

Il fe trouve un mouillage en dedans de la pointe d'Icaque. Vers cette pointe on remarque au milieu des reffifs , un rocher qui peut être reconnu de trois lieues , & il eft l'indice de deux paffes où l'on peut entrer & mouiller à l'abri de ces reffifs , en fe gardant d'ancrer fur les Fonds-Blancs qui font au devant , & où il n'y a point de tenue. C'eft pour n'avoir pas bien connu ces parages que M. de Grimouard , capitaine de vaiffeaux , y a éprouvé un naufrage. Il avait eu le 17 Octobre 1782 , un combat avec le *London* de cent canons & le *Torbey* de 74 , dans le canal entre Porto-Rico & St-Domingue. Pourfuivi par eux , il faifait route le 18 , pour venir s'emboffer dans ce mouillage appellé *Port-aux-Anglais* , que fon pilote difait connaître. Il double en effet la pointe d'Icaque & vient dans la baye ; mais prêt à mouiller par fept braffes , il touche ; c'était le 18 au foir. Le vaiffeau de guerre le Scipion fait eau de toute part , il s'entrouvre & dans la nuit du 19 au 20 il était entièrement brifé.

Un peu avant les Iflots-de-Baniftre , eft l'Anfe-à-Grapin qui eft à 19 degrés 12 minutes & à 71 degrés 39 minutes de longitude. L'on peut y mouiller & y defcendre. On peut auffi venir fe mettre fous le vent da le *caye élévantade* entre elle & un petit rocher qui est plus Ouest.

Les bâtimens moyens trouveraient un carénage au lieu nommé le *Petit-Carénage* sous l'Islot du Fond, mais dans le port de la ville de Samana, on peut mettre tout bâtiment quelconque, le beaupré à terre, sous le plus grand des Islots qui sont au-devant de ce port.

Tous les aculs ou enfoncemens, depuis la ville de Samana jusqu'à deux lieues du fond de la baye, & du même côté Nord, sont autant d'anses ou de mouillages où l'on n'est exposé qu'aux vents du Sud, mais le plus beau port de la baye dans ce côté de la presqu'île, est sous la Pointe-des-Martiniquois.

C'est cependant trois lieues avant cette pointe, qu'est situé l'établissement que le gouvernement Espagnol a formé à Samana. Instruit par presque tous les ouvrages qui ont pu parler de St-Domingue & même par la constance avec laquelle des gouverneurs français désiraient voir Samana en notre possession, de l'importance de cette baye, il a enfin tenté d'y avoir des habitans lors des événemens qui présagèrent la guerre de 1756. Don François Rubio, président de la partie espagnole reçut ordre de peupler Samana; en conséquence on y fit venir des habitans des Canaries auxquels on a construit des logemens, composés de baraques clissées & couvertes de feuilles de palmiste, marquant l'alignement des rues futures & d'une place publique. A ce premier secours on a ajouté celui de quelques vaches, de quelques jumens & de différentes volailles. Mais soit manque de soins, soit faute de pâturages , ces beftiaux , deftinés à affurer la fubfiftance des colons & à les tirer de la misère , ont rapidement difparu ; ils les ont remplacés par des pourceaux qui femblent être de l'efpèce des cochons marons (fauvages), redevenus domeftiques.

Une très-petite églife , fous l'invocation de Sainte-Barbe & le presbytère , font conftruits en maçonnerie, ainfi qu'une maifon que le voifinage d'une plate-forme avec quelques canons , a fait décorer du nom de Fort. Cette maifon eft divifée en quatre pièces dont deux forment le logement du gouverneur qui n'eft fouvent qu'un fergent; la troifième eft la caferne de quatre foldats & un caporal & l'autre la prifon où eft un *fep*.

Un nouveau climat , des défrichemens toujours nuifibles à la fanté ont encore diminué ce foible établiffement compofé , à préfent , d'environ deux cens cinquante perfonnes & dont l'afpect contrafte avec le titre de ville de Samana. Cette peuplade eft encore contrariée par le gouverneur à qui chaque individu doit demander une permiffion de s'éloigner de la bourgade. Ce chef trouve auffi dans un certain droit d'ancrage qu'il exige des bâteaux qui entrent dans la baye , le moyen de dégouter quiconque pourrait y être attiré par l'efpoir de quelque échange. La gêne des permiffions pour s'écarter un peu , eft caufe qu'on a cultivé les points les plus voifins , fans qu'ils fuffent toujours les meilleurs ; il eft vrai que cette culture n'a trait qu'à la fubfiftance , fans que dans ces foibles abatis rien annonce l'idée de préparer des denrées propres au commerce. Ainfi le gouvernement ou ses agens, prennent les mesures les plus efficaces pour que ses vues ne soient jamais remplies. Il faut avouer aussi que l'indolence de ces colons, est une autre cause, & peut-être la première, de leur peu de succès. La chasse & la pêche, voilà ce que le besoin leur fait essayer, & le besoin que la paresse combat, perd bien de sa force.

J'ai dit que la Pointe-des-Martiniquois était à environ trois lieues plus Ouest que la bourgade de Samana & du même côté. Il semble qu'un vaste emplacement, un air salubre, la proximité de la pierre & du bois pour la construction, une eau abondante & limpide, purifiée par des cascades, & un mouillage étendu, auraient du mériter à ce lieu l'honneur de recevoir l'établissement du port Samana qui lui a été préféré je ne sais pourquoi.

En continuant à suivre cette côte Nord pour gagner le fond de la baye, le rivage est communément beau & sabloneux. Cet espace est arrosé par huit rivières qui complettent le nombre des 16 de ce côté de la baye, parce qu'il y en a huit autres avant la Pointe-des-Martiniquois.

On ne peut approcher de plus de deux lieues du fond de la baye si ce n'est avec un simple canot, à cause de la vase. Dans ce fond, est un énorme banc d'huitres dont des points se montrent, à mer basse, comme un archipel de rochers noirs. On prend ces huitres à pleine main & avec une extrême facilité. On prétend qu'elles sont moins délicates que celles de mangles & qu'elles ont même besoin d'être rôties pour être trouvées bonnes.

On

On voit trois embouchures à cette extrémité de la baye. La plus voisine de la presqu'île, est celle du Petit-Ester ; celle du milieu, est celle de la rivière d'Yuna, & la plus Sud, celle du Grand-Ester. Aucune des trois n'a pu causer, l'erreur, si long-tems accréditée, que la presqu'île de Samana était une île ; erreur qu'aurait du prévenir l'histoire de St-Domingue, publiée par Charlevoix, d'après les mémoires écrits au commencement de ce siècle par le jésuite le Pers son confrère. Mais tout s'oublie si vite à St-Domingue ! Il est assez vraisemblable que la vue d'un autre Grand-Ester qui est à l'extrémité *Est* de la baye de Cosbeck, entre Jackson & la pointe de Matance, & qu'on aura pris pour l'un des points de la coupure, aura porté à faire de la Péninsule une île véritable, en la détachant de St-Domingue dans l'Ouest, comme le marquent les cartes, autres toutefois que celles de l'ouvrage de Charlevoix.

Et qu'on croye que si cette communication avait subsisté entre le fond de la baye de Samana & la baye de Cosbeck, les Flibustiers pour lesquels il était toujours très-pénible & souvent très-périlleux de venir dans la baye de Samana par son ouverture, entre le Cap-Raphaël & le Cap-Samana, y auraient pénétré par la baye de Cosbeck. A cette raison convaincante, s'en joint une autre fournie par une observation certaine, c'est que l'embouchure du Petit-Ester, est souvent obstruée par des sables que la mer amoncèle & qui y renferment les canots qui ont pu y entrer. On prend le parti de creuser un canal dans le sable à basse mer & alors l'eau de l'Ester pousse ce sable & se débouche

Z

dans la baye ; effet qui n'aurait pas lieu, si l'Ester communiquait à la baye de Cosbeck , parce que l'eau trouvant un obstacle vers l'une de ses deux issues, se déchargerai p ar l'autre au lieu de s'élever.

En quittant le Grand-Ester & passant du fond de la baye à son bord Sud , on trouve une côte qui devient d'autant plus irrégulière , qu'on avance plus dans l'Est , & enfin elle est inaccessible & par terre & par mer. D'affreux rochers où s'offrent quelques arbrisseaux rabougris , la composent , & elle est bordée d'une chaîne d'îlets qui sont autant de rocs, dont quelques-uns ont jusqu'à 15 toises de hauteur, & entre lesquels & la côte dont ils semblent avoir été détachés, sont d'immenses profondeurs & une foible distance.

C'est entre les premiers de ces îlets, à l'Ouest, qu'on trouve un acul, de forme demi-circulaire & d'un sol marécageux qui se nomme Acul-à-Bertrand , du nom d'un français qui y était établi le siècle dernier. A la droite de l'Acul en débarquant , est une superbe grotte où l'on peut marcher debout; plus à l'Ouest, sont des mangliers & des huîtres.

Au bout de cette file d'îlots & faisant face à l'Ouest, est la Baye-des-Perles qui est bordée au Nord par une langue de terre. Cette petite baye qui est à environ huit lieues dans l'Est du fond de la grande baye, à une forte lieue d'enfoncement de l'Ouest à l'Est, & mouillage pour tous les bâtimens, excepté sur un haut-fond qui en occupe le milieu. C'est un port excellent, bien abrité du vent de Sud & où l'on peut se placer à droite, à gauche & en arrière du haut-fond.

Plus Eſt que la Baye-des-Perles , & après avoir paſſé l'embouchure de la rivière de Savane-la-Mer, eſt le lieu du même nom , dont le mouillage n'eſt propre qu'aux petits bâtimens. Cette circonſtance aurait dû lui faire préférer beaucoup d'autres points de la baye pour y mettre cette bourgade, formée avec des habitans des Canaries. La dénomination de Savane-la-Mer a ſans doute été priſe de la nature du lieu, qui eſt une ſuperbe ſavane près du rivage. Cet établiſſement qui fait preſque face à celui de la ville de Samana a auſſi ſon gouverneur & ſon curé, & les deux réunis, ne comptent que 500 perſonnes. Cette ville & ce bourg ont été commencés en 1756.

Savane-la-Mer, eſt le prolongement d'une plaine de plus de 10 lieues de l'Eſt à l'Oueſt, ſur quatre lieues du Nord au Sud , ſituée à l'occident de la Montagne-Ronde , & au ſeptentrion du prolongement de la ſeconde chaîne. Neuf rivières coupent cette plaine (qu'on appelle auſſi quelquefois la plaine de Saint-Raphaël) pour venir ſe jetter dans le bord Sud de la baye de Samana. Ces rivières ſont notamment celle de Magua, entre la Rivière-des-Couleuvres & celle de Savane-la-Mer , puis la rivière de Nicagua. Il y a en outre un nombre infini des ruiſſeaux, placés au-deſſous des contreforts par leſquels cette plaine eſt diviſée d'avec celle de Seybo, au Sud & de celle de la Véga , à l'Oueſt, & qui ſéparent des lieux propres à différens établiſſemens de culture.

Il faudrait être extrêmement pratique de la côte Sud de la baye , pour la ſuivre, depuis Savane-la-Mer , juſqu'à la pointe d'Icaqué ; parce que des reſſifs

& des haut-fonds rendent cette navigation très-pé-
rilleuse.

Aprés ces details , en quelque forte topographiques
de la baye de Samana , il en refte encore plufieurs de
nautiques à fournir.

Il eft aifé de fentir , d'après ce que l'on a dit , combien il eft important que le navigateur ne fe laiffe
point affaler vers la prefqu'île , puifque la proximité
de la terre lui ravirait prefque tous les vents de la
moitié du compas & qu'il ne lui ferait plus poffible
de fe relever. On doit naturellement ceffer les bordées
à environ deux lieues de la prefqu'île , & gouverner
à l'Oueft jufqu'à ce qu'on ait reconnu les Iflots-de-
Baniftre qui marquent , en quelque forte , l'extrémité
des reffifs , dont la diagonale comptée depuis la pointe
d'Icaque , parcoure environ fix lieues du Sud-Eft au
Nord-Oueft.

Les grandes difficultés de l'entrée ne font pas les
feules que la baye de Samana offre aux marins ; car
la fortie à auffi les fiennes. Elle ne peut avoir lieu
qu'avec la brife de terre ; il faut donc en profiter, auffitôt qu'on le peut, pour fe mettre entièrement hors de
la baye, fi l'on était dans un mouillage peu avancé ,
ou pour en gagner un de cette efpèce. Si le vent de
terre ceffe ou fi l'on eft parti d'un point trop en-
foncé dans la baye , il arrive que l'on met inutilement
à la voile, plufieurs jours de fuite & qu'on eft obligé
de revenir mouiller au lieu d'où l'on était parti.
D'autres fois les brifes du large font fi conftantes
qu'elles retiennent plufieurs jours.

On preffent aifement , d'après ces obfervations fur

la baye de Samana , qu'il ferait indifpenfablement néceffaire en tems de guerre que des forces navales fuffifantes en protégeaffent l'entrée & fur-tout la fortie, puifqu'il ferait facile à des forces très-inférieures à celles qui y feraient réunies, de les y bloquer & de leur enlever ainfi toute leur utilité.

La baye de Samana pourrait fervir à l'établiffe-ment d'un arfenal , à placer des chantiers de conf-truction & une fonderie de canons, parce que la ri-vière d'Yuana la plus confidérable & la plus rapide de l'île , rendue navigable depuis quelque tems , pen-dant plus de 13 lieues , pour des bâteaux plats ou acons, afin de tranfporter les tabacs recueillis à St-Yague , la Véga & le Cotuy , peut fervir également à con-duire les bois dont tous les environs font garnis. La rivière Camu & plufieurs autres qui fe jettent dans l'Yuna augmenteraient la facilité des charrois. Toutes leurs rives offrent des acajoux , des fabiniers , des cèdres , des chênes robles , des pins & d'autres arbres également beaux & utiles qui feraient employés à la conftruction de flottes entières. Des mines de fer , de cuivre & d'étain très-voifines , attendent auffi une deftination maritime qui femblerait devoir être le par-tage glorieux de cette fuperbe baye.

L'avantage de fa pofition au vent de l'île , n'avait point échappé aux français , puifque dès leurs pre-mières tentatives pour s'affocier à la poffeffion des efpagnols , les Flibuftiers fe montrèrent à Samana. Une chaffe abondante & facile , y attira auffi des Boucanniers.

D'Ogeron parti de Saint-Domingue au mois de

Février 1673, pour aller à l'île Ste-Croix, rendez-vous indiqué par M. de Baas, gonverneur général des îles de l'Amérique, pour l'attaque de Curaçao, ayant fait naufrage à Porto-Rico, s'évada, lui quatrième, dans un canot, au mois de Juin suivant, & gagna la baye de Samana où des français lui donnèrent toutes fortes de fecours & les moyens de regagner l'île de la Tortue. Retournant avec fa petite expédition pour aller fe venger des traitemens inhumains faits aux français à Porto-Rico, il vint encore à Samana au mois de Novembre 1673, y prit un renfort & des vivres.

D'Ogeron était fait pour fentir l'importance d'avoir un établiffement folide à Samana & d'y former un point de réunion pour des français qui vivaient épars depuis plus de 20 ans, indépendans les uns des autres & qui n'avaient en quelque forte en commun qu'un curé, prêtre féculier, nommé Duval. Auffi s'occupa-t-il effentiellement de ce projet, qu'il réalifa en 1674. Il fit partir un certain nombre d'hommes pour cette colonie fous le commandement de M. Jamet, tué depuis au combat de Limonade en 1691. Les nouveaux colons regrettaient d'y être fans femmes, lorfque la rélâche d'un bâtiment Maloüin qui en tranfportait à la Tortue, leur procura l'occafion d'avoir des compagnes & la peuplade fe trouva ainfi très-augmentée.

M. de Pouancay, neveu de M. d'Ogeron, auquel il fuccèda en 1676, regardant, fans doute, l'établiffement de Samana comme trop éloigné des autres points de la colonie françaife, donna ordre aux habitans de quitter la prefqu'île où ils étaient établis pour venir dans la plaine du Cap-Français. Cet ordre mécontenta les colons qui n'y obéirent qu'avec peine & avec lenteur. La plus grande partie de ceux qui avaient des indigoteries y reftèrent ; mais après la prife de St-Yago par M. de Cuffy en 1690, les français de Samana furent extrêmement inquiétés par les efpagnols qui en tuèrent beaucoup. Cependant la colonie ne fut pas entièrement difperfée & elle était redevenue affez confidérable, lorfqu'en 1693 elle fut anéantie par un fait que Charlevoix a doublement dénaturé & quant au fond & quant à la date, puifqu'il le place en 1676 (tom 2. in-4°, page 115).

Selon lui, les français après avoir reçu de M. Franquefnay l'ordre d'évacuer Samana, voulant montrer aux efpagnols qu'il ne fe retiraient point par crainte, allèrent piller, fans réfiftance, le bourg efpagnol du Cotuy, dont les habitans avertis enfuite par un transfuge, que les français étaient à la chaffe, furprirent à leur tour & la peuplade & les chaffeurs féparément, & pafsèrent tout au fil de l'épée.

Voici le fait tel que je le trouve dans une enquête faite par l'ordre des adminiftrateurs, au mois de Juillet 1713, par-devant M. Robineau, procureur-général du confeil fupérieur du Cap-Français, où d'anciens habitans de Samana le racontent de la manière fuivante.

Un français, nommé *la Fontaine*, faifant un trafic, de la chair de différens animeaux, avec les efpagnols du Cotuy, s'y maria. Sa femme qui fe déplaifait avec les colons de Samana, profitant du mécontentement que le commandant avait donné à fon mari en le maltraitant , le porta à aller se fixer au Cotuy. Là il excita les espagnols au pillage de la peuplade française , les conduisit & fit égorger les français dans une nuit , sans distinction d'âge ni de sexe , & piller tout ce qu'ils possédaient. Ceux qui échappèrent par hazard se retirèrent à Bayaha , aujourd'hui Fort-Dauphin & au Cap-Français.

Depuis lors il n'y eut plus que des Flibustiers & un très-petit nombre d'habitans qui osèrent se retirer à Samana , jusqu'en 1699 , que la nouvelle s'étant répandue au Cap que les Anglais voulaient faire des tentatives sur ce lieu , M. de Galiffet fit partir , le 24 Juillet , M. de Cugnac , lieutenant d'une compagnie détachée de la marine , avec quatre soldats & une certaine quantité de chasseurs. Cet officier y trouva quelques français , notamment M. Foëson à qui M. de Cugnac remit le commandement , lorsqu'après avoir séjourné sept ou huit mois , il repartit pour le Cap. M. Foëson, (l'un des témoins de l'enquête de 1713) ayant une commission de M. de Galiffet , fit planter dans la presqu'île les armes de France. Mais les habitans quittèrent Samana d'après un ordre du ministre du 13 Janvier 1700.

Il n'est donc pas douteux que les français ont eu, à plusieurs reprises , une possession réelle de Samana ; qu'on y trouvait des établissemens de culture , des commandans , des curés , en un mot tout ce qui caractérise une jouissance publique & une organisation politique. Parmi ces français, on peut citer MM. Jacques-Louis Varin , Thibault, & la Dame Larèche qui sont venus depuis s'établir au Quartier-Morin

&

& à la Petite-Anfe ; MM. Maréchal, la Taille , Vauville , Bapaume, François Sauvaget , Antoine Toby, Nicolas-Laurent Thomas , Jean le Flamand , la Fleur , Bertrand , Charles Foreftier , Denis Gouffier, Ollivier Foëfon, depuis lieutenant de la compagnie de Bayaha, Jacques Lamy , né à Samana en 1666, & la Dame Françoife Louis, époufe de M. Maffé, née à Samana en 1673.

A la même époque de 1713 , les anciens habitans français de Samana & leur defcendance défiraient ardemment qu'on protégeat leur retour vers ce lieu , & ce fut pour appuyer leurs inftantes prières , que M. Mithon, alors intendant de St-Domingue, fit faire l'enquête & l'adreffa au miniftre au mois d'Octobre fuivant avec un mémoire explicatif.

Cependant depuis le commencement du fiècle, il n'y a plus eu de français vraiment établis à Samana ; car l'on nepeut compter à ce titre ni des Frères-la-Côte que la chaffe & la pêche fixent le long du rivage efpagnol , puifqu'ils font par leurs mœurs , auffi étrangers aux français , & peut-être plus , qu'aux efpagnols , ni un habitant venu de St-Vincent il y a 30 ans, qui, fous le nom d'un parent efpagnol, a formé un établiffement dans la prefqu'île.

Mais la poffeffion de Samana n'a pas ceffé d'être un objet défiré par ceux qui fentent fon importance nautique. Je fais mention dans l'hiftoire de l'Ifle Saint-Domingue , de l'intérêt que M. d'Eftaing avoit attaché en 1765 à obtenir que l'Efpagne nous cédât la baye de Samana. Un marin , un homme qui favoit combien la confervation de Saint-Domingue eft

utile à la France, devait être fort occupé de cette pen-
fée. Elle a frappé auffi M. Weuves qui s'étend beaucoup fur tous les avantages que préfente la pofition de
Samana. Mais jamais le gouvernement efpagnol (du
moins tant qu'il confervera fon caractère actuel),
n'abordera l'idée de faire des ceffions de terrain, &
pour s'en convaincre, il fuffirait de lire l'ouvrage de
Valverde que les réflexions de celui de M. Weuves
ont prefque pouffé jufqu'à la colère.

Si l'on confidérait Samana & la prefqu'île fous le
rapport de la culture, il y aurait un bien moindre
éloge à en faire qu'en les envifageant comme points
maritimes. La prefqu'île qui fe trouve réduite à environ deux petites lieues de largeur dans l'endroit
de l'ifthme & dont la longueur eft de 15 lieues, ne
pourrait recevoir qu'un très-petit nombre d'établiffemens fur-tout en fucrerie, quoique cette furface foit
arrofée de plus de vingt rivières, dont feize font dirigées vers l'intérieur de la baye. Plufieurs de ces
rivières n'ont pas un cours toujours apperçu ; quelquefois elles s'engouffrent à travers des rochers ou
elles difparaiffent à travers un fol fabloneux pour fuivre une route fouterraine fans qu'on puiffe la reconnaître ; elles coulent tantôt, en formant des cafcades,
& des fauts, tantôt en paffant fur un terrein uni ; il
en eft dont les eaux font enrichies de paillettes d'or.
D'ailleurs, la Péninfule a des montagnes difpofées par
étages qui prennent une grande portion du local ; leur
élévation n'eft pas confidérable & leur fommet offre
affez fouvent des furfaces planes ; mais à l'extrêmité
Eft, & prefque dans un tiers de la longueur de la
prefqu'île, le pays eft inhabitable & en approchant

de la mer il devient pour ainfi dire inacceffible, à caufe des rocs qui le couvrent & qui le coupent dans tous les fens.

On trouve dans la prefqu'île de beaux bois & cela doit être compté dans les avantages du lieu pour un arfenal & pour un port de conftruction.

De l'autre côté de la baye il n'y a guère que la Savane-la-Mer qui puiffe faire penfer à l'agriculture ; il femble que ce ne foit pas à cet objet utile, que la nature ait voulu confacrer Samana, mais à une réunion de moyens de force & de protection, particularité qui, entr'autres, affimile affez Samana au Môle-St-Nicolas.

C'eft donc fous ce feul afpect qu'il faut appercevoir Samana, qui eft encore brut & où les individus de l'efpèce humaine font en fi petit nombre, que cette fuperbe baye a encore dans fon apparence agrefte & dans les animaux qui s'en partagent le domaine, tous les caractères des lieux neufs.

Sur les bords de la baye & des Efters ou de la rivière Yuna qui en occupent le fond, on trouve le Manglier qui a la jouiffance de tous les rivages bas & aquatiques de la Torride où l'homme ne lui a pas oppofé fon induftrie, & avec lui les milliards de cruftacées qui fe nourriffent à travers fes racines, & les innombrables effaims de mouftiques & de maringouins dont il protège la frêle exiftence contre les vents, & comme pour les récompenfer de ce que leurs dards imperceptibles favent le défendre lui-même des approches de l'homme armé de la coignée.

J'ai déjà dit que fur-tout dans le fond de la baye

font des amas d'huîtres qui y confervent, fans trouble, l'exiftence prefque immobile que la nature leur a dé-partie, & de nombreux poiffons fe partagent l'em-pire des eaux de toute la baye.

Les bois font l'afile des cochons marons que les chaffeurs viennent bien y pourfuivre quelquefois, mais dont la reproduction a bientôt réparé les legères pertes.

Enfin dans beaucoup d'endroit de cette im-menfe baye & fur-tout fur les îlets, fe trouvent une multitude d'oifeaux de toutes les efpèces, depuis la Frégate aux longues vergues, à qui la goutte & la fciatique demandent une huile calmante, jufqu'au plus petit ramier, à qui la fenfualité accorde un prix. Toutes ces républiques font amies, elles vivent tou-tes dans le voifinage les unes des autres & quand, par hazard, car c'eft un hazard dans la baye de Samana, l'homme, qui eft l'ennemi de prefque tout ce qui refpire, vient porter la mort dans leur réduit, l'épouvante fait envoler ces épaiffes peuplades dans l'air qu'elles obf-curciffent, mais leur prompt retour fuffirait feul pour prouver qu'elles n'ont point appris à être défiantes.

Il eft cependant, dans les environs même de la baye de Samana, des preuves muettes qu'elle a été habitée autrefois par les Indiens. On trouve dans les grottes des épées de bois dont parle Herréra & qui étaient faites avec le palmifte qu'on fait être extrêmement dur; en fouillant la terre on y rencontre les vafes d'argile cuite de ces infortunés dont l'intelligence groffière eft préférée par tous ceux qui connaiffent leur déplorable hiftoire, au génie fanguinaire de ceux qui les ont fait difparaître de leur terre natale.

Avant de ceffer de parler de Samana ; je crois devoir citer une particularité de ce féjour ; c'eft la retraite qu'il a donnée pendant près de 30 ans à un hermite. Ce folitaire, né à Nantes, avait eu le malheur de faire le métier de forban pour lequel il eut une horreur foudaine ; il conçut auffitôt le projet de fuir fes compagnons qu'il furpaffait en cruauté, & fe refugia dans un coin de la Péninfule où il fut long-tems ignoré. Enfin fa retraite ayant été découverte au bout de 22 ans par un de fes anciens camarades, les Efpagnols frappés de fa réfolution, de la conftance & de l'auftérité avec lefquelles il l'avoit accomplie ; touchés de toutes les privations qu'il avait endurées & des maux fans nombre qui avaient dû affiéger un être feul, fans fecours, fans moyens & réduit à fa propre intelligence pour fubvenir à tous fes befoins, ne parlaient qu'avec vénération de l'hermite de Samana. Son éloge parvint jufqu'à Santo-Domingo, où les inftances de l'archevêque & du préfident, le firent confentir à fe rendre, il y a quelques années. Mais l'hermite Jean ne put foutenir le bruit du monde, auquel il avait été étranger pendant plus de 30 ans, & il mourut bientôt dans cette capitale, laiffant de fon retour à la vertu une idée à laquelle les efpagnols mêlent un fouvenir religieux, car la plupart d'entr'eux le confidèrent comme un Saint.

Après le Cap-Rézon ou Cap-Samana, placé à 19 degrés, 15 minutes, 40 fecondes de latitude Nord & à 71 degrés, 33 minutes, 30 fecondes de longitude Oueft, la côte courre dans le Nord-Oueft jufqu'au Cap - Cabron qui eft lui-même à 19 degrés, 21

minutes, 52 secondes de latitude & à 71 degrés, 38 mites, 40 secondes de longitude. Presque au milieu de la
distance entre ces deux caps, plus près du Cap-Cabron, est un îlet où l'on peut jetter l'ancre, mais où
l'on reste exposé au vent de Nord.

Du Cap-Cabron qui porte le nom d'une seigneurie
du Cacique *Mayobanex*, la terre prend la direction de
l'Ouest & forme le bord septentrional de la presqu'île
de Samana jusqu'à la pointe Jackson. En parcourant
cet intervalle où sont les rivières du Port-St-Laurent,
des Citrons &c., on trouve, d'abord à une grande
lieues du Cap - Cabron, le Petit-Port-Gosier qui
offre un mouillage aux barques, & à une autre lieue,
le Grand-Port-Gosier, propre aux vaisseaux marchands qui doivent cependant y redouter les vents
depuis le Nord jusqu'à l'Ouest. A une autre forte
lieue encore, est l'Islet-à-l'Hermite qui tire son nom
du solitaire de Samana, dont la retraite était vers ce
point de la côte où l'on trouve anssi des dangers.

Après avoir passé le Grand-Port-Gosier & à un
tiers de sa distance à l'Islet-à-l'Hermite, est l'embouchure de la rivière de Jayan (dont on a fait St-
Jean). Elle a bien le caractère de celles de la presqu'île qui coulent vers la baye de Samana ; c'est-à-
dire, des sauts, des cascades, des rochers caverneux
& des interruptions dans son cours, qui est quelquefois souterrain. Cette rivière, dont les bords font con-
verts de roseaux, est très-poissonneuse.

En faisant encore une lieue dans l'Ouest, après
l'Islet-à-l'Hermite, vient le Port-Citron où la rivière
du même nom offre à son embouchure, un mouillage

qui fervirait à des bâtimens marchands. On compte
une lieue du Port-Citron jufqu'à un fecond mouillage
appellé, Petit-Port, après lequel, & en parcourant
encore une lieue, on en trouve un troifième, fous
le nom de la Terrienne. Trois mille toifes à l'occident de la Terrienne font les Baleines, iflots placés
à une lieue & demie dans l'Eft du Port-Jackfon.

Il règne depuis le port-Citron jufqu'aux Iflots-des-
Baleines, une chaîne de reffifs, placée à environ une
demi-lieue de la côte. Mais il y a entre ces reffifs,
des paffages pour des barques qui peuvent aller, en
dedans, gagner le Petit - Port & la Terrienne. Il
faut néanmoins avoir une grande habitude de ces
mouillages pour s'y hazarder ; car, quoique celui
de la Terrienne, par exemple, foit beau, fon entrée
eft périlleufe. C'eft un des points de la prefqu'île où
il y aurait du terrain propre à la culture.

Après les Baleines, vient le Port-Jackfon, le
meilleur qui foit au Nord de la péninfule. Il eft capable de recevoir les bâtimens de toute efpèce. Comme il y a quelques haut-fonds, encore plus Nord que
fes reffifs, il faut s'élever pour les éviter & attendre
qu'on foit par le travers d'un rocher blanc affez remarquable pour venir fur la terre, dont on peut
approcher fans rifque ; puis on gouverne fur un iflot
qui eft dans le port. La paffe a une grande caye
aifée à diftinguer avec grand fond des deux côtés.

C'eft prefque immédiatement après le Port-Jackfon qu'eft la pointe du même nom, d'où la terre
courre un peu dans le Sud-Oueft pour gagner le
Grand-Efter qui eft dans l'ifthme de Samana & qui

forme un port dont l'ouverture regarde le Nord-Ouest. Ce port a des bas-fonds & des ressifs de chaque côté. L'entrée en est cependant nette, l'intérieur abrité & spacieux, & le fond de quatorze brasses. C'est le Grand-Ester qui termine la Péninsule dans cette partie & qui, comme on l'a observé, l'aura fait prendre pour une isle. Peut-être ne serait-il pas impossible que des travaux intelligens servissent à procurer par le moyen de cet Ester, une communication avec l'intérieur de la baye de Samana.

Depuis le Grand-Ester, la terre courre vers le Vieux-Cap en formant une grande baye toute ouverte aux vents depuis le Nord juqu'à l'Est. Des cartes la désignent sous le nom de Baye-de-Cosbeck, d'autres de Baye-Ecossaise.

Dans cette baye se trouve d'abord le Port-Matance où les navires marchands peuvent venir en tout tems & que l'on reconnaît à un morne qui se montre dans les terres & qui est beaucoup plus avancé que les autres. Des ressifs bordent les deux côtés de l'entrée.

Quatre lieues après Matance est le Grand-Lagon, où il est presque impossible d'aller trouver le mouillage qui est semblable à celui de la Rivière-Salée placé une lieue plus loin; parce qu'il sont bordés e ressifs l'un & l'autre. Il y a cependant, suivant Valverde, des points de la baye qui sont abordables; il en compare même la côte pour cette raison à celle qui est entre la Pointe-de-l'Épée & le Cap-Samana.

Avant de trouver le Vieux-Cap, il y a encore la Pointe - des - Savanetes dont les écores seraient

dangereux

dangereux pour les bâtimens qui se laisseraient affaler dans la baye de Cosbeck.

En doublant le Vieux-Cap-Français, qui reçut ce nom de Christophe Colomb, sans qu'on en sache la raison, & qui est par 19 degrés, 40 minutes, 30 secondes de latitude, & par 72 degrés, 22 minutes de longitude, on trouve successivement la Pierre-Percée, les Falaises, & le Trou-d'Enfer, qui sont des mouillages qui ne pourraient servir tout au plus qu'aux bâtimens que des courans violens empêcheraient de doubler le Vieux-Cap en venant de l'Ouest, & qui s'y placeraient le soir, afin de ne pas perdre, par ces courans, ce qu'ils ont pû gagner dans la journée.

Le Cap-la-Roche vient ensuite ; sa latitude est de 19 degrés, 41 minutes, 30 secondes, & sa longitude de 72 degrés, 31 minutes, 30 secondes. Plus loin est le mouillage du Grigri, puis le Port-de-la-Soufrière qu'on dit être l'un des plus beaux de cette côte & capable de recevoir des vaisseaux de guerre. Les ressifs qui le bordent en avant laissent deux passes ; c'est celle de l'Ouest qui est pour les grands bâtimens. Ce port est d'une bonne tenue & un morne qui l'avoisine est très-propre à le faire reconnaître. Il y a ensuite des mouillages au Port-des-Ananas & au Port-de-la-Grosse-Pointe, mais pour des bâteaux seulement, & il faut les bien connaître pour s'y risquer & y chercher l'abri que les ressifs y procurent lorsqu'une fois on y a pénétré.

La rivière St-Jean se présente ensuite, & plus loin celle du Macoriz. Des cartes appellent *baye* du Baume la côte qui est entre ces rivières & pour laquelle le

nom de baye est fort impropre ; d'autres en la changeant en Baye - de-Beaune l'ont étendue presque
depuis le Vieux - Cap jusqu'à Port-de-Plate.

A plusieurs lieues de la rivière Macoriz , mais revenant vers le Nord est la pointe du même nom. C'est
pour les habitans de ce canton , trop éloignés de la
paroisse du Cotuy ou de celle de la Véga , qu'a été
établie la chapellenie de Macoriz, il y a une trentaine
d'années. Ces chapellenies font des chapelles ou oratoires
dûs au zèle des archevêques , ou à la dévotion des
habitans. C'est le fondateur ou les fondateurs qui en
payent le deffervant.

Après la Pointe de Macoriz , on arrive au Port-
St - Yague , vulgairement connu fous le nom de
Vieux-Port. Il est petit & ne mériterait guère que
le nom de mouillage. Entre St-Yague & Port-de-
Plate est le petit mouillage de Padre-Pin, dont l'entrée
est fous le vent de deux islots. Avec une mauvaise
tenue il n'offre point d'abri , quand le vent bat en
côte.

Port-de-Plate fut decouvert & visité par Colomb
dans fon premier voyage. Il est dominé par une montagne dont la cime est si blanche , que les espagnols
la crurent couverte de neige , & étant détrompés,
ils la nommèrent la Montagne-d'Argent, & le port ,
Port-de-Plate , qui signifie Port-d'argent. Dans un
autre voyage, Colomb qui y passa avec Barthélemy fon
frère , traça le plan de l'établissement qui y fut formé
par Ovando en 1502. L'entrée du port qui n'est pas
très-fûr , est précisément au Nord ; le fond y est de
trois brasses & diminue considérablement dès qu'on

eft entré, ce qu'on attribue fur-tout au limon que charient les deux rivières qui y ont leur embouchure. Il y a d'ailleurs, dans quelques endroits, un fond de roches tranchantes qui peuvent couper les cables. Les coups de Nord & de Nord-Oueft y font à craindre. On y entre en rangeant de très-près la pointe du reffif, près du fort à l'Eft, & l'on mouille au milieu du port.

Le canton de Port-de-Plate eft très-abondant en mines d'or, d'argent & de cuivre ; on y trouve auffi du plâtre.

Au commencement du 16e fiècle, Port-de-Plate était très-floriffant ; il obtint alors des armoiries comme beaucoup d'autres lieux de la colonie efpagnole. C'eft un écu d'argent à la montagne de finople, furmonté d'un F & d'un Y d'or, couronnés, & en pointe des ondes d'argent & d'azur. Les bâtimens d'Efpagne y venaient en très-grand nombre & y trouvaient leur chargement en fucres, parce qu'il était à cette époque l'un des embarcadères de la Véga & de St-Yago, vers lefquels Ovando avait fait faire un fuperbe chemin dont on lui reprocha même enfuite la dépenfe. Port-de-Plate fut cependant pillé par des corfaires avant 1543, puis la décadence dont j'ai parlé ailleurs étant arrivée, & Port-de-Plate s'étant livré à la contrebande qui fuppléait le défaut de commerce avec la métropole, il fe trouva compris dans la profcription de 1606 & dans la démolition des points maritimes de la côte du Nord. Les habitans de Port-de-Plate, d'après l'ordre de fe retirer dans l'intérieur, fe réunirent à ceux de Monte-Chrift, &

formèrent la ville de Mont-de-Plate. Mais la nouvelle population de Monte-Christ ayant obtenu sous le gouvernement de Don François Rubio, un indult royal pour faire, avec toutes les nations, un commerce libre pendant 10 ans, ce commerce qui produisit de grands gains, qui fit introduire des nègres & qui amena des étrangers, donna lieu au rétablissement de Port-de-Plate qu'on avait commencé avec des familles des Canaries. La population actuelle de son territoire, peut-être évaluée à 2,000 ou 2,500 personnes. Port-de-Plate est mal sain par l'usage où l'on est d'y boire l'eau d'une ravine qui donne la fièvre, sur-tout aux nouveaux arrivans. En 1788 on travaillait encore à bâtir une jolie église.

De Port-de-Plate, la côte courre dans le Nord-Ouest jusqu'à la pointe du Cap-Rouge. Avant cette pointe est le Port-des-Marmousets qui peut servir aux navires marchands, mais dont l'entrée est difficile à cause des ressifs. Il est suivi de deux mouillages très-voisins l'un de l'autre, appellés Grand-Port-Berhagne & Petit-Port-Berhagne, & qui, malgré cette dénomination, ne peuvent recevoir que des bateaux.

Le Petit-Port-Berhagne est suivi de la Pointe-du-Carrouge, du Cas-Rouge ou du Cap-Rouge, depuis lequel la côte courre dans l'Ouest. Peu après est le Petit-Port-Souffleur, & ensuite le Grand-Port-Souffleur, le premier pour des barques, & le second susceptible de recevoir des navires marchands. Un Ilot ou roche marque l'entrée de ce dernier. On peut passer des deux côtés de l'Ilot, mais il est préférable de le laisser à l'Est.

Les deux ports Souffleurs paffés, viennent l'Anfe-à-Baleine & Port Caballo ; Port-Cavaille (ou aux chevaux). Colomb y entra fur la Caravelle *la Pinte*, l'une des trois avec lefquelles il fit la découverte. Comme le capitaine François Martin Pinzon qui s'était féparé de lui plufieurs jours auparavant, le rejoignit dans ce lieu, il lui donna le nom de Port-de-Grace.

Le Port-Cavaille ferait un des plus beaux & des meilleurs de cette côte, fi l'entrée était fuffifamment profonde ; mais elle n'a que neufs pieds d'eau & un haut-fond la partage. On y trouve un carénage. Là le navigateur jouit d'un calme parfait & un bruit fourd qu'il entend à peine dans le lointain, lui fait foupçonner qu'une tempête excite la furie des flots.

On paffe encore la Pointe-de-Brifeval après Port-Cavaille & la Grande-Anfe du Nord, avant d'arriver à la Pointe-Ifabelle, placée à 19 degrés, 59 minutes, 10 fecondes de latitude, & à 73 degrés, 37 minutes, 5 fecondes. C'eft après cette pointe, & courant au Sud qu'on trouve le port où Colomb forma le premier établiffement efpagnol de l'Ifle. Il le nomma *Ifabelle* en mémoire de la reine catholique alors régnante. Il y était entré la nuit, forcé par une tempête ; le jour montra à Colomb toute la beauté de ce port, quoi qu'un peu expofé au vent de Nord-Oueft. Il eft dominé par une montagne très-élevée, plate à fon fommet & entourée de rochers. Colomb appella auffi Ifabelle la rivière confidérable qui fe jette dans ce port où l'on mouille par 14 braffes.

L'établiffement de la ville d'Ifabelle, à peine commencé en 1493, fut abandonné en 1496, lorfque fes

habitans furent tranſportés à la ville de Santo-Domingo qui avait reçu originairement le nom de Nou-
velle-Iſabelle. Ainſi, par des circonſtances qui ſemblent
inexplicables , la quatrième partie du monde porte
un autre nom que celui de l'homme qui en fit la découverte , & le nom de la princeſſe qui favoriſa ſon
deſſein , & à laquelle il voulut montrer ſa gratitude , preſqu'en abordant cette terre nouvelle , n'a pas
pû être conſervé ſur ce premier monument d'une
gloire à laquelle elle s'était en quelque ſorte aſſociée.

Dans l'Oueſt de l'ancienne Iſabelle , & entr'elle
& la Pointe-la - Roche ou Pointe-Ruſia , eſt un
petit port appellé l'Eſter-Profond ou le Marigot.
Enſuite vient le Petit-Trou ou l'Eſter-du-Petit-Trou.

Dès qu'on double la Pointe-la-Roche , on trouve
l'Iſle-de-Sable. Entre-elle & la terre il y a un paſſage qui mène au Port-de-Balza ou de la Petite-
Saline qui n'eſt acceſſible par aucun autre point à
cauſe des reſſifs qui courrent depuis l'Iſle-de-Sable
juſqu'au Cap-de-Monte - Chriſt ou Cap-la-Grange ,
avant lequel eſt encore la Pointe - des - Mangliers.
Mais tous ces points depuis l'Iſabélique juſqu'à la-
Grange, ne ſont que des mouillages ou de petits bâtimens exigeraient les pilotes les plus familiariſés avec
les reſſifs & avec ces localités , pour qu'on put s'y haſarder. Sans ce concours , difficile à rencontrer , les
reſſifs cauſeraient les plus affreux naufrages & les
hommes & les bâtimens y trouveroient leur perte.

Le Cap-la-Grange, ou Cap-Monte-Chriſt, eſt l'extrémité de cette partie de côte, comme on l'a obſervé.
Il eſt placé à 19 degrés , 54 minutes , 30 ſecondes de

latitude Nord, & à 74 degrés, 9 minutes, 30 secondes de longitude Oueſt du méridien de Paris. Le nom de Grange lui a été donné par les français à cauſe de ſa forme, & celui de Monte-Chriſt lui vient de Colomb qui le nomma ainſi le 4 Janvier 1493. Ceſt un mont fort haut, dit Herréra, de la forme d'une tente de campagne. Ce promontoire qui ſemble même détaché de l'île, lorſqu'il eſt apperçu d'un peu loin, ſe diſtingue à une grande diſtance, & pour peu que le tems ſoit ſerain, on le découvre clairement, & à la vue ſimple, du Cap-Français dont il eſt à 14 lieues. Une langue de terre, plate, unit la Grange au territoire de Monte-Chriſt & c'eſt cette configuration qui aura fait prendre ce cap pour une iſle.

En doublant le Cap-la-Grange, on trouve la baye de Monte-Chriſt qui courre à peu près dans le Sud-Oueſt. Elle eſt formée par le Cap-la-Grange lui-même d'un côté, & par la Pointe-des-Dunes dans l'autre. Il y a entr'eux deux, environ 6500 toiſes, qui meſurent l'ouverture de la baye, dont l'enfoncement eſt de 1400 toiſes, & le contour d'à peu près quatre lieues. On y trouve, à environ 900 toiſes de la-Grange, l'Iſlet de Monte-Chriſt, diſtant de 350 toiſes de la côte; on peut paſſer entre-elle & lui avec 2, 4 & 5 braſſes d'eau, & à 250 toiſes environ, dans ſon Sud-Oueſt, eſt un mouillage avec 6, 7, 8 & même 10 braſſes d'eau. En comptant une lieue & un quart depuis la Pointe-la-Grange, l'on voit une batterie deſtinée à proteger un embarcadère qui en eſt à 100 toiſes & qui ſe trouve au-deſſous & en face de la ville de Monte-Chriſt.

La ville de Monte-Chriſt, conſtruite à 800 toiſes

du bord de la mer, se présente en amphithéâtre sur la
côte qui est très-élevée dans toute cette baye. Elle a
200 toises en carré, & cette surface est divisée en
neuf parties, que deux rues coupent de l'Est à
l'Ouest, & deux autres du Nord au Sud. Monte-
Christ, qui s'honore aussi d'avoir un blason, fut fondé en
1533, par 60 laboureurs qui y furent taansportés d'Espagne avec leurs familles, d'après un marché fait par
le gouvernement avec Bolegnos habitant de Saint-
Domingue. Il a été anéanti en 1606 (comme je l'ai
dit précédemment), lorsque ses habitans, considérés
comme des contrebandiers, furent envoyés dans l'intérieur & devinrent les fondateurs de Mont-de-Plate
avec les habitans de Port - de - Plate. Monte-Christ
avait été comme cette dernière ville un des embarcadères de la Véga & de St-Yago ; mais pendant la guerre
de 1756, entre la France & l'Espagne, le gouvernement y ayant envoyé des *Canariens*, il s'y forma un
établissement. J'ai dit, en parlant de Port-de-Plate,
que l'Espagne fit alors de Monte-Christ, un port
neutre pour dix ans. La proximité où ce port se
trouvait de la colonie française, & sur-tout de la ville
du Cap-Français, fut la cause d'un commerce interlope
dont la partie espagnole recueillit de grands profits.
Monte-Christ devenu un entrepôt pour les deux nations européennes les plus commerçantes, neutra-
lisait tous les projets de guerre, & servit plus d'une
fois à montrer que l'esprit mercantile prévaut toujours & sur l'esprit guerrier & sur tous les sentimens
patriotiques. Monte-Christ devint un canal d'abondance pour les lieux espagnols qui l'avoisinaient. Il
y

y coula affez de richeffes pour que là pièce d'or appellée portugaife (valant huit piaftres gourdes), y fut
devenue la plus commune ; & lorfque l'Efpagne prit
part à la guerre, Monte-Chrift fit les frais de plufieurs
armemens en courfe, qui furent eux-mêmes une nouvelle fource de profpérité. Mais ces heureux effets ont
difparu avec leur caufe, & Monte-Chrift eft redevenu un lieu pauvre & privé de toute autre reffource
que de celle des animaux qu'on éleve dans fon territoire & qui font vendus aux français. Il fut queftion
un inftant, en 1779, d'y établir un nouvel entrepôt à
caufe de la guerre.

La population de Monte-Chrift & de fes dépendances, peut être comptée à trois mille individus. La ville
eft dominée par une maifon nommée le Gouvernement, parce que le commandant de la place l'habite ;
elle eft un peu plus vers le Sud. On y voit encore
les ruines d'une autre maifon, conftruite en maçonnerie, ayant un balcon & couverte avec des tuiles
creufes, ce qui dit affez qu'elle appartenait à un français
qui s'y était établi durant la neutralité de ce lieu.
Monte-Chrift a une petite garnifon.

A environ 1800 toifes de la batterie ou de l'embarcadère, en fuivant toujours le contour de la baye
eft la rivière de Monte-Chrift, ou, pour parler plus
exactement, la rivière Yaqui, qui à deux embouchures à 300 toifes l'une de l'autre, mais réunies à
environ un quart de lieue plus haut pour ne former
qu'un feul bras. Colomb nomma cette rivière la
Rivière-d'Or en 1493, qu'il en vit l'embouchure,
croyant que fon fable contenait de ce métal. Mais

l'ayant passée depuis dans son voyage de Port-de-Plate à Cibao & ne sachant pas que c'était la même, il lui donna le nom de Rivière-des-Roseaux. La position de la ville, relativement à la rivière, lui fait éprouver le désagrement d'aller chercher l'eau à une grande distance. On se sert, pour ce transport, d'ânes qui y sont par conséquent très-communs.

Les environs de Monte - Christ sont sabloneux & fort stériles, & sa situation qui peut contribuer à sa salubrité, n'est accompagnée de rien d'agréable. La rivière qui s'y jette a beaucoup de caymans.

Il y a 3,000 toises de l'embouchure la plus Ouest d'Yaqui jusqu'à la Pointe-des-Dunes qui ferme la baye.

Presque par le travers de la ville de Monte-Christ & à plus de 5,000 toises dans l'Ouest, se trouve le *Petit-Islet-de-Bois*, l'un des sept, appellés *les Sept-Frères*. De son bord Ouest jusqu'à celui Est de l'islet appellé *de l'Ouest*, (dont ce nom marque la situation relativement aux six autres) & qui est presque sur la même ligne que le Petit-Islet-de-Bois, il y a 4,200 toises. Dans le Nord-Ouest du *Petit-Islet-de-Bois*, à environ 1500 toises, est *le Grand-Islet-de-Bois*. Ce dernier a dans le Sud, presque en face de lui, & à environ 3,000 toises, *l'Islet-à-Toirou* qui est lui-même à environ 2,000 toises dans l'Ouest de la Pointe-des-Dunes. A 1,200 toises dans le Ouest-Nord-Ouest, à peu près, du *Grand-Islet* de bois, est *l'Islet-à-Dumoulin*, qui a au Sud-Sud-Ouest *l'Islet-à-Garcin*, entre lequel & lui, l'on compte 1,000 *toises*. L'*Islet - à-Dressel*, est à 2,000 toises dans le Sud de *l'Islet-à-Garcin*.

On peut mouiller dans le Sud du Petit & du Grand-islet-de-Bois & de l'Islet-à-Toirou par 4, 5

& 6 braffes d'eau, avec fond de fable, & au Sud de l'Iflet-à-Dreffel avec un fond d'herbe & de fable. Mais dans l'Eft & dans le Nord de ce dernier iflet, eft un haut-fond qui va fe réunir à l'iflet de l'Oueft. Ce dernier iflet a auffi un haut-fond qui courre vers le Sud-Sud-Oueft. Mais en général, il faut être très-pratique de tous ces parages pour venir fe mettre entre des écueils qui forment une circonférence d'environ fept lieues, dont le point le plus Nord, l'eft moins cependant, d'environ 1,000 toifes, que le Cap-la-Grange. D'ailleurs un marin ne pouvant être jetté vers ce lieu que par des vents de Nord, de Nord-Oueft ou d'Oueft, ou y aller que pour fuir l'ennemi, celui qui ferait parvenu en-dedans des Sept-Frères, préférerait, fans doute, de gagner le Fort-Dauphin ou la Baye-de-Mancenille, plutôt que de s'arrêter dans de pareils mouillages. Plufieurs naufrages, & l'afile que le corfaire Anglais Porkin, fameux par fes courfes durant la guerre de 1778 fur la côte de St-Domingue, trouvoit aux Sept-Frères, portèrent M. de Bellecombe à en faire lever la carte par M. Delaage, enfeigne de vaiffeaux, commandant la corvette le Pivert.

En doublant la Pointe-des-Dunes, & courant prefque dans le Sud, on trouve, à un peu plus de 2,000 toifes, la Pointe-des-Mangliers-Gris, & à deux autres mille toifes, la Pointe-d'Ycaque qui fait le bout Nord de la Baye-de-Mancenille.

Cette baye ouverte à l'Oueft, à environ 4,000 toifes d'enfoncement de l'Oueft à l'Eft, & 2,800 toifes Nord & Sud d'ouverture, entre la Pointe-d'Ycaque

& la terre , qui , courant de l'Eſt à l'Oueſt , forme le
côté Sud de la baye. Sa configuration totale augmente ſon étendue. La Pointe - d'Ycaque n'étant
qu'une langue de terre , dont l'extrémité n'a pas
plus de 60 ou 80 toiſes de large , la baye s'enfonce
dans le Nord en remontant plus de deux mille cinq cens
toiſes le long de cette langue de terre. Cet enfoncement juſqu'à une pointe qui eſt dans le bord Eſt de
la baye & qui ſe nomme la Pointe-du-Boucan-à-
Voleur , forme l'Eſter-des-Moucles qui eſt lagoneux
& preſque ſans eau, & qui a une communication avec
la mer à la Pointe-de s-Mangliers-Gris.. Du fond
de cet Eſter au côté Sud de la baye , on compte
environ deux lieues trois quarts

De la Pointe-du-Boucan-à-Voleur , la terre du
fond de la baye ſe dirigeant à peu près au Sud-Eſt ,
cette partie de la baye , s'aggrandit encore & offre
un ſuperbe mouillage , même pour les plus gros
vaiſſeaux ; excepté dans un petit acul , qui eſt
derrière la Pointe - du - Boucan - à - Voleur ; dans
l'Eſter-du-Tapion qui eſt preſque dans l'Eſt de la
Pointe-d'Ycaque ; & dans l'Eſter-des-Vaſes plus grand
que le précedent , & qui eſt préciſement dans l'angle
Nord-Eſt du fond de la baye , parce que l'eau manque
également dans ces trois points.

C'eſt au Sud de cet Eſter-des-Vaſes que la côte
commence à courir Eſt & Oueſt , & à 5,500 toiſes
de l'entrée de l'Eſter , l'on trouve l'embouchure de
la Rivière-du-Maſſacre , qui eſt encore dans la baye
de Mancenille , & qui eſt aujourd'hui le point de
ſéparation entre les deux colonies françaiſe & eſpagnole ſur la côte Nord de l'île.

La baye de Mancenille, quoique très-belle, n'eſt cependant pas auſſi utile qu'elle pourrait l'être, ſi les ſondes en étaient bien connues. Elle a pluſieurs points qui manquent d'eau : circonſtance qu'on peut attribuer principalement aux débordemens de la Rivière-du-Maſſacre, qui charie, en très-grande quantité, du bois, du ſable & des pierres. Peut-être même ces débordemens exigeraient-ils que la baye fut ſondée chaque année, après qu'ils ont eu lieu. En général il eſt prudent de paſſer plus près de la Pointe-d'Icaque, que du côté Sud de la baye pour y entrer, parce que cette pointe ſabloneuſe n'a pas de reſſifs. Le fond de la baye eſt vaſeux.

La Rivière-du-Maſſacre, dont l'embouchure eſt au Nord, comme on l'a dit, a pendant une lieue, depuis 5 juſqu'à 12 pieds d'eau, & elle eſt aſſez large ; mais ſon lit eſt embaraſſé par les bois qu'elle charie. Ces amas forment des baſſins qui deviennent le ſéjour des caymans ; la rivière eſt très-poiſſonneuſe, & cet avantage n'a que trop ſouvent attiré & retenu des bâtimens de guerre dans la baye de Mancenille. C'eſt là qu'on trouve ces énormes mulets de rivière, qui font les délices des tables du Cap. A l'époque des débordemens, ces poiſſons ſont pouſſés vers la baye, où des nègres très-expérimentés vont faire la pêche.

Elle eſt aſſez difficile, dans cet endroit, à cauſe des bois dont j'ai parlé. Il faut que les nègres ſoient d'habiles plongeurs pour aller dégager la ſenne qui s'embaraſſe preſque à chaque inſtant. Mais lorſqu'elle eſt près d'être tirée ſur le rivage, un ſpectacle aſſez ſingulier, c'eſt de voir les nègres, les poiſſons & les caymans mêlés enfemble. L'audace des premiers, femble produire la ftupidité de ces derniers, qui fe laiffent affommer à coups de pieux ou de manches de hache, & dont les nègres prennent les dents, qu'ils vendent enfuite pour faire des hochets, dont la garniture fert à graduer le luxe ou l'orgueil de ceux qui les placent au cou de leurs enfans.

On s'étonnerait, fans doute, que des pêcheurs français vinffent fur une côte efpagnole, fi je n'avertiffais pas que le Préfident de Santo-Domingo, accorde ordinairement des permiffions de pêche dans la Baye-de-Mancenille, à des perfonnes que le gouverneur français lui recommande. Cependant ces permiffions ne les mettent pas toujours à l'abri des vexations d'un corps-de-garde efpagnol, qui eft dans ce voifinage, & qui arrête même quelquefois, les pêcheurs & les canots. Mais les propriétaires intelligens favent, à ce qu'on affure, que ces actes fignifient feulement en français, qu'il eft tems de renouveller certains petits préfens, auxquels on attribue le pouvoir de concilier toutes les bienveillances.

Je reviendrai à la Rivière-du-Maffacre, lorfque je commencerai la defcription de la partie française.

Maintenant, jettons un coup-d'œil général fur la côte depuis le Cap-Samana jufqu'à la Baye-de-Mancenille, ce qui comprend une étendue de plus de 80 lieues, mefurées en ligne droite.

La chofe la plus frappante, & celle qui eft peut-être la plus propre à marquer le caractère des deux nations, c'eft de voir du côté Oueft du Maffacre, des établiffemens où tout annonce une induftrie active, & des jouissances qui s'étendent jusqu'aux objets de luxe ; tandis que de l'autre côté , tout offre la stérilité ; car quelques petites surfaces où l'on cultive à peine ce qui est nécessaire à la vie animale , ne peuvent pas détruire la triste monotonie de cet aspect. Elle règne , en quelque sorte, cette monotonie , depuis Samana jusqu'à la rive Est du Massacre, & la hauteur de la chaîne de Monte-Christ , semble l'accroître encore. Partout est la misère , & la misère la plus difficile à guèrir , celle qui est accompagnée d'orgueil. Plusieurs des points de cette longue surface seraient propres à des établissemens de divers genres , mais la nature y attend l'homme , & l'homme s'il y paraît , ne veut rien faire ni pour elle , ni pour lui. C'est ainsi que les bords de la baye de Mancenille sont inutiles , quoiqu'il fut possible de les dessécher & d'y créer de belles manufactures.

Nous avons vu , qu'excepté les villes de Monte-Christ , de Port de-Plate & de Samana , auxquelles cette dénomination de ville est bien loin de convenir, la côte Nord de la partie espagnole est presque inhabitée. Cependant tous les terrains qui avoisinent la mer, sont concédés , non par petits lots , ce qui supposerait un concours de concessionnaires & des vues de culture , mais par grandes portions. C'est un peu pour la pêche qu'on sollicite ces concessions , mais beaucoup plus pour la chasse du cochon maron.

Le tems de cette chasse , est celui où une espèce de palmiste donne ses graines qui sont en grappe , & dont l'animal est extrêmement friand. Uu espagnol

s'il est seul, va, armé d'une lance, d'une *machette* &
d'un couteau, dans les parties du bois qui contiennent
les palmistes, avec quelques chiens, qui, en voyant
le cochon maron, se réunissent autour de lui &
l'occupent en aboyant, jusqu'à ce que le chasseur
vienne le tuer avec sa lance. La bête est ouverte &
vidée, on jette sa tête & ses pieds, & le chasseur se
charge du corps, qu'il coupe quelquefois pour en
faciliter le transport.

Si, au contraire, il y a plusieurs chasseurs ensemble,
ils choisissent un lieu où ils croyent que la chasse sera
abondante ; ils y construisent une petite baraque ou
ajoupa, couvert de tâches ou de feuilles de palmistes,
& ils disposent plusieurs fourches avec des traverses
pour saler & faire sécher les moitiés de cochon
maron, ou pour les entasser lorsqu'elles sont prépa-
rées. Assez souvent les transports se font par mer,
du moins s'il s'agit d'une chasse considérable.

Lorsque les chasseurs ont de la poudre, ils cherchent aussi d'autre gibier ; car l'on voit des nuées de
canards, de sarcelles, & de ramiers, sur-tout dans
la baye de Mancenille & dans celle de Cosbeck, dont
ces animaux ont, pour ainsi dire, la jouissance ex-
clusive.

Presque toute la côte est bordée de mangliers qui
forment toujours un terrain plus ou moins marécageux. Il est de ces mangliers assez gros pour fournir de très-beaux chevrons. Cette plante a encore
une autre utilité, c'est son écorce, qui forme un tan
excellent ; mais ce sont les français qui en profitent,
& que l'abandon de cette côte favorise à cet égard.

Peut-être

Peut-être le foin de couper le manglier après l'avoir écorcé , ferait-il pouffer d'utiles rejetons , tandis que la fouche, laiffée fur pied , pourrit. Cet ufage forcera fans doute , à aller chercher le tan plus intérieurément , ce qui augmentera & la difficulté , & l'efpèce de martyre que font fouffrir les mouftiques, dont on ne fe préferve qu'au moyen d'une épaiffe fumée , très-capable de trahir ceux qui viennent ainfi fur un territoire étranger. Ces mangliers font l'afile de crabes inombrables , & forment des huîtrières prefque continues. Quelques marins ont prétendu, que l'eau qui avoit féjournée aux pieds de certains mangliers était un bon fébrifuge.

Le terrain qui avoifine la côte , renferme auffi des bois très-beaux , fufceptibles d'être employés à différens ufages , foit pour brûler , foit pour bâtir. Des français fe hafardent à en aller couper , du moins pour les fours, & vont le vendre le plus communément au Cap-Français. Ces efpèces d'enlèvemens ne font pas toujours fans rifque, car le bruit des haches & la chute des arbres , peuvent avertir, par hafard, un feul efpagnol , qui fort de fon apathie pour en aller chercher d'autres au loin , dans l'efpoir de s'emparer des bûcherons , & fur-tout de leur barque & de leurs provifions.

Les reffifs , fi communs le long de cette partie feptentrionale , offrent auffi quelques reffources quant à la pêche. Ceux qui vont y prendre du tan & du bois, en font les meilleurs & prefque les feuls pratiques, parce que les efpagnols y naviguent rârement. Plufieurs de ces reffifs découvrent à baffe mer, & laiffent

voir des madrépores, des coraux, des plantes marines & d'autres substances, dont l'examen intéresse-
rait vivement le naturaliste. Divers animaux habitent ces lieux aquatiques ; les uns en parcourent la
surface, tandis que d'autres y vivent réclus dans les
fissures. On y trouve des homars d'une prodigieuse
grosseur, & des coquillages nourrissans, tels que le
burgau & le lambi.

Il est de ces ressifs dont les cavités deviennent autant de réservoirs ou de viviers, à la basse marée.
On peut alors y puiser le poisson, si l'on peut s'exprimer ainsi ; mais les françois le détruiraient s'ils
y allaient plus fréquemment, par la manie cruelle
d'en prendre même au-delà de leurs besoins. Le
peu de trouble que le poisson éprouve le long de ces
ressifs, y attire encore des lamantins & des requins.
Le premier, que son ouïe délicate avertit du moindre
danger, ne réussit cependant pas toujours à s'en garantir, mais s'il est atteint par le harpon, il plonge
avec la vîtesse d'un trait, cherche quelque fente à
travers les ressifs, & prive ainsi le pêcheur & de sa
proye & de l'instrument dont il l'a percée. Pour le
requin, sa voracité le rend hardi & opiniâtre ; on le
prive difficilement de la vie, puisque percé & meur-
tri de plusieurs coups, complétement écorché dans
une certaine longueur de son corps, & abandonné
sur le rivage comme mort, on l'a vu quelquefois,
lorsque la mer vient l'y mettre à flot, retourner avec
facilité dans son élement natal.

Nous voici parvenus au moment où il faut examiner les établissemens placés entre la chaîne des

montagnes de Monte-Chrift au Nord, & la 1ere. &
la 2e. chaîne de Cibao au Sud.

En parlant du territoire de St-Domingue, j'ai
conduit le lecteur jufqu'au fommet de la chaîne de
Sévico, qui borne vers l'Orient la furface que je
vais parcourir avec lui.

Cotuy.

Avec le revers nord de la chaîne de Sévico, commence le territoire du Cotuy, borné à l'Eft par la
baye de Samana, au Nord par la chaîne de Monte-
Chrift, à l'Oueft, par le territoire de la Véga, &
au Sud, par la chaîne même de Sévico.

Du point du fommet de Sévico, où paffe le chemin, & qui eft à environ vingt-cinq lieues de la
ville de Santo-Domingo, on defcend vers le Cotuy,
par une route auffi peu facile, que celle par laquelle on eft arrivé au haut de la montagne. Au
bas, eft la rivière d'Yaqui, la 3eme. de ce nom dans
la partie Efpagnole. Elle a toujours de l'eau, & ne
fe trouve en réalité qu'à environ une lieue & demie
de la Rivière-Blanche, qui eft à l'extrémité de la
defcente du Sévico au Sud, mais la forme finueufe
du chemin, augmente peut-être cet intervalle d'une
moitié. De la rivière Yaqui l'on monte affez rapidement un plateau couvert de bois, pour le redefcen-
dre enfuite, & arriver à un ravin encaiffé. De ce
point l'on entre dans une favane d'une demi-lieue de
l'Eft à l'Oueft, & d'une grande lieue du Nord au
Sud, très-inégale & prefque compofée de petites

éminences. Un ravin placé à environ 5 quarts de lieue du Maguac, dont on va parler, la termine & la fépare de la Grande-Savane, qui eft à plus de deux mille cinq cens toifes de la riviere d'Yaqui, & qui peut avoir une étendue d'une lieue & demie du Nord au Sud, toute bordée de bois. Après l'avoir traver‥ fée, on entre dans ce bois qui, au bout de trois cens toifes, mène aux Maguac. Cette riviere n'affèche jamais ; on la paffe à près d'une lieue de fon embou‑ chure dans l'Yuna, & après elle on reprend le bois, jufqu'à ce que parvenu à un petit ravin, l'on voye commencer une favane d'environ une demi-lieue de large que fuit encore une lifière de bois. Enfin à une lieue de la riviere du Maguac eft la ville du Cotuy.

Cette ville eft fituée fur la rive droite & à une demi-lieue de la riviere d'Yuna qui ceffe d'être guéa‑ ble vers ce point. On y compte à peine cent foixante maifons, petites & éparfes, ce qui lui donne un af‑ peft très-irrégulier. Elle eft au milieu d'une très-petite favane qui n'a pas un quart de lieue d'étendue & que des bois environnent. La ville du Cotuy eft à environ trente lieues de San-Domingo, & à environ douze lieues & du fond de la baye de Samana & de la ville de la Véga.

L'établiffement du Cotuy étoit autrefois plus avan‑ cé vers le Nord. Il s'eft appellé originairement les Mines & Mejorada (la privilégiée), lorfque Rodri‑ gue Mefçia la fonda en 1505, d'après les ordres du commandeur Ovando. Le nom de Mines lui avait été donné parce qu'il y en a dans fon territoire, & qu'on en travaillait à cette époque plufieurs très-riches en or.

Mais dès 1520 les ouvriers commençaient à leur manquer comme à celles de Bonnaventure. Dans la montagne de Maymon, d'où part la riviere du même nom, est une mine de cuivre très-abondante & si riche, qu'on assure qu'elle peut donner huit pour cent d'or, en affinant le métal. En 1747, Don Grégoire-Alvarez Traviéso, s'étant associé avec six autres personnes, commença à la faire travailler, & Valverde nous apprend que son père, l'un des associés, dirigea cette entreprise pendant trois années, & en passa même une sur le lieu. Dans cette mine se trouve un excellent *Lapis-lasuli*, dont M. de Charitte apporta même des morceaux en France en 1714, & une espèce de craye ou de plâtre veiné que des peintres ont jugé préférable au bol pour dorer. Deux mines d'aiman joignent celle-là. Non loin de la montagne de Maymon est une autre montagne appellée de l'Émeraude, parce qu'elle recèle cette pierre précieuse. J'ai parlé de la riviere de ce dernier nom. Dans la chaîne de Sévico & dans son voisinage, il y a aussi du fer pur, de la meilleure qualité, qu'on pourroit transporter, avec facilité, au moyen de la rivière d'Yuna.

Le Cotuy qui avait l'avantage d'être situé très-près des fameuses mines d'or de Cibao, ne se trouva pas moins, comme toute la Partie Espagnole, dans un état d'abandon & de misère au commencement du siècle actuel, & il comptoit alors à peine cinq cens habitans. Depuis il s'était relevé & avait profité des circonstances que la colonie espagnole avait mises à profit dans l'intervalle de 1744 à 1763, mais il les a perdues comme elle. Cependant, malgré sa décadence , le Cotuy a au moins six mille individus dans son territoire , d'où l'on a même souftrait , en partie , de quoi former la succursale ou chappellenie de Macoriz , qui tire son nom de la rivière qui se jette à la mer à la baye du Baume. Il s'y trouve un nombre très-considérable de pauvres habitans qui ne fortent guères de chez eux , & qu'on ne comprend pas toujours dans les recensemens ; & au moins autant de perfonnes provenues des propriétaires européens primitifs.

Selon Valverde , on peut appeller ces derniers , *actionnaires* , parce qu'ils tiennent , comme ils le disent , une action ou lot de terre , à la charge d'une redevance , évaluée depuis vingt jusqu'à vingt cinq & trente réaux (de trois à quatre gourdes). Il y a une prodigieuse confufion dans les mêmes terrains, à caufe du grand nombre d'actionnaires , qui , fans s'inquiéter de la différence de la valeur des actions dont ils ont hérité ou qu'ils ont acquifes, ne fuivent d'autres règles pour le nombre de troupeaux qu'il leur eft permis d'avoir , ou pour le nombre des jours qu'il leur eft permis de chaffer dans les montagnes , que leur volonté.

C'eft à l'éducation des animaux , & fur-tout à celle des pourceaux , que les habitans du Cotuy font prefque exclufivement livrés , & ces animaux caufent auffi des foins pénibles. Il eft affez difficile de les élever dans un pays où il n'y a point de porchers , & où ils peuvent vaguer dans des grands efpaces. On tâche , lorfqu'ils font tout petits , d'accoutumer deux ou trois femelles à aller enfemble , & à fe tenir auprès de la maifon. Pour les y engager, on leur donne du mahis, des graines de palmifte & des bananes dans des auges. Quand les femelles font devenues mères, on les affujettit, autant qu'on peut, à venir coucher au parc ou *corail*, en y plaçant de la nourriture, & en leur en donnant encore le matin avant qu'elles n'en fortent. Mais attirés dans le bois par l'efpoir d'y rencontrer des racines, des fruits, des infectes, les cochons ne font pas exacts à en revenir le foir, ils s'y enfoncent même affez pour devenir fauvages, & quelquefois en grand nombre. Les mères y mettent bas, & les petits trop foibles, y périffent faute de foins & de nourriture. Enfin, celui qui les élève fe voit fouvent trompé dans fon attente, & même réduit à faire la chaffe de ceux qu'il croyait avoir apprivoifés.

Ce genre d'occupation fait que les habitans du Cotuy font peu adonnés à la culture, fi ce n'eft à celle du tabac, depuis que le roi d'Efpagne à jugé utile de les y exciter par des encouragemens. Le fol du Cotuy eft fort bon, la qualité du tabac en fait l'éloge, & l'on croit qu'il ferait extrêmement propre aux cacaoyères, fur-tout, fi l'on en juge par la beauté des cacaoyers qu'on y voit, & parmi lefquels il en eft de fauvages.

Les bananiers, cette plante fi utile, cette manne des Antilles, y trouvent auffi un terrain fingulièrement favorable, & de tous les tems, ce fruit a été d'une qualité fi fupérieure à St-Domingue, que les efpagnols défignent fous le nom de *bananes des dimanches*, celles que cette Ifle produit.

On reproche aux habitans du Cotuy, des mœurs grossières & un caractère peu social. Peut-être l'habitude d'une vie, dont les soins ont presque toujours des animaux pour objet, fait elle contracter cette rudesse qui choque ceux qui ne la partagent pas. Peut-être aussi entre-t-il de la prévention dans ce jugement, porté par des francais qui se rappellent encore, un siècle après, le massacre de leurs compatriotes à Samana.

En sortant de la ville du Cotuy pour suivre le grand chemin, & en se dirigeant vers la Véga, on passe dans un bois qui conduit à la rivière d'Yuna.

On sait déjà que cette rivière, qui va se jetter à la mer dans le fond de la baye de Samana, est celle de toute l'île, qui roule un plus grand volume d'eau, & avec la plus grande vîtesse, & qu'elle a été rendue assez récemment navigable dans une étendue de plus de douze lieues pour le transport des tabacs qui sont achetés pour le compte du roi, dans le territoire du Cotuy, & dans ceux de la Véga & de St-Yago. C'est sur les bords de cette rivière que se trouve une partie des bois de construction, dont j'ai parlé en traitant de la baye de Samana, & ses eaux pourraient fertiliser d'immenses terrains.

La profondeur de l'Yuna ne permet pas de la passer à gué, au point du chemin où je suppose le lecteur arrivé. Il faut donc se servir du canot, c'est-à-dire, faire le passage en cuir : passage dont le genre mérite d'être connu.

On prend un cuir de bœuf, sur lequel on place deux bâtons croisés ; on replie le cuir par ses bords
dans

dans la forme d'un papier à maffepain, & afin de le maintenir dans cette fituation, on le lie tout autour avec une corde, qui s'appuie fur les points où répondent les extrémités des bâtons. Le bagage eft mis au milieu de cette efpèce de canot qu'on lance d'abord fur la rivière pour voir s'il y flotte convenablement. S'agit-il de tranfporter un homme, l'efquif eft ramené à terre, & l'on y place le voyageur à demi-couché, en lui recommandant d'appuyer les mains fur les bâtons. On lance une feconde fois le canot, & lorfqu'il eft dans un parfait équilibre, on avertit le paffager de ne rien craindre & fur-tout de ne pas remuer. Toutes ces précautions prifes, un homme va en avant tirant une corde attachée au cuir, tandis que deux autres le pouffent & le dirigent. Lorfque les conducteurs ne peuvent plus marcher dans l'eau, ils fe mettent à la nage, gouvernant & pouffant la nacelle jufqu'à ce qu'elle arrive à l'autre bord, c'eft-à-dire, à environ cent pas, quand c'eft l'Yuna qu'on traverfe ainfi. La pofition de celui qu'on fait cheminer de cette manière, n'eft rien moins que commode, & ceux pour qui elle eft nouvelle, n'attendent pas même qu'ils foient à la moitié du trajet pour fe repentir de l'avoir entrepris ; tandis que les créols efpagnols qui en ont contracté l'habitude depuis leur naiffance, la trouvent toute naturelle.

Quant aux guides, ce genre de navigation leur parait auffi extrêmement fimple, & ils ne fongent à aucun danger, pas même à celui de la rencontre des caymans qui femblent étonnés de la hardieffe de l'homme.

Ces animaux qui ne font rien moins que rares,

saisissent assez fréquemment les bœufs & les chevaux qui traversent les rivières & les noyent, en les
tirant par le museau jusqu'au fond de l'eau. Le premier mouvement du cayman est toujours de fuir
l'homme, cependant lorsqu'une fois il a osé l'attaquer,
il perd cette crainte & ne le respecte plus.

Puisque nous parlons du cayman, c'est peut-être
ici le moment d'assurer que ce que l'on raconte de
l'intelligence du chien quand il veut passer une rivière,
sans en avoir rien à craindre, est très-vrai. Placé sur
une rive le chien y aboye pendant très-long-tems,
& lorsque les caymans sont attirés par ses cris, tout
à coup il fuit à toute jambes & va traverser la rivière
à deux cens pas plus haut.

L'Yuna franchie, on trouve la succursale d'Angeline dont les fondemens furent jettés, il y a près de
vingt ans, par Don Joseph Solano, & l'on entre
dans un bois où sont deux ravins. L'on gagne ensuite
la savane de la Guamitta d'environ douze cent toises de
large, au bout de laquelle est la rivière du même
nom qui a toujours un peu d'eau & qui est un peu
encaissée & bordée de bois. On va de cette rivière
gagner celle de Voma, après une savane du même
nom d'une bonne lieue d'étendue, que des hattes
terminent. De la Voma on parcoure deux autres savanes, (entre lesquelles est un ravin boisé), pour parvenir à la rivière de la Caya qui conserve toujours de
l'eau.

La Voma s'unit à la Caya; leur confluent est à
environ deux mille cinq cens toises au-dessous du
chemin & à une faible distance du lieu où leurs eaux
réunies tombent dans le Camu où Camou.

De la Caya, on traverse trois savanes, séparées par des lisières de bois & où se trouvent des hattes & des plantations de cacaoyers. Là est une petite église appellée Joma, située dans les hattes de Michel Vaillafame. Après ces trois savanes, vient celle de l'embouchure d'Hyma (Boca d'Hyma), d'environ une demi-lieue de l'Est à l'Ouest sur un peu plus de longueur du Nord au Sud & que suit un bois d'un petit quart de lieue dans lequel passe la rivière de la Hyma qui est encaissée. On passe cette rivière un peu au-dessous de son confluent avec le Camou auquel cependant ses eaux se mêlent sans se confondre, car elle va couper la rive opposée du Camou & garde encore le nom qui lui est propre. Après la Hyma l'on fait plus de deux lieues dans le bois, mais pendant près d'une lieue & demie depuis le passage de cette rivière, on cotoye la rive gauche de celle du Camou, puis on traverse celle-ci à cette distance & à environ deux lieues & demie de la Véga. Le bois terminé on se trouve dans une savanette à laquelle plusieurs hattes avec de jolies plantations de cacaoyers & de bananiers & quelques pièces de cannes à sucre, donnent un aspect qui plaît d'autant plus, que dans tout l'intervalle déjà parcouru depuis le Cotuy, rien n'a récréé la vue, & que dans des lieux aussi peu fréquentés, le voyageur croit, pour ainsi dire, avoir découvert ce qu'il n'a fait que rencontrer après une longue attente.

A l'extrémité de la savanette d'où l'on compte encore deux lieues, à peu près, jusqu'à la cité de la Véga est un bois très-élevé, puis une longue savane fort étroite qui conduit à la Véga fans ceffer de côtoyer la droite du Camou depuis le point où on l'a traverfé.

La Véga.

Le nom de Véga qui fignifie *plaine*, eft un de ceux qui eft le plus connu, lorfqu'on parle de Saint-Domingue, parce qu'il réveille l'idée de la Véga-Réal qui eft une plaine fertile & la plus fpacieufe de cette Isle. Perfonne n'a écrit fur Saint-Domingue, fans vanter la Véga-Réal dont perfonne n'a cependant fixé la véritable étendue; de maniere que chaque auteur entend par cette dénomination, un efpace qui n'eft pas toujours ce qu'un autre auteur a entendu.

Suivant Charlevoix (livre premier, page 91, édition in-quarto), la Véga-Réal eft une plaine de quatre-vingt lieues de long & de dix lieues dans fa plus grande largeur. Un témoin oculaire, lui a même affuré, ajoute-t-'il, qu'il y coule plus de trente mille rivèires, parmi lefquelles il y en a douze, auffi larges que l'Ebre & le Guadalquivir; qu'elle en reçoit plus de vingt cinq mille d'une grande chaîne de montagnes qu'elle a *à l'Occident* & que la plûpart roulent de l'or avec leur fable.

Si avant de hasarder ces détails, Charlevoix avoit fait le moindre calcul, il aurait trouvé trois cens foixante-quinze rivières, par chaque lieue de deux mille huit cent cinquante-trois toifes, ce qui fuppofe qu'elles font à moins de huit toifes l'une de l'autre ou de feize toifes, fi l'on penfe qu'elles fe rendaient dans la plaine en nombre égal des deux côtés oppofés. Or qu'aurait-il pû refter de terrain entre deux rivières, après avoir retranché celui de leur lit, quelqu'étroit qu'on voulût le fuppofer, & comment aurait-on pû vanter la fertilité d'une pareille plaine, qui aurait fans doute été fubmergée dans la faifon des pluyes, par la réunion de toutes ces rivières en un feul baffin.

En fecond lieu, Charlevoix, parlant d'une étendue de quatre vingt lieues de long, ne dit pas entre quels termes il la prend. S'il calculait la Véga-Réal depuis Samana, d'où le terrain plane va fans interruption & fans montagne notable, jufqu'à l'extrémité de la plaine du Cap ; il y a beaucoup à ajouter ; mais fi au contraire, il la bornoit au territoire de l'ancienne cité de la Conception de la Véga-Réal, il y a, comme le dit Valverde, plus de la moitié à retrancher.

Dans la verité, il parait que par le mot de Véga-Réal, Colomb entendait feulement la partie plane depuis Samana jufqu'à Monte-Chrift ; mais à mefure qu'on y a formé de nouveaux établiffemens, le fens de ce mot s'eft reftraint & rapproché du lieu qui portait plus fpécialement le nom de Véga. Aujourd'hui il fe borne au territoire de ce lieu, qui a pour limites à l'Eft, le Cotuy ; au Nord, la chaîne de Monte-Chrift ; à l'Oueft, St-Yago, & au Sud, les montagnes de Cibao.

Ce fut en 1494, que Chriftophe Colomb voulant aller vérifier ce qu'Alfonfe d'Ojéda, brave capitaine, avait rapporté l'année précédente, des mines de Cibao où Colomb l'avait envoyé, eut l'occafion, paffant d'Ifabelle fur la chaîne de Monte-Chrift, de découvrir la plaine, qu'il nomma la Véga-Réal : plaine dont la beauté le frappa encore plus du haut des montagnes de Cibao , & qui excita la plus vive admiration chez tous les espagnols qui l'accompagnaient. Dès 1495 , Colomb fit construire un fort à la Véga pour assurer la tranquillité de ce lieu , où , aidé de Barthelemy Colomb , il défit , disent les historiens , une armée de cent mille Indiens , & cet établissement fut le fondement de la ville de la Conception-de-la - Véga. Elle fut mise à l'endroit même où *Guarionex* , Cacique du royaume de *Magua* , avait eu sa résidence. Ce fut aussi dans le territoire de la Véga & à trois ou quatre lieues de St-Yague , que la forteresse de la Magdeleine fut établie en 1504 par Ovando , pour contenir les Indiens, qui appellaient cette forteresse *Macoris-de-Abaxo* : expression composée du mot Indien *macoris* & de celui espagnol *abaxo* , qui signifie *en-bas*, *au-dessous*. Il est vraisemblable que cette épithète avait pour objet de faire distinguer ce Macoris de celui que nous avons vu sur la côte de la partie Sud, dans l'Est de San-Domingo.

La Conception-de-la - Véga , fut le lieu où Don Barthelemy Colomb, convint en 1497, avec l'Alcaïde major Roldan , chef d'une révolte , qu'ils auraient une entrevue dans le voisinage ; entrevue qui pacifia si peu les troubles , que l'année suivante , les rebelles vinrent pour attaquer le fort de la Conception , ce qu'ils ne purent effectuer.

Huit ans après , la Véga était déjà une ville importante. On y fondait quelquefois dans l'année , jusqu'à deux cent quarante mille écus d'or , produits par les mines de Cibao , dans un tems où la métal-

lurgie était peu avancée , & par conséquent où la perte
était excessive ; lorsque les particuliers cachaient beaucoup d'or , sans compter encore l'or en grain. En
1508 , la Véga eut pour armoiries, un écusson d'azur.,
chargé d'un château d'argent , surmonté d'un autre
écu d'azur ; avec une couronne de Notre Dame &
deux étoiles d'or

J'ai déjà dit, qu'en 1511 , le pape Jules II. , établit
à la Conception-de-la-Véga , un évêché qui devait
être suffragant de l'archevêché de *Xaragua*. Mais cet
archevêché n'ayant pas eu lieu , l'évêque de la Véga
fut crée pour être suffragant de l'archevêque de Séville,
dont le neveu Pierre de Deza , d'abord désigné pour
l'archevêché de *Xaragua* , fut le premier pourvu. Cet
éveché comprenait la Véga , St - Yago , Port-de-
Plate , Port-Royal , Larez-de-Guahaba , Salvátierra-
de-la-Savane & Ste-Croix ; tandis que celui de San-
Domingo contenait cette capitale , Salvaléon , Azua ,
St-Jean - de-la - Maguana , Véra-Paz & Yaquimo.

Mais les causes de dépopulation déjà citées plusieurs fois n'épargnèrent point la Véga ; en 1525 ,
Charles Quint publia une ordonnance pour exciter à
aller habiter St-Domingue & notamment cette ville,
promettant un passage gratuit , & la faculté d'avoir
jusqu'à six nègres par blanc , au lieu d'un seul qui
était permis alors.

Cette décadence fut cause qu'en 1627 , l'évêché
de la Conception fut réuni à celui de Santo-Domingo,
& depuis lors cette ville ne retourna plus à sa splen-
deur primitive. Elle était bâtie au pied d'une montagne , au-dessus de laquelle avait été mise la croix

dont j'ai parlé dans la description particulière de Santo-Domingo. Les restes de cette croix, dont presque chaque espagnol voulait avoir un morceau, avaient été apportées dans l'église de la Véga; église dans laquelle fut dite la première grand-messe chantée à St-Domingue & où officia Barthelemy Las-Cazas, depuis évêque de Chiapa, que son affection pour les Indiens a rendu si justement célèbre. En 1564, un tremblement de terre renversa presque toute la ville. Dès lors on forma le projet d'aller en fonder une autre sous le nom de la Véga, à deux lieues dans le Sud-Sud-Est de la première, & c'est à cette époque, que par l'ordre de Charles-Quint, la croix fut transportée à San-Domingo. Vers 1724, on voyait encore, dit Charlevoix, des masures de l'ancienne Véga, des ruines d'un monastère de religieux de St-François, de deux fontaines & de quelques fortifications. Cette ville était sur la rive gauche de la rivière Camou, à la différence de la Véga actuelle, qui est à sa rive droite.

Le V & le B, ayant un son assez ressemblant dans la langue espagnole, où l'on employe même quelquefois l'un & l'autre indifféremment, comme on l'a vu pour *Bani* ou *Vani*, on dit aussi *Bega* pour *Véga*, ce qui a donné lieu à beaucoup de français d'appeller *Bègue*, la ville de la Véga. L'on n'y comptait que quatre-vingt-dix mauvaises maisons en 1724; & à peine cinq cens personnes dans tout son territoire au commencement du siècle actuel. Depuis, cette ville s'est aggrandie & embellie. Elle est située à un quart de lieue du Camou, au milieu d'une jolie

savane

favane prefque ronde, que le Camou environne à l'Oueft & au Nord, mais dont cette rivière s'éloigne à mefure qu'elle gagne l'Eft. C'eft une ville ouverte, avec une grande place publique au centre. Les rues font très-bien alignées, mais l'herbe que l'apathie efpagnole y laiffe croître, les rend femblables à de petits pâturages, & les citadins font paître des beftiaux à la porte de leurs maifons. Celles-ci font, conftruites en bois & toutes féparées les unes des autres ; elles font au nombre d'environ trois cens. La Véga eft à quarante-deux lieues de San-Domingo, à environ vingt-quatre lieues de l'embouchure de l'Yuna dans la baye de Samana, douze du Cotuy & dix de St-Yago.

La ville de la Véga fe trouve à peu près dans le Nord & prefque en face du groupe du Cibao, de ce noyau des montagnes de la colonie efpagnole. Le mot Cibao, fuivant Herréra, Charlevoix & d'autres, eft dérivé de *Ciba*, qui veut dire roc ou caillou, & ce nom convient, dit Charlevoix, à l'afpect affreux de l'entrée de ce canton. Suivant l'étimologie Celte, cette dénomination ferait encore plus curieufe, puifqu'en la décompofant on y trouverait *Kè-i-bé-aour*, qui fignifie : *les montagnes où il y a de l'or.* Une chofe très-certaine, c'eft que le mot de *Cibao*, réveille le fouvenir de mines très-riches, célèbres, depuis la découverte de l'Amérique, par leur abondance & par la pureté de leur or. C'eft d'elles qu'avaient été tirés les premiers morceaux de ce métal préfentés par Colomb à Ferdinand & à Ifabelle, qui étaient loin de foupçonner alors, combien de pleurs & de fang il ferait verfer. Ces mines font principalement dans la partie de la montagne qui eft tournée vers le Nord, & près d'une rivière que les uns nomment Janico & les autres Cibao. Dans les premières années il fuffifait de les fouiller pour en retirer d'immenfes profits. Le voifinage du Cibao contient auffi des mines d'or, & Valverde dit, que les montagnes qui divifent le fite de Conftance, font reconnues pour être en totalité, des mines tellement abondantes en or, qu'en fouillant la terre, il courre en fable & en grains, par tous les points où paffent les eaux.

Ce n'eft pas le feul métal que fourniffent les montagnes de Cibao. J'ai déjà parlé des autres mines que leur prolongement offre dans le territoire du Cotuy, & dans celui-ci, le canton de Garabacoa, renferme une mine d'argent, qui a même été travaillée anciennement.

Quant à la culture, celle de la Véga n'eft pas confidérable, car elle ne l'eft nulle part dans la colonie efpagnole. Des bananiers, des cacaoyers & quelques fucreries, du genre de celles dont j'ai parlé précédemment, occupent une partie des habitans, & le tabac employe les autres, ainfi que l'éducation des animaux. Ce que j'ai dit à l'article du Cotuy, de certains habitans vivant toujours à la campagne & répandus çà & là, eft commun à la Véga, dont le territoire comprend en totalité, plus de huit mille individus. Il faut ajouter que dans les differens lieux de la Véga-Réal, il fe trouve auffi, en affez grand nombre, des vagabonds qui auraient des droits à une furveillance que la police efpagnole eft cependant loin d'exercer.

Avant de pousser plus loin la description de la Véga, il est important que j'éclaircisse un fait, dont l'obscurité, qui a déjà embarrassé plusieurs auteurs, priverait ma description d'une portion de l'intérêt dont j'ose la croire susceptible, si je ne la faisais pas disparaître.

On lit dans Oviédo, dans Herréra, & dans Charlevoix qui les a suivis, que Colomb allant, en 1494, visiter les mines de Cibao, fit travailler des pionniers que dirigaient des gentilshommes, à trois lieues dans le Sud d'Isabelle, pour applanir une gorge de montagnes où Ojéda avait passé en 1493, & à laquelle on donna le nom de *Porte-des-Chevaliers* (puerto de los hidalgos), & que de là, il parvint au haut de la montagne, d'où il découvrit la Véga-Réal ; que Colomb traversa celle-ci, alla vers la Rivière-Verte, & gagna de là la province de Cibao, d'où il monta sur les montagnes du même nom, & que d'Isabelle à Cibao, il parcourut dix-huit lieues. Le récit du voyage d'Ojéda annonce absolument la même route, & dit, que de la Véga à Cibao, il lui restait environ dix à douze lieues à faire.

Les mêmes écrivains rapportent que, lors de sa découverte, l'île étant divisée en cinq royaumes & entre cinq caciques souverains, Cibao qui tirait son nom d'une province, ou qui le lui donnait, n'appartenait point au cacique qui régnait au Nord des montagnes de Cibao, c'est-à-dire, à la Véga-Réal & qui était *Guarionex*, souverain de *Magua* ; mais qu'il faisait partie de la province de Cibao, placée au Sud des mêmes montagnes & qui obéissait au Cacique *Caonabo*, souverain de *Maguana*, dont la capitale était au lieu où se trouve à présent St-Jean-de-la-Maguana.

En parlant de l'établissement du fort St-Thomas, ils disent encore qu'il fut mis au Sud de la chaîne de Cibao, & en effet la plaine de Saint-Thomé est contigue au Nord à celle de Saint-Jean de la Maguana. S'agit-il de la fondation de Port-de-Plate, par Ovando, ils lui donnent pour motif le voisinage de la Conception-de-la-Véga & de Saint-Yago, auxquels il devait servir de port & le désir de profiter du voisinage des mines de Cibao. En un mot, on trouve, à chaque pas, dans ces historiens, la preuve d'une communication entre la partie plane qui borde la mer au Nord & la Véga-Réal qui en est séparée par la chaîne de Monte-Christ, & encore entre la Véga-Réal & la province de Cibao qui se trouvaient l'une au Nord & l'autre au Sud de la chaîne de Cibao.

Si on lit attentivement ces narrateurs, on y trouve dans vingt endroits, que de San-Domingo on venait aux mines de Cibao, dans la province du même nom, & que de là on se rendait dans la Véga-Réal, ou qu'on passait dans la partie Ouest de la province de Cibao.

Des faits aussi positifs & aussi concordans, n'auraient jamais dû laisser place à l'incertitude ; mais cette incertitude elle-même nous fournit une preuve bien extraordinaire & en même tems bien forte de l'état de décadence de la partie espagnole, puisqu'elle naissait de ce que l'on ne connaissait plus la communication dont je parle. L'ignorance à cet égard était même poussée si loin, que le Jésuite le Pers, qui dressait à St-Domingue, au commencement de ce siècle, les mémoires sur lesquels Charlevoix a principalement écrit son hiftoire, n'avait aucune idée de la communication dont je parle, & on en a la preuve dans ce que dit Charlevoix (livre 9, pag 226), de l'attaque de Gohave que M. la Boulaye voulait faire & où il croit que la gorge de Saint-Raphaël appellée *la Porte*, eft la même chofe que la Porte-des-Chevaliers qui conduifait d'Ifabelle à la Véga-Réal. Une confufion auffi choquante ne ferait pas échappée à quelqu'un qui aurait connu la colonie, puifque *la Porte* de Saint-Raphaël eft à environ cinquante lieues de celle des Chevaliers par la route la plus courte.

Mais enfin la communication des mines de Cibao avec la Véga-Réal a été retrouvée, il y a environ quarante ans ; elle conduit à une partie de l'ancienne province de Cibao, partie qui porte aujourd'hui le nom de *Vallée de Conftance* & qui, quoiqu'au Sud de la chaîne de Cibao, eft tellement voifine de la Véga-Réal, qu'elle eft en ce moment enclavée dans le terri-toire affigné à la ville de la Véga.

Conftance eft prefque à une égale diftance de la Véga & de Saint-Yago & fe trouve au fommet d'une montagne qui a de l'étendue, puifqu'on donne à la vallée environ cinq lieues de circonférence. Elle eft fort belle & très-bien arrofée par plufieurs ruif-feaux qui ne tariffent jamais ; les pâturages y font propres à toutes fortes d'animaux. De cette plaine on peut defcendre & gagner celle de Saint-Jean-de la -Maguana, & quelqu'un parti de la Véga a été fur la montagne, l'a defcendue vers Saint-Jean & eft retourné à la Véga, en deux jours, à cheval.

Un nommé Victoriano Vélano, conftruifit vers

1750 une barraque dans cette vallée de Conftance où il mit quelques jumens & quelques vaches; la propagation en fut très-confidérable. On affure que les chevaux y deviennent excellens & que les bœufs y acquièrent une beauté remarquable. Les côteaux aromatiques de cette vallée feraient très-propres à nourir des moutons & des chevraux qui y acquerreraient un goût exquis. La vallée de Conftance eft fi froide, que durant huit mois de l'année on a befoin de couvertures épaiffes pour y dormir & que pendant la faifon la plus chaude, la viande s'y conferve plufieurs jours. On trouve dans les points les plus élevés des montagnes voifines, une efpèce de givre ou de gelée blanche & l'on a befoin de feu le foir, dans la vallée. On y a femé du blé qui a parfaitement réuffi.

La communication entre la Véga-Réal et la partie Oueft de la colonie efpagnole, ferait d'une grande utilité fi les établiffemens de la colonie étaient plus productifs, mais dans un cas de guerre, elle pourrait devenir importante. Il ferait encore poffible de rétablir la communication entre la Véga-Réal, la partie de l'Oueft & San-Domingo, par la chaîne de Conftance, mais elle exigerait des travaux que rien d'actuel ne peut faire entreprendre. Je retourne à la Véga, après avoir fait cette legère incurfion vers la vallée de Conftance, avec le double motif de la faire connaître & de perfuader encore mieux le lecteur, parce que j'en rapporte, de l'état de nullité auquel devait être arrivée la colonie efpagnole, puifqu'on y ignorait quels points avaient fervi autrefois à faire communiquer entr'eux les divers établiffemens qu'elle avait alors.

En fortant de la ville de la Véga pour aller vers Saint-Yago ou Saint-Yague, on paffe à un quart de lieue la rivière du Camou.

Entre cette rivière & celle d'Yuna, eft une huitième chaîne de montagnes peu étendue & peu élevée au confluent de ces deux rivières, mais qui croît d'autant plus, qu'elle fe rapproche d'avantage du Cibao. Il en part auffi des contreforts, qui, dans l'intervalle des deux rivières, vont féparer les rivières intermédiaires.

Du Camou le chemin monte, par une pente affez douce, vers un plateau. Dans cette route on paffe deux ravins encaiffés. Ce plateau peu élevé, eft cependant le point le plus haut de cette vallée, c'eft-à-dire, de toute la Véga-Réal. Ses eaux font verfées à l'Eft dans le Camou, à l'Oueft, dans l'Yaqui. C'eft la limite naturelle du territoire de la Véga & de celui de St-Yago, faifant partie d'une 9me chaîne prefque infenfible, qui fépare, comme l'on voit, les eaux du Camou & de l'Yuna, de celles de la Rivière-Verte & de l'Yaqui. C'eft une fuite de plateaux doux dans la direction du Nord, qui vont gagner la chaîne de Monte-Chrift, & qui font d'autant plus élevés, qu'ils fe rapprochent d'avantage du Cibao.

St-Yago

A la defcente du plateau, dont la face occidentale eft le commencement du territoire de St-Yago, on paffe trois ravins affez encaiffés & l'on arrive à la petite rivière de Guaco, à cinq-quarts de lieue du paffage du Camou. Il faut monter encore, puis

redescendre pour passer la Rivière-Verte , à environ
quinze ou seize cens toises de celle de Guaco , qui
se jette dans la Rivière-Verte , & qui , comme elle &
comme celle du Camou , a toujours de l'eau.

On trouve ensuite trois hattes avec quelques plantations de cacao , appellées les places de la Rivère-
Verte , & à un quart de lieue , on passe encore cette
rivière , à laquelle Christophe Colomb donna ce
nom , lorsqu'il alla visiter les mines du Cibao , à cause
de la limpidité & de la vîtesse de son eau , & dont l'on
côtoye toujours la rive gauche , entre les deux points
où on la traverse.

Du second passage de la Rivière-Verte , on monte
insensiblement pour redescendre de même , & aller
traverser à deux lieues , la Rivière-de-la - Bataille
(pugnale). Elle tarit quelquefois ; son lit est dans
un petit vallon , dont les pentes sont douces. A
environ deux petites lieues de cette rivière , la route
est coupée par un grand chemin , qui , à la gauche
du voyageur , se dirige vers la Hatte-à-Major ; non
loin de là , est un corps-de-garde aussi sur la gauche ,
& à ce point cesse le bois qui continue depuis la Véga.
Le chemin alors côtoye la rivière d'Yaqui qui est
fort encaissée dans cette partie , & à cinq cens toises à
peu près du corps-de-garde , on entre à St-Yago.

Saint-Jacques ou St-Yago , qui a le surnom des
chevaliers , sans doute , en l'honneur d'un ordre de
chevalerie d'Espagne , est une des anciennes villes
de St-Domingue, puisqu'elle existait avant 1504. Elle
a dû son établissement au voisinage de la Conception-
de-la-Véga & celui de Port-de-Plate , avec lequel
                                                    elle

elle avait un commerce d'animaux & de cuirs. Elle perdit donc beaucoup lorſqu'en 1606 on fit évacuer cette dernière ville.

St-Yago eut en 1508 pour armes ; un écu de gueules, à deux coquilles d'argent & l'orle de même, chargé de ſept coquilles de gueules.

Les français de la Tortue, pour ſe venger du maſſacre de pluſieurs d'entre eux, fait vers ce lieu, par ordre du commandant d'un vaiſſeau de guerre eſpagnol qui les avait enlevés à un bâtiment flamand, ſur lequel il ſe rendaient à St-Chriſtophe, allèrent, ſous pavillon anglais en 1659, à St-Yago par Port-de-Plate, & pillèrent la ville pendant vingt-quatre heures, ſans épargner les égliſes. Ils amenèrent avec eux, juſqu'à Port-de-Plate, le gouverneur, qu'ils y relâchèrent, quoiqu'il n'eut payé qu'en partie ſa rançon de ſoixante mille piaſtres gourdes.

En 1667, d'Ogeron fit attaquer St-Yago par quatre cens hommes dont il avait donné le commandement à un capitaine Flibuſtier, nommmé Deliſle ; ils s'y rendirent par Port-de-Plate. Les habitans de St-Yago s'enfuirent à l'approche de l'ennemi qui cauſa beaucoup de dégâts, emporta tout ce qu'il pût & exigea de la ville une rançon de vingt cinq mille piaſtres gourdes. Après cette vengeance des incurſions des habitans de St-Yago ſur le territoire français, cette ville ſut tranquille juſqu'en 1689. Elle reprenait même de l'accroiſſement à cette époque, lorſqu'au mois de Juin, M. de Cuſſy ſe mit en marche du Cap pour aller l'attaquer avec mille fantaffins ou cavaliers. Le fix Juillet, il fe livra un combat opiniâtre à une demi-lieue de la ville où les français entrèrent en vainqueurs. Ayant ufé immodérément des provifions & fur-tout des boiffons qu'ils y trouvèrent, ils crurent être empoifonnés, & dans leur fureur ils mirent le feu à la ville à l'exception des lieux confacrés à la religion.

Il fallut recommencer en quelque forte à tout édifier, mais le fouvenir des attaques des français, ne ceffait pas d'animer les efpagnols de St-Yago contre eux, & fans la nouvelle de la paix de Rifwick que M. Ducaffe fit porter au gouverneur de ce lieu en 1698, cinq cens cinquante hommes envoyés par lui & qui pénétraient déjà dans la partie françaife y auraient commis de grand ravages.

Saint-Yago eft fitué fur la rive droite de l'Yaqui & affis fur une favane en forme d'éminence qui domine la rivière. Celle-ci qui commence à être fort encaiffée dans cette partie, eft encore commandée par une hauteur au Nord-quart-Nord-Eft, à portée de fufil & couverte de bois affez clairs. Une autre hauteur moins confidérable, qui fe trouve de l'autre côté de la rivière, à une demi-portée de canon au Sud, eft auffi plus élevée que la ville.

Celle-ci eft abfolument ouverte & n'a jamais eu d'enceinte. Il y a une affez grande place au centre; les rues font très-bien alignées & coupées à angles droits. Elle contient plus de fix cens maifons, ce qui annonce une forte augmentation depuis 1724, qu'elle n'en avoit que trois cens quatre-vingts, fuivant un mémoire de M. Buttet, imprimé à la fin du fecend volume de Charlevoix ; cette augmentation ne remonte même pas au-delà de vingt-cinq ans. Ces maifons font de bois, excepté environ cent cinquante, qui font de pierres, ou de briques fabriquées dans le voifinage. Il y a une briqueterie fur le bord de l'eau, à peu près dans le Sud & à un petit quart de lieue de la ville.

. Le territoire de Saint-Yago a pour borne à l'Eftcelui de la Véga, au Nord la chaîne de Monte-Chrift, à l'Oueft le territoire de Daxabon & celui de Monte-Chrift, & au Sud le prolongement de la première chaîne de montagnes. La ville même de Saint-Yago eft à environ cinquante-deux lieues deSan-Domingo, trente-quatre du fond de la baye de Samana ; vingt-deux de la ville du Cotuy, dix de celle de la Véga & environ vingt-huit de Dahabon.

L'air de la contrée de Saint-Yago paffepour l'un des plus purs de la colonie. Cette opinion eft fondée fur la rareté des maladies dans un lieu où l'on voit cependans une léproferie & fur la longévité de ceux qui y habitent. Cette caufe a furement eu une grande influence fur la population de cette partie, mais elle ne peut pas avoir été la feule, puifqu'en 1724, on n'y comptait guères que trois mille habitans ; que d'après un autre document je n'en trouve que huit mille pour l'époque de 1764 & qu'à préfent la population y excede 27 mille ames, quoique Valverde affure que Saint-Yago foit moins peuplé qu'avant 1780, lorfqu'on a été obligé d'établir la fuccurfale d'Amina

malgré que Saint-Yago comptât déja deux paroiſſes.
La faveur donnée à la culture du tabac eſt à coup ſûr,
une des raiſons majeures de cette grande différence.

Cette cité eſt regardée comme un établiſſement
d'une grande importance par les Colons. Elle a un
Alcade major, eſpèce de ſénéchal, nommé par le Roi
& dont la place eſt très-conſidérée parmi les Eſpagnols.

Le territoire de Saint-Yago eſt très-fertile en mines.
Dabord la Rivière-Verte charie des grains d'or mêlés
à ſon ſable, & ſuivant le rapport de M. Buttet, cité
par Charlevoix, il y avait ſur les bords de cette
rivière une mine d'or dont le principal rameau où
avait travaillé la perſonne de qui M. Buttet tenoit
ces détails, avait trois pouces de circonférence d'un
or très-pur, ſans mélange d'aucune autre matière.
Suivant le même rapport, ce fut parce que Don Fran-
ciſco de Lunœ, Alcade de la Véga, avait voulu
faire ſaiſir les mines qu'on travaillait le long de la Rivière-Verte & qu'on s'y était oppoſé, que le préſident
de San-Domingo reçut de la cour d'Eſpagne l'ordre
de faire fermer toutes les mines de la colonie, ce qui fut
exécuté. On recueillait auſſi autrefois beaucoup d'or
ſuperficiel dans les hauteurs de cette Rivière-Verte,
au lieu appelé *les Méſitas* & qui venait de mines
très - abondantes qui n'ont pas été reconnues. Dans
l'origine la ville de Saint-Yago était en majeure partie
peuplée d'orfèvres, ce qui ſuffirait pour montrer la
fertilité des mines.

L'Yaqui roule auſſi de l'or avec ſon ſable & ſelon

M. Buttet encore , on en trouva en 1708 un morceau de neuf onces. Prefque toutes les rivières qui fe
jettent dans l'Yaqui par l'une ou l'autre de fes rives ,
telle que le Macabon, charient de l'or qui vient de ces
montagnes fans que jufqu'à préfent celles-ci foient
bien connues. Quelques particuliers ont cependant
trouvé le moyen de s'y procurer de grands profits
mais d'une manière prefque furtive.

A douze lieues au Sud de Saint-Yago , au Ruiffeau-
de-l'Évêque & dans celui *des-Pierres* , il y a beaucoup de mines d'argent qui furent effayées à la fin
du fiècle dernier , par l'ordre de Don Roch Galindo,
Alcade Major de Saint-Yago. A l'Oueft dans les can-
tons appellés *Tanci*, l'abondance de pareilles mines les
faifaient confidérer comme un nouveau Potofi. Enfin
à Yafica, à douze lieues de Saint-Yago au bord de
la rivière, il y a ,dit-on, un côteau d'argent.

On trouve auffi du mercure au haut de la rivière
d'Yaqui & du cuivre dans le territoire de St-Yago.

Puifque nous en citons les chofes remarquables ,
difons que Valverde rapporte avoir trouvé , il y a
quelques années , dans la hatte de *Vrabo* , qui tire fon
nom d'un ruiffeau voifin & qui eft dans le défert de
St-Yago , une écale de cruftacée fur laquelle eft
une croix très-parfaitement marquée , de couleur de
vermillon , placée fur un pied d'eftal avec deux efpèces de cierges ; formes qui font proportionnées à
l'accroiffement de l'écale. Valverde ajoute qu'il en
poffède une , fur laquelle la croix a trois pouces , non
compris le pied d'eftal. On trouve encore dans le

territoire de St-Yago, comme dans celui de Monte-Chrift, & en abondance, un arbre qui porte une graine ou coque dont on tire une très-belle teinture noire & qui a confervé le nom de *guatapana* que lui donnaient les Indiens.

En fortant de St-Yago pour aller vers l'Oueft, on paffe fur le beau plateau, au fommet duquel cette ville eft conftruite ; puis on fait un demi-quart de lieue dans le bois, pour traverfer enfuite l'ifthme d'une petite péninfule que forme le contour de la rivière & où font quelques habitations ; cet ifthme peut avoir environ cinq cens toifes, & à fon extrémité, l'on trouve la rivière d'Yaqui à une lieue de St-Yago dont le chemin eft venu, en gagnant fur la gauche.

On traverfe la rivière d'Yaqui dans cet endroit où elle a environ cinquante toifes de large & quatre ou cinq pieds d'eau à fon milieu. Elle eft affez rapide & difficile à paffer. Comme cette rivière fe trouve dans un encaiffement très-enfoncé, on monte avec peine fon autre bord qui eft très-élevé ; de cet inftant, le chemin que je vais parcourir, ne quitte plus la rive gauche de l'Yaqui, & les terres fituées du même côté, s'appellent Continent-de-Lifon. On y cultive un peu de bled dont la farine fert même à toutes les églifes de la colonie efpagnole pour faire le pain fans levain.

On rencontre auffitôt après l'Yaqui, une jolie favane, bornée au Nord & à l'Eft par cette rivière & ayant un quart de lieue en largeur de l'Eft à l'Oueft fur un peu plus de longueur, & où l'on trouve une

hatte affez confidérable. Au bout de cette favane ,
on rentre dans le bois , où l'on fait trois fortes lieues
pour gagner la Savane-fans-Profit (Sin-Provecho)
de deux lieues d'Orient en Occident, & de près d'une
lieue de large. Elle eft bordée de bois, ou pour s'exprimer plus correctement , elle eft un des intervalles
naturels qui fe trouvent dans la forêt qui couvre
toute cette partie : intervalles auxquels il faut ajouter
ceux produits par les défrichés. Sin-Provecho paffé ,
on eft dans le bois où l'on marche près d'une lieue allant
à l'Oueft ; puis faifant un petit coude au Nord , on
trouve la rivière de Hamina qui a donné fon nom à
la fuccurfale , fondée il a vingt ans. Dans fon voifinage eft la hatte de la Bocca-d'Hamina. Cette rivière à environ vingt pieds d'encaiffement & trois
ou quatre pieds d'eau ; fa chûte eft douce & elle n'a
que fept ou huit toifes de largeur dans l'endroit où
on la paffe. Après la rivière , le chemin monte dans la
Savane - d'Hamina où les chevaux trouvent une
abondante patûre ; ce fut un des lieux où M. de Cuffy
campa en venant attaquer St-Yago. Cette favane
mène à un bois qui a environ fept-quarts de lieues &
à peu près vers fon milieu ferpente la Rivière-de-
Maho qui a toujours de l'eau. Deux petits ravins la
fuivent à l'extrémité de ce bois de haute futaye qui
eft affez fourré , & terminé par une fort grande favane
de deux lieues d'étendue Eft & Oueft , bordée elle-
même par la Rivière-de-Gourabo que précède un
fentier , qui , fur la gauche , mène à une hatte dans le
Sud-Eft.

La Rivière-de Gourabo paffée , on eft dans la favane appellée du Pilote que fuit la Savane-Rompino. A trois grands quarts de lieues de Gourabo , le chemin paffe entre deux petites éminences affez voifines l'une de l'autre , mais celle de la droite eft un peu plus élevée & plus efcarpée. Une bonne demi-lieue plus loin eft la Rivière-des-Rofeaux (canna), qui eft à une lieue & demie du Gourabo ; ces deux rivières n'on pas d'eau.

Un quart de lieue après avoir quitté la Rivière-des-Rofeaux & dans la Savane-de-l'Hôpital, on voit fur la droite , la hatte de ce dernier nom. C'eft la même chofe dans la Savane-de-Renchadère qui vient après , & à la droite de laquelle eft auffi une Hatte-Renchadère ; enfuite un quart de lieue fait dans le bois , mène à la Rivière-de-Guyabin qui eft à une petite lieue de la Hatte-Renchadère. Cette Rivière-de-Guayabin qui eft la même que le Rebouc , eft celle qui fut long-tems la limite reconnue entre les français & les efpagnols , comme on le voit par l'abregé hiftorique qui eft en tête de ce volume. Elle reçoit la Rivière-des-Rofeaux & fucceffivement celles de Maguaca & de Chaquei , & va , groffie de leurs eaux , fe jetter elle-même dans l'Yaqui.

Le mot de *Rebouc* , eft une corruption françaife du mot efpagnol *Revuelto* , qui fe prononce *Rebouelto* , & qui fignifie révolté. Comme les efpagnols regardaient l'établiffement des français à St-Domingue , comme une ufurpation & leur défence naturelle , comme une révolte , ils avaient donné le nom de

lieu

lieu des révoltés, au point des limites que ceux-ci avaient adoptées & dont des ordonnances des Adminiſtrateurs français du 24 Février 1711 & du trois Décembre 1715, parlent comme de la frontière des deux nations (*).

De la Rivière-du-Rebouc, on rentre dans le bois & l'on y chemine un quart de lieue. A ce terme l'on eſt parvenu à la ſpacieuſe ſavane du Canot, un peu avant laquelle, un petit ſentier, placé à la gauche du chemin, conduit à la Hatte-de-la-Antone, ſituée à un quart de lieue de diſtance. L'on traverſe la ſavane du canot (de la Canoa) qui a une lieue & demie de large, mais dont l'œil n'apperçoit pas les limites du Nord au Sud.

Aux deux tiers de la ſavane, le chemin paſſe entre deux mamelons tout près l'un de l'autre. De ce point de la belle & grande plaine où coule l'Yaqui, l'on découvre la Grange au Nord-Oueſt-quart-de-Nord & la longue chaîne des montagnes de Monte-Chriſt qui échappe à la vue, en ſe prolongeant vers la preſqu'iſle de Samana ; l'œil eſt étonné de ce vaſte ſpectacle qui inſpire encore de nouvelles réflexions & cauſe de nouveaux ſujets d'étonnement au voyageur, pourvu qu'il ne ſoit pas eſpagnol. Un peu après les mamelons, on rencontre la croiſée d'un beau chemin qui conduit à Monte-Chriſt, diſtant d'environ treize lieues.

____

(*) Voyez Loix de St-Domingue, Tom. I, pag. 624, & Tom. II, pag. 262 & 476.

Tom. I.   H h

De la Savane-du-Canot où l'on apperçoit des broussailles, le chemin va le long d'un bois qui est sur la gauche, pendant un grand quart de lieue jusqu'à un ravin. Après celui-ci, est une savane fort peu étendue de l'Est à l'Ouest, que termine un autre petit ravin ; on retrouve du bois, puis l'on gagne la petite savane Scalente qui en est environnée & au milieu de laquelle est une hatte qui porte son nom. Il faut de nouveau reprendre un bois pour, après y avoir fait environ deux cens toises, parvenir à la Rivière-Maguaca qui ne tarit jamais.

Maguaca passé, c'est un bois qui s'offre, puis une petite savane ; après celle-ci, vient la Savane-de-Talenquera. Cette dernière est un peu montueuse & l'on y passe deux petits ravins qui séparent des monticules doux que le chemin gravit. Le bois reparait après cette savane, & l'on gagne la Rivière-de-Chaquei qui n'afsèche point & qui n'est qu'à environ seize ou dix sept cens toises de la Rivière-de-Maguaca.

Au Chaquei succède le bois qui n'a guere qu'un demi-quart de lieue, jusqu'à la Savane-Longue, où est une petite église & des hattes sur la droite & sur la gauche. Elle est presque en pointe à son commencement, mais elle s'élargit dans le sens du Nord. A l'extrémité de la savane, est une très-belle hatte vers le Sud à environ une lieue du chemin. La Rivière-du-Macabon où il n'y a point d'eau dans les tems ordinaires, sépare la Savane-Longue de celle d'Acouba qui a trois lieues du Nord au Sud. Après cette dernière, on traverse la hatte de Don Louis de Tende, placée fur la rive droite de la rivière d'Acouba qui la termine. Cette rivière a toujours de l'eau & n'eft qu'à une lieue de celle de Macabon. Après elle vient la Savane-de-St-Jacques, qui au bout d'une demie lieue, conduit au paffage de la Rivière-de-la-Gohave où l'on ne trouve de l'eau que dans le tems des pluyes, & d'où l'on entre dans la Savane où eft la bourgade de Daxabon, vers laquelle le chemin conduit lorfqu'on a fait environ mille toifes après la Gohave.

D A X A B O N.

Daxabon, Dajabon, Dahabon, dont les français ont même fait Laxabon, eft un établiffement formé depuis moins de quarante ans, & placé à quatre cens toifes de la rive droite de la rivière du Maffacre, que d'autres nomment Rivière-Daxabon, & dont le nom indien eft *Guatapana*. Elle eft la limite commune des Français & des Efpagnols dans ce point, depuis le traité de 1776. Cette rivière va fe jeter dans la baye de Mancenille, comme on l'a vu ailleurs. Daxabon qui eft au Sud du chemin, s'eft fort accru, mais c'eft aux dépens de la colonie, parce que ce font de petits habitans qui abandonnent leurs hattes, pour venir s'y établir, & profiter des légers avantages qu'on offre à ceux qui fe déterminent à ce parti. Daxabon eft à plus de quatre-vingt lieues de San-Domingo, environ vingt-huit de Saint-Yago, dix de Monte-Chrift, une demie d'Ouanaminthe, fix lieues du Fort-Dauphin, dix-huit du Cap-Français & environ dix-huit auffi de Hinche. Daxabon faifait autrefois partie du territoire de Saint-Yago , dont il a été détaché pour former une parroiffe , où l'on compte au moins quatre mille perfonnes.

C'eft à fa pofition, comme frontière de la partie françaife , que Daxabon doit toute fon importance, que je ferai mieux fentir tout à l'heure. Ce lieu eft la réfidence ordinaire du commandant en chef de toutes les parties de Port-de-Plate , Monte-Chrift , Daxabon & Saint-Yago, & ceux qui ont le commandement particulier de ces divers lieux font fous fes ordres. Il y a là de la cavalerie garde-côte. Daxabon peut contenir une centaine de maifons de peu de valeur. Le fol n'eft pas très-bon , autour de cette bourgade.

Maintenant portons nos regards sur l'enfemble de tout ce qui les a frappés , dans ce que l'on nommait originairement la Véga-Réal ; c'eft-à-dire , dans ce qui eft compris depuis le fond de la baye de Samana jufqu'à Daxabon, entre la chaîne de Monte-Chrift & celle du Cibao.

Cette immenfe furface plane , la plus confidérable de toutes celles de la colonie , fans exception , offre quatre établiffemens , favoir : le Cotuy ; la Véga ; Saint-Yago & Daxabon. Sa longueur eft parcourue en entier pour ainfi dire , par trois grandes rivières, l'Yuna , le Camou & le Grand-Yaqui , auxquelles toutes les rivières qui defcendent de la partie des montagnes de Cibao qui regarde le Nord , & de la partie de la chaîne des montagnes de Monte-Chrift, qui fait face au Sud , viennent apporter leur tribut.

Mais la nature, comme pour accorder encore de plus grands avantages à cette magnifique plaine, en a divifé la pente en deux portions, qui partent à-peu-près de fon milieu. C'eft ainfi que le Camou vient fe jetter dans l'Yuna, après avoir reçu la Hima, & la Caya, groffies des eaux de la Voma & de la Guamita, & que la longueur de leurs cours réunis forme les deux-cinquièmes de celle de la plaine, en allant de l'occident vers l'orient ; tandis que l'Yaqui parcoure les trois autres cinquièmes, en allant de l'Eft vers le Nord-Oueft-quart-d'Oueft, c'eft-à-dire, dans le fens prefque oppofé. J'ai répété plufieurs fois, que l'Yuna était déjà rendu navigable pendant plus de douze lieues, & l'on prétend même qu'un canot ou pirogue, eft entré par cette rivière dans le Camou & l'a remonté jufqu'auprès de la Véga. Il ferait poffible de rendre auffi l'Yaqui navigable, pendant plus du double de cette efpace. De manière que la Véga-Réal, arrofée déjà par un grand nombre de rivières, qui elles-mêmes feraient fufceptibles d'être rendues propres à porter des bateaux plats, & dont l'art de l'Hydraulicien faurait encore profiter, pour une foule d'ufages, en diftribuant leurs eaux fur différens points ; eft tout-à-la-fois, la plaine la plus grande, la plus fertile, & celle où les débouchés & les tranf-ports de tous les genres, feraient les plus faciles, fi la main de l'induftrie, pouvait s'emparer des moyens que la nature y a mis par-tout avec profufion.

Mais à quoi fert maintenant cette célèbre Véga-Réal? La defcription que je viens de donner du che-

min qui l'a parcoure , suffirait seule , pour prouver
que la majeure partie de son étendue , est en bois, en
pâturages & par conséquent que des espaces considérables & très- multipliés , y sont abandonnés à la stérilité. Le reste n'est employé qu'à élever des animaux déstinés à substanter les Français, & à approvi-
sionner leurs manufactures de mulets & de bœufs,
soit pour mouvoir les machines , soit pour les transf-
ports ; quant à l'éducation des moutons, elle est presque nulle dans la partie espagnole ; & d'ailleurs ce ne
serait pas dans une plaine très- arrosée comme celle-
ci, qu'elle promettrait un grand succès. Les Espagnols
occupés du soin des animaux, sont les plus nombreux
& il en est même beaucoup , qui n'en ont que quelques-uns pour propriété unique , & qui enseveliffent
toute l'année leur misère au milieu des forêts , à
moins qu'elle ne les force à en sortir pour aller vendre quelques bestiaux , & pour convertir en objets
propres à satisfaire les plus impérieux besoins , le ché-
tif produit qu'ils ont retiré d'une aussi faible ressource.

Le reste de la population , s'occupe en partie de
la culture du tabac. J'ai déjà assez parlé de cette
plante dont un gout bien répandu , a fait déformais
une chose nécessaire , & qui , s'il en fallait croire ce
que ses amateurs passionnés en publient, devrait être
considérée comme un remède applicable à bien des
maux & même à deux grandes maladies de l'amè,
le chagrin & l'ennui. D'autres colons donnent leurs
soins aux cacaoyers , que les Espagnols eux-mêmes
reprochent tant à leurs compatriotes de trop négliger

En effet, ces deux denrées pourraient être encore plus utiles aux habitans de l'ancienne Véga-Réal; mais il faudrait, par exemple, que le gouvernement ne fût que concurrent dans l'acquisition du tabac; qu'il s'engageât à en prendre jusqu'à une certaine quantité à un prix propre, & à lui faire obtenir la préférence & à exciter le cultivateur dans les tems ordinaires. Il faudrait qu'il ouvrît, par la suppression de toutes les compagnies monopoleuses qui ne font que des fangfues à privilèges exclufifs, un commerce qui, à fon tour, répandrait des encouragemens dont le produit augmenterait la richeffe nationale, & par conféquent les revenus publics. Il faudrait en un mot, que l'Efpagne qui paraît avoir appris que la converfion des denrées en or, eft plus utile aux nations & aux individus, que celle de l'or en denrées, ne défendit pas réellement par des prohibitions fans nombre, ce quelle femble avoir l'intention de permettre.

Quant au cacaoyer, la plaine dont nous parlons paraît lui être plus fpécialement deftinée que les autres lieux de la colonie efpagnole, puifqu'elle eft préfervée des ouragans, fléau dont les cacaoyers ont tant fouffert dans la partie du Sud. Le cacao de St-Domingue feroit encore plus lucratif pour fon propriétaire que celui de Caraque, parce que, fur-tout dans la Véga, l'humidité du fol, la fraîcheur entretenue par les bois, difpenfe les cacaoyères de l'arrofage dont le fecours eft néceffaire à Caraque. Cette économie de travaux eft un bénéfice réel dans un pays où la culture employe des esclaves, & lorsqu'une fois une cacaoyère est plantée & en valeur, son entretien n'exige plus la moitié des nègres qu'il fallait d'abord, particulièrement lorsqu'on a la ressource des transports par eau. D'ailleurs avant que les cacaoyers ne rapportent, on peut cultiver du tabac sur le terrain, & lorsqu'il est, comme dans cette terre promise, & très-productif & d'une excellente qualité, il indemnise encore le cultivateur de son attente. Quelle que fut l'extension de la culture de ces deux objets, il resterait encore de vastes champs à celles d'un autre nature si l'on voulait les tenter, même s'il était jamais question d'établir des sucreries réelles au lieu de ces *petites boutiques à syrop* qui déshonorent un aussi beau sol.

On a vu ailleurs que les habitans du Cotuy semblent s'être plus spécialement consacrés à la multiplication des cochons ; elle assure leur subsistance & fait l'objet d'une exportation dont les Français profitent encore plus que la ville de Santo-Domingo où l'on en envoye beaucoup aussi. Comme le sain-doux est employé dans la plûpart des cuisines des colons français, cette spéculation est vraiment utile à ceux des Espagnols à qui la paresse ne commande par le repos plus que tout.

Pour ne rien omettre de ce qui concerne la Véga, je dois dire qu'il y a encore deux autres manières de considérer son étendue. La première consiste à la subdiviser en trois portions : l'une qui s'étend depuis le fond de la baye de Samana jusqu'à l'extrémité du territoire de la Véga dans l'Ouest, & qui comprend

conséquemment

conféquemment la partie plane du Cotuy , fe nomme plaine de la Véga : une feconde qui s'étend de l'Eft à l'Oueft dans le territoire de St-Yago , eft la plaine de St-Yago, & la troifième qui contient la furface unie du territoire de Dahabon, eft la plaine de Dahabon. Dans cette longueur d'environ foixante-deux lieues, la première portion eft la plus large , la feconde la moins unie & la moins large , & la troifième tient en quelque forte le milieu entre les deux autres.

Dans la feconde manière , on appelle *Plaine-de-la Véga* , la partie qui vient depuis le fond de la baye de Samana jufqu'au Camou , & *Défert de St-Yago* celle qui s'étend depuis le Camou jufqu'au Maffacre , & qui a environ trente lieues La connaiffance de ces différentes dénominations levera toutes les équivoques & doit fervir à faire entendre d'autres ouvrages fur St-Domingue où il règne de la confufion, précifement parce que ces dénominations n'y ont pas été expliquées , peut-être même parce que leurs auteurs n'ont pas fû quelle en était la véritable valeur.

Dans la route de quatre-vingt lieues, depuis San-Domingo jufqu'à la Rivière-du-Maffacre, que j'ai fait parcourir au lecteur , on paffe trente-cinq rivières & vingt-neuf ravines ou ravins ; dont la plus grande partie dépend de la plaine de la Véga-Réal. Les plus confidérables d'entre ces rivières , font L'Yuna, la Hyma , la Rivière-Verte , le Camou ; L'Yaqui & Hamina qui naiffent toutes au Cibao. L'Yuna prend fa fource , tout-à-fait au fommet du Cibao , & fe dirige d'abord au Nord-Eft, jufqu'à fon confluent avec

le Camou, d'où elle tourne à l'Est, & arrivée au-dessous du Cotuy, elle va à peu près au Sud-Est jusqu'à
son embouchure. La rivière d'Yuna est la plus large,
mais l'Yaqui est la plus étendue ; cette dernière reçoit
la Rivière-Verte, grossie des eaux du Guaco, & de
la rivière de la Bataille ; puis successivement les rivières d'Hamina, Maho, Gourabo, des Roseaux,
Guyabin ou Rebouc, Maguaca, Chaquei, Macabon
& Acouba qui viennent aussi des montagnes du Cibao, excepté la Rivière-Verte.

De toutes les rivières de la Véga-Réal, il n'y a
que celles de la Bataille, de Gourabo, des Roseaux
& de Macabon, qui ne conservent point d'eau dans
les tems secs, & l'on peut y ajouter la Gohave, qui
a son embouchure dans la rivière du Massacre ; les
eaux de toute cette plaine sont excellentes ; toutes ces
rivières sont plus ou moins encaissées, depuis quatre
jusqu'à dix & même douze pieds ; l'Hamina l'est de
plus vingt-cinq pieds, du moins au point où le chemin la coupe. L'Yaqui a des écores de plus de quarante pieds d'élévation ; il est assez escarpé, au-dessus & au-dessous de Saint-Yago, mais vis-à-vis cette
ville, les pentes sont plus douces. Lorsque les pluyes
remplissent le lit de cette rivière, on ne peut la passer qu'à la nage, ou en canot ou en cuir. Quiconque
verrait l'Yaqui devant Monte-Christ, ne pourrait
pas croire qu'il soit capable, de recevoir un aussi
grand volume d'eau, puisqu'il n'y a guères que dix
toises de large, mais à la vérité, avec un grand
encaissement. On pourrait remonter cette rivière,

plus de quinze lieues en canot, fans les embarras produits par les arbres qui s'y arrêtent, & qui, indépendamment de l'interruption du paffage, caufent un refoulement des eaux fur les deux rives. Enfin toutes les rivières de la Véga font ou dans un bois ou bordées de bois.

Autrefois la Véga & St-Yago avaient leur débouché par Port-de-Plate, & depuis, Monte-Chrift leur a offert un fecond moyen. La communication avec Port-de-Plate n'eft pas extrêmement belle, tandis que celle qui exifte actuellement avec Monte-Chrift eft commode. La navigation par l'Yuna eft une reffource très-précieufe pour la Véga & l'établiffement de Daxabon en eft une de plus.

Daxabon eft pour les efpagnols un point d'obfervation relativement aux français, & quand on connait bien le caractère des premiers, on conçoit aifément qu'ils ont dû défirer cette efpèce de fentinelle avancée à la porte d'un voifin riche & dont ils ont tout le tems d'épier les mouvemens. Il faut cependant avouer qu'ils ont dû confidérer auffi, qu'au moyen de la baye de Monte-Chrift & de celle de Mancenille, il y a deux points (qui font même à bien dire les feuls) par lefquels l'ennemi pourrait tenter quelque chofe fur la partie Nord de la colonie efpagnole, & que dans le cas d'une rupture avec la France, le pofte de Monte-Chrift pourrait avoir une utilité réelle. Mais dans toutes les hypothêfes, le vrai pofte militaire eft à St-Yago. Daxabon eft néanmoins un pofte avancé ; il eft d'ailleurs très-propre à furveiller

la contrebande que le gouvernement espagnol craint
d'autant plus. qu'il ne fait rien pour en diminuer
l'utilité ; & dans les cas où ses agens à St-Domingue
trouvent utiles, par des considérations de plus d'un
genre, d'augmenter encore les difficultés. de l'extraction des animaux pour la partie française, Daxabon est placé de manière à bien seconder leurs vues.

Au point où je suis arrivé , il ne me reste plus à
décrire , en quelque sorte , que la partie Ouest de la
colonie espagnole , celle qui a dans toute sa longueur
la partie française pour frontière limitrophe.

Daxabon peut être considéré comme le premier point
de cette partie Ouest , en commençant par le côté
Nord. Il a pour limites à l'Est , le territoire de St-
Yago ; au Nord , l'extrémité du cours du grand
Yaqui & la baye de Mancenille ; à l'Ouest , la rivière
& l'islet du Massacre, bordés par une partie du canton
de Maribarou , dépendante de la paroisse du Fort-
Dauphin , ensuite le Ruisseau - de - Capotille,
depuis son embouchure dans le Massacre jusqu'à sa
source , & conséquemment la paroisse française
d'Ouanaminthe qui borde ce ruisseau à l'Ouest ; enfin
au Sud , les montagnes de la première chaîne sur
lesquelles passe la ligne des limites. Daxabon comprend donc aujourd'hui , notamment le Trou-de-Jean
de-Nantes & Capotille , dont je parle souvent dans
l'abregé mis au commencement de ce volume &
qui faisaient partie de la colonie française.

La ligne des limites entre les deux nations suit
la première chaîne du Cibao en courant , à partir du

bout Sud-Ouest du territoire de Daxabon, environ treize lieues à l'Ouest dans la partie française , & dans une direction affez droite. De ce point qui correfpond au bourg français du Dondon , cette ligne prend la direction du Sud-Ouest en gagnant encore fur le territoire de la colonie françaife environ fept autres lieues. De manière que le point le plus occidental de la partie efpagnole , fe trouve plus à l'Ouest que la baye de l'Acul , d'où l'on peut cependant compter environ vingt lieues jufqu'à l'embouchure du Maffacre, qui eft la limite de deux nations fur la côte Nord ; & qu'entre ce même point & la baye du Grand-Pierre auquel il correfpond, la partie française n'a guère plus de huit ou neuf lieues de profondeur. C'eft fur le côté Sud de la première chaîne que fe trouve conféquemment ce qui me refte à faire connaître jufqu'à la limite de la plaine de Neybe & de celle de St-Jean , puifque je fuis venu jufqu'à ce terme , en faifant la defcription du bout Sud-Oueft de la colonie efpagnole , & lorfque j'ai parlé du territoire de Neybe & de celui d'Azua.

En jettant les yeux fur la carte , on voit que tout ce que j'ai à indiquer eft compris dans un triangle curviligne dont le côté Nord , eft la première chaîne de montagnes ; le côté Ouest , la ligne de féparation de deux colonies , & le côté Sud , la troifième chaîne de montagnes ; de manière que le fommet du triangle eft au groupe du Cibao.

La partie occidentale & inférieure de cet efpace, eft compofée de plaines , dans lefquelles de nouvelles

chaînes du Cibao & de nouveaux contreforts viennent,
dans tous les sens, parcourir des longueurs plus ou
moins confidérables, & former, comme dans le refte
de la colonie, des intervalles plus ou moins grands,
avec des pentes plus ou moins adoucies ; intervalles
qui n'offrent quelquefois que de fimples vallées, où
font les lits des rivières qui arrofent cette portion de
l'île. Parcourons fucceffivement cette furface, &
voyons quels font les établiffemens qui s'y trouvent
placés.

─────

S a i n t - R a p h a e l.

Immédiatement après être arrivé fur la première
chaîne & au Sud de la limite, fe trouve le canton
de St-Raphaël qui a le furnom d'étroit (Angoftura).
Ce lieu, a pris cette épithète de fa fituation, parce que
St-Raphaël eft une gorge qui fait communiquer la
partie efpagnole avec la partie françaife. Il eft même
utile de remarquer à cette occafion que l'on a donné
le nom de Montagne-de-la-Porte à la partie de la
première chaîne qui approche de la partie françaife,
& que les français ont appellé long tems *la Porte*,
le canton de St-Raphaël, dénomination évidemment
produite par la pofition de la gorge, confidérée
comme un paffage ou une porte. Le mot *d'Angoftura*
eft maintenant doublement applicable à ce canton,
puifqu'au moyen du tracé des limites, il forme une
efpèce de langue de terre qui, comme je viens de le

dire, pénètre plus que toutes les autres poſſeſſions eſpagnoles, dans le territoire français. Cette configuration du canton de St-Raphaël, lui donne pour limite au Nord après Daxabon, la pente des montagnes des paroiſſes françaiſes d'Ouanaminthe, de Vallière, de la Grande-Rivière, du Dondon & de la Marmelade & partie de la paroiſſe françaiſe des Gonaïves.

Saint-Raphaël eſt très-arroſé par différentes rivières & un très-grand nombre de ravins qui coulent, depuis le Dondon juſqu'à la rivière d'Ibara, entre les divers contreforts que la première chaîne a dans ſa partie Sud & qui ſéparent les rivières de Bouyaha ou Bayhala, de Gohave, du Bohorque, de Couladera, de Lag, & de Samana. Plus loin, dans le Sud, eſt une dixième chaîne de montagnes dont les contreforts ſéparent la rivière de Banique de celle d'Ibara.

Cette dixième chaîne ne naît point au groupe du Cibao, mais elle appartient immédiatement à la première chaîne, & elle verſe, comme les contreforts de celle-ci, toutes ſes eaux dans les différens bras de l'Artibonite. La vallée de Saint-Raphaël eſt donc aſſez reſſerrée, & elle eſt couverte de bois juſqu'aux limites du Dondon. Cependant ſi l'on conſidère St-Raphaël, comme on le faiſait autrefois, c'eſt-à-dire, comme une portion de la plaine immenſe de Gohave, ce que nous diſons de ſon reſſerrement n'eſt plus applicable. Le terrain de ce canton eſt bon en général, & les ſavanes y ſont belles, & bien fournies d'herbes.

Il y a environ trente ans, que sous la présidence de Don Manuel d'Azelor, on a formé un bourg à Saint-Raphaël ; il est placé sur la rive droite de la rivière de Bouyaha, dans la vallée de Saint-Raphaël ou de la Porte, à environ un quart de lieue de la gorge qui est étroite & dont les pentes sont rapides, ce qui la rend facile à défendre & à fermer, étant maître des hauteurs de la droite & de la gauche. Le bourg de Saint Raphaël est peu considérable, & la paroisse qu'il forme est une annexe & une dépendance de celle de Hinche.

L'air de Saint-Raphaël & de ses environs est très-salubre & frais ; mais le bourg qui se trouve dans la gorge, éprouve une grande chaleur. Il est le séjour d'une petite garnison qu'on doit plutôt considérer comme une garde des frontières, & comme une difficulté opposée à la contrebande avec la partie française.

Une chose remarquable, c'est que la savane de Gohave, qui est, à peu près, au niveau de celle qui la suivent jusqu'au Petit-Yaqui, se trouve aussi de niveau avec le bourg du Dondon. Or l'elévation du sol de celui-ci, peut être évaluée à cinq cens toises au-dessus de la mer. Il doit donc y avoir une différence notable, entre la température de la plaine du Cap & celle des plaines espagnoles dont nous parlons, aussi est-elle très-sensible pour ceux qui voyagent de l'une dans les autres.

A deux lieues & demie, dans le Sud-Ouest du bourg de Saint-Raphaël, est celui de l'Atalaye, (de la sentinelle ou de la découverte), bourg le plus

Ouest

Oueft de toute la colonie efpagnole , commencé aufli il y a environ trente ans. Il forme fous l'invocation de St.-Michel, une paroiffe qui eft encore une annexe de Hinche. L'Atalaye a pour fondateur Don Jofeph Gufman , en faveur duquel on-en a fait une baron-nie. Sans m'arrêter à confidérer tout ce que cette manière de récompenfer les vertus a de bifarre., au moins dans la partie efpagnole de Saint-Domingue , je trouve du plaifir à dire avec tous les colons fran-çais , que celles de Don Jofeph Gufman , parmi lef-quelles on diftingue fa bienfaifance & fa généreufe hofpitalité , font faites pour obtenir l'hommage de tous les hommes de bien , & une place dans le fouve-nir de tous les êtres reconnoiffans.

Le chemin , depuis Saint-Raphaël jufqu'à la fron-tière , eft mauvais. Il fut queftion de le rendre propre aux tranfports de tous les genres en 1762 , lorfqu'on craignait, dans les deux colonies de Saint-Domingue, l'ennemi commun des deux nations ; mais les tra-vaux furent abandonnés à la nouvelle de la paix de 1763. On y trouve à trois-quarts de lieue fur la droite un corps-de-garde , près duquel font des hattes des deux côtés de la route. Du corps-de-garde on paffe un ravin fort roide mais fans eau ; d'où l'on va gagner la rivière de la Bouyaha , pour arriver à un autre corps-de-garde placé à trois-quarts de lieue du premier , & au point de la limite avec le Dondon. Mais revenons à Saint-Raphaël, pour aller vers ce qui nous refte à examiner.

Après ce bourg on paffe la Bouyaha , & arrivé au

ravin appellé Ruiffeau-du - Rofeau-Sec (Rio - de-
Cagna-Seca), un peu avant fon embouchure dans la
rivière de Bouyaha, on fort de la Porte formée par
la montagne de Jean-Rodrigue qui fe prolonge au
Sud-Oueft, & par celle du Cabrit qui vient du Nord-
Oueft; c'eft entr'elles deux qu'eft la vallée où coule
la rivière de la Bouyaha ou de la Porte. Du ravin
l'on voit à droite, les hattes de la Caboye qui font
à environ une demi-lieue du chemin , & de celui-ci
part un fentier qui fe bifurque un peu plus loin &
dont la branche droite va aux hattes de la Caboye ,
tandis que celle de la gauche va au *Pignon* , canton
dont je parlerai tout à l'heure.

Après ce ravin , l'on entre dans la plaine de Gohave. A une forte demi-lieue plus loin , on paffe le
ravin de l'Eau-Morte ou ftagnante (Mata-Agua) ,
& à pareille diftance , on arrive à la hatte de Bonna-
Vifte à la gauche du chemin. A une demi-lieue au-
delà , eft un chemin fur la droite , qui conduit aux
hattes de la plaine de Gohave. A environ deux lieues
& demie de la hatte de Bonna-Vifte , on gagne le bas
de la pente du Cerre-des-Pins (Pignon), à la droite
duquel , on paffe le Cerre ou Côteau - du - Pignon
qu'on a dans l'Oueft-Sud-Oueft. Ce côteau ifolé
laiffe entre lui & les montagnes de la gauche , un efpace d'environ un-quart de lieue de large où paffe le
chemin , coupé en cet endroit par un autre chemin
qui va à Daxabon. Un peu après cette croifée eft
celle d'un fentier qui , par la gauche , mène à la hatte
St-Jofeph dans la favane du Cayman. En avançant

encore un peu, est une troisième croisée, c'est celle d'un chemin qui, tournant le Cerre-des-Pins par la droite, conduit par des hattes jusqu'au Cap-Français: tout ce canton se nomme *les Pins*. Après cela, & à un tiers de lieue, l'on passe la rivière de Gohave, fort encaissée & bordée de bois, & à une petite distance de laquelle, est la Hatte-du-Cayman sur la droite du chemin.

Cinq-quarts de lieue après la Gohave vient la rivière de la Bohorque. L'intervalle entre ces deux rivières est appellée la Savane-du-Pidal, traversée par trois ravins qu'il faut passer & dont le troisième se nomme Jayna-Cayman. C'est sur le bord gauche de la Bohorque & du chemin, que font les hattes du même nom : là finit la plaine de Gohave.

En faisant cinq-quarts de lieue après le passage de la Bohorque & traversant deux rivières, on arrive à la rivière du Petit-Passage (Coladera). Un quart de lieue après celle-ci & sur la droite, est un chemin qui conduit à Hinche. De la Couladère à la Lag, on trouve deux ravins & l'on compte environ une lieue & demie. De la Lag, il y a ensuite une petite lieue & deux ravins jusqu'à la rivière de Samana. Cette dernière franchie, on trouve un ravin avant d'arriver à la première des hattes du Papayer, qui est à une petite demi-lieue. Cinq cens toises après ces hattes, on laisse à droite un autre chemin qui va à Hinche, dont il est tems que nous parlions.

K k 2

H I N C H E.

Hinche qui a été connu, dans l'origine, sous le nom de Gohave ou de Nouveau-Gohave, nom donné aussi au canton, comme on la vu, est un des établissemens espagnols les plus anciens, car il était déjà assez considérable en 1504, c'est-à-dire, douze ans après la découverte. Il fut réduit à un état excessivement médiocre au commencement du siècle actuel, comme tout le reste de la colonie espagnole.

Le vingt Octobre 1691, M. Ducasse ordonna à M. de la Boulaye, lieutenant de roi au Port-de-Paix, de se rendre au Cap, d'y rassembler les habitans & d'aller brûler St-Yago où Gohave, parce que les ennemis menaçaient Léogane & le Petit-Goave. M. de la Boulaye, parvint par le Joli-Trou jusqu'au haut de la gorge de la Porte à St-Raphaël, mais sa troupe refusa de faire cette expédition dont elle craignit que les suites n'attirassent de nouvelles vengeances sur la colonie française, dévastée par les espagnols au mois de Janvier précédent.

La ville de Hinche qui est considérable & où l'on voit une jolie église, bâtie vers le milieu de ce siècle, est à environ douze lieues, dans le Sud-Sud-Est, à peu près, de St-Raphaël, au confluent de la Rivière-de-Guyamuco & de celle de Samana, & sur la rive gauche du Guayamuco. En 1724, elle contenait cent-vingt maisons. A cette époque le district de Hinche était le plus étendu de la colonie espagnole, mais depuis, on a divisé ce ressort, du moins quant aux paroiffes & aux objets de police locale, d'abord par l'établiffement de St-Raphaël, lors duquel on comptait cinq cens maifons dans la ville de Hinche, & dans fa dépendance quatre mille cinq cens individus dont cinq cens hommes étaient en état de porter les armes.

La population s'étant fort accrue, on a formé depuis, le bourg de St-Michel-de-l'Atalaye, indépendemment d'une fuccurfale ou oratoire qui eft dans l'autre partie de Hinche, avec le titre d'Oratoire-de-la-Roche ; & quoique la colonie fe foit diminuée depuis vingt ans, on compte encore dans le territoire de Hinche, en réuniffant à fa paroiffe celles de St-Raphaël & de l'Atalaye, & l'Oratoire-de-la-Roche qui n'en font, à proprement parler, que des annexes, plus de douze mille ames.

Le canton de Hinche eft borné à l'Oueft par la limite qui le fépare, des parties de la paroiffe françaife des Gonaïves, de la paroiffe de la Petite-Rivière & de partie de celle du Mirebalais. La ville eft prefque Eft & Oueft avec la ville de St-Marc dont elle eft à environ vingt-deux lieues; à peu près, à douze lieues du bourg de la Petite-Rivière de l'Artibonite, treize de celui des Verretes, & fept du bourg du Mirebalais.

De Hinche au Cap-Français, l'on peut compter vingt-cinq liéues ; foixante-quatre jufqu'à San-Domingo par la route de Neybe, Azua, Bani &c., & environ vingt jufqu'au Port-au-Prince par le Mirebalais. Hinche eft la réfidence du commandant de toute la partie Oueft de la colonie efpagnole. Il a

plufieurs compagnies de milices dont une de cavalerie , & dans fon corps-de-ville un lieutenant général de police.

Il y a un fort beau chemin direct de St-Raphaël
à Hinché. Il eft fur la rive droite de la Bouyaha ,
conféquemment placé à la droite du grand chemin , que je fais parcourir au lecteur , & que
des chemins , partant de Hinche , viennent couper ,
foit pour fe diriger vers celui qui va à Daxabon , en
fe rendant près de la rivière du Petit-Paffage (Coladera) , foit pour gagner Banique , en allant directement de Hinche vers la rivière de Samana où j'ai
laiffé la defcription du grand chemin royal.

C'eft le moment de faire mention d'une partie de
terrain d'où a difparu un établiffement que fon excef-
five médiocrité avait même fait paffer fous filence ,
long-tems auparavant , par la plûpart de ceux qui
parlaient de la colonie efpagnole ; il était dans l'Eft
de la plaine de Gohave ou de Hinche. C'eft l'ancien
Larez-de-Guaba ou Guahaba qui , avec fa fplendeur
primitive , a dépofé d'abord fon nom pour refter
avec humilité le fimple Guaba , & qui n'eft plus aujourd'hui qu'un canton de Hinche & de fes annexes ,
fuivant la proximité où fe trouvent ceux qui l'habitent.

Larez de Guaba fut fondé dès 1503 , par Rodrigue
Mefcia qui unit au mot Indien Guaba , celui de Larez,
parce qu'Ovando venait d'obtenir la commanderie de
Larez. Guaba qui dépendit d'abord de St-Yago
était affez confidérable pour qu'en 1508 , il obtint

un écu de finople à la couleuvre d'or & à l'orle d'argent, & pour qu'en 1511, on le deſtinât à être le
fiège de l'un des deux évêchés qu'il était alors queſtion d'établir dans la colonie ; mais on lui préféra San-
Domingo, &, depuis ce tems, Larez-de-Guaba par-
tageant la décadence de la colonie, a même été du
nombre des établiſſemens qui ſe font anéantis. Cette
ville était fituée au pied & au Sud de la première
chaîne de montagnes & non loin des mines de Cibao.

Du point où eſt la croiſée du chemin de Hinche,
après les hattes du Papayer, qui font à la droite du
chemin, il faut faire plus d'une lieue & demie, &
paſſer fix ravins avant de parvenir à la hatte du Pâté,
(paſtel) à une petite lieue de laquelle, & traverſant
trois autres ravins, on arrive à la grande ravine nommée les Eaux-Profondes (Aquas-hediondas), &
cinq-quarts de lieue après l'on atteint une ravine très-
encaiſſée ; un demi-quart de lieue après ſon bord Sud,
eſt encore la croiſée d'un chemin qui conduit a Hinche.
On fait enſuite une lieue en paſſant deux ravines auſſi
fort encaiſſées, puis la ſavane & la hatte du Petit-
Foſſé (lagunetta), fituées à environ fix mille toiſes
d'Aquas-hediondas.

Après la hatte, le chemin eſt abſolument du
même genre que celui qui l'à précédé, puiſqu'à un
quart de lieue, il faut encore paſſer une grande
ravine très-encaiſſée, puis un autre ravin une lieue
plus loin ; à deux mille cinq cens toiſes de ce dernier, eſt la rivière d'Ibara, dont on trouve deux bras
à un demi-quart de lieue l'un de l'autre, parce qu'ils

forment une petite ifle au point que le chemin traverfe.

Après avoir paffé l'Ibara , on fe dirige vers la
rivière de Banique ou de l'Onceano ; à une demi-
lieue fur la droite eft la hatte de l'Onceano , & à un
grand quart de lieue plus loin , l'on traverfe la rivière
de Banique qui n'eft qu'à trois-quarts de lieue de celle
d'Ibara.

Le nom d'Onceano que portent la hatte & la rivière,
eft auffi celui de la vallée de Banique ; de cette
expreffion qui s'eft corrompue, on a fait la vallée de
l'Ocean , fans doute , dit Valverde , parce que cette
vallée eft étendue. C'eft auffi dans cette vallée que
font les cuiffes ou contreforts de la dixième chaîne.

Une grande demi-lieue après avoir paffé la
rivière de Banique , on trouve un chemin qui conduit aux eaux minérales de Banique , & à Daxabon ;
& enfuite on defcend pour paffer à un quart de lieue
l'Hatibonico , dont les Français ont fait Artibonite,
& entre les eaux de laquelle & celles de la rivière de
Banique , eft la onzième chaîne de montagnes qui,
comme la dixième, eft un embranchement de la première chaîne, qui fe prolonge en gagnant dans lOueft-
quart-Sud-Oueft.

En paffant l'Artibonite dans ce point , quoiqu'elle
foit fort encaiffée , & que dans le tems des pluyes ,
elle contienne un grand volume d'eau, on eft loin d'y
reconnaître cette efpèce de fleuve , qui traverfe l'une
des plaines fertiles de la partie françaife ; fleuve dont
les eaux font depuis plus de quatre-vingt ans , le fujet

de

de calculs & de projets, qui n'ont, pour ainſi dire, encore rien produit, tandis qu'à différentes époques, la nature qui ſe joue quelquefois des deſſeins des hommes, a fait ſervir les eaux de l'Artibonite à dévaſter une plaine, où elles devraient ſeconder les efforts de l'induſtrie. Mais l'Artibonite s'augmente conſidérablement avant de quitter le territoire eſpagnol; d'abord, au moyen des rivières que j'ai nommées depuis que j'ai commencé la deſcription du territoire de Saint-Raphaël, & qui vont toutes ſe jetter dans le Guamayuco, qui vient ſe rendre dans l'Artibonite; & encore par pluſieurs autres qui me reſtent à nommer, & qui viennent auſſi ſe rendre dans l'Artibonite, mais par ſa rive gauche. Cette rivière eſt celle de toute l'Iſle qui a le cours le plus long à cauſe de ſes ſinuoſités.

Valverde, après avoir rapporté ce que Raynal dit des avantages qu'on retirerait de l'arroſage de la plaine de l'Artibonie, ajoute, d'un ton chagrin, que les Eſpagnols pourraient épargner les calculs mathématiques, en diviſant, avec une grande facilité, les eaux de cette rivière dans leurs propres poſſeſſions, avant qu'elles ne parviennent aux limites. Mais Valverde n'a pas conſidéré, qu'il n'y a gueres plus de cinq lieues, du point où l'Artibonite eſt groſſie par les rivières juſqu'aux limites, & qu'étant fort encaiſſée, ce volume d'eau ne peut être utile qu'à des points plus bas, & ſitués conſéquemment dans la partie françaiſe. D'ailleurs la nature du terrain mettrait plus d'un obſtacle à l'emploi utile des eaux de l'Artibonite,

(que la dixième & la onzième chaîne de montagnes
bordent , jufqu'à la hauteur du bourg de Banique), &
à celui des eaux de chacune des rivières tributaires. En
outre fi les Efpagnols formaient de grands établiffemens de culture, ceux de la partie Oueft de leur colonie , ne feraient fans doute pas les premiers , fur-tout
dans le lieu où paffe l'Artibonite, parce qu'ils ne feraient
pas les plus avantageux , n'y eût-il que l'éloignement
des tranfports. Ainfi l'on peut calculer en dépit de
l'obfervation de l'écrivain que j'ai cité.

BANIQUE.

Après le paffage de l'Artibonite , on remonte pour
aller au bourg de Banique fitué dans une favane. Ce
bourg qui donne fon nom à une grande plaine , ou
qui l'a plûtot reçu d'elle , eft fitué fur la rive gauche
de l'Artibonite & fur le bord de fon encaiffement.
Banique fut fondé en 1504, par Diégue Vélafquez qui
commandait la partie du Sud de l'île , qui chaffa tous
les Indiens de Bahoruco , & qui, après avoir été le
conquérant de l'île de Cube , prépara la conquête du
Mexique, dans laquelle il voulut enfuite traverfer
Cortez , parce que celui-ci ne confentait pas à lui en
facrifier la gloire. La favane qui entoure Banique
eft très-jolie , mais très-petite , entourée de bois de
haute futaye & au pied de l'une des jambes de la onzième chaîne , de manière que fa pofition eft très-
dominée. On y tient un petit détachement de troupes.

La plaine de Banique ou de l'Océan eft fubdivifée
en plufieurs portions dans fa longueur Eft & Oueft.
Comme fon étendue ne permettait pas à chaque ha-

bitant de venir au bourg pour les devoirs ſpirituels, on a établi deux hermitages ou oratoires dans l'Eſt, qui s'appellent du Cavalier (Farfan) & de Pierre-le-Petit (Pedro-Corto). On dit même en parlant de leur territoire, la Plaine-de-Farfan, la Plaine-de-Pedro-Corto. A l'Oueſt eſt l'annexe des Acajoux, formée il y a près de trente ans, où il y a un deſſervant & par la même raiſon il y a la Plaine-des-Acajoux. Cette dernière s'étend juſqu'à la limite françaiſe où elle trouve partie du Mirebalais dont le bourg eſt à douze lieues & preſque Eſt & Oueſt avec celui de Banique. Il y a huit petites lieues entre Banique & Hinche. La paroiſſe de Banique, en y comprenant toutes les annexes que j'ai citées, a aumoins ſept mille individus.

Du bourg de Banique, on traverſe trois petites ſavanes, & à une grande demi-lieue, on paſſe la rivière de la Toncio à environ cinq cens toiſes de ſon embouchure dans l'Artibonite. Après la Toncio viennent encore trois ſavanettes, & elle n'eſt cependant qu'à une demi-lieue de la Savane-de-la-Croix. Dans cette ſavane ſont les hattes du même nom à la gauche du chemin & ſur la rive droite d'un ravin qu'on traverſe. L'on entre dans un bois, & après y avoir fait quinze cens toiſes, on trouve ſur la droite la croiſée d'un chemin qui mène au Port-au-Prince. On ſort du bois à environ ſix cens toiſes de là, pour traverſer un lieu appellé le Paſſage ou la Gorge-de-Banique, compoſé d'une petite chaîne de monticules. On y rencontre à une demi-lieue du bois, une grande ravine. De celle-ci juſqu'à une autre très-encaiſſée il y a une lieue ; puis on en rencontre quatre autres auffi un peu encaiffées, dans un fecond intervalle qui n'eft également que d'une lieue.

A cinq cens toifes de la dernière ravine, font les Hattes-de-Hobbes à droite du chemin, & trois-quarts de lieue après la dernière, on arrive à la Rivière-de-la-Hobbes ; elle eft fort encaiffée & bordée de bois, & va dans l'Artibonite comme la Toncio.

Entre cette Rivière-de-la-Hobbes & celle de l'Artibonité, eft une douziéme chaîne de montagnes qui va finir au bourg de Banique, en fe fubdivifant encore en plufieurs petites chaînes qui forment autant de ravins & qui féparent auffi la Toncio d'avec l'Artibonite.

Quinze cens toifes après la Hobbes, font les Hattes-de-la-Matte qui précèdent de cinq cens toifes le point de la croifée d'un chemin qui, par la droite, conduit au Port-au-Prince. De la fourche du chemin, on gagne un ravin à un demi-quart de lieue, puis un autre grand ravin à une demi-lieue. Celui-ci à fon tour eft à cinq-quarts de lieue d'un autre appellé Ravin-du-Bagonay qui lui même précéde d'une forte demi-lieue le Ruiffeau-de-Nibaguana.

On compte à peu près quinze cens toifes de ce ruiffeau à la Rivière-de-Seybe, qu'on paffe dans un bois. A un grand quart de lieue plus loin le bois ceffe, &, là commence la Savane-de-St-Roch, où, à une demi-lieue, on laiffe fur la gauche le Cerre-de-Pontacagne, depuis lequel, jufqu'au Ruiffeau-d'Or, il y a une demi-lieue. Ce ruiffeau eft précédé de quelques hattes jufqu'auxquelles la Savane-de-St-Roch eft un peu montueufe & pierreufe.

Le Ruiffeau ou la Rivière-d'Or eft encaiffée & bordée de bois & à trois-quarts de lieue de la Rivière-d'Hyguera. Entr'eux eft un petit bouquet de bois, & fur la gauche le Petit-Cerre-du-Limaçon (Caracol). A la Rivière-d'Hyguera finit la Plaine-de-Banique ou Oncéan. La Rivière-d'Hyguera, & Rio-d'Oro qui n'ont pas d'eau dans les tems fecs, fe rendent dans la Neybe ainfi que la Seybe en coulant dans la direction de l'Oueft-Sud-Oueft.

D'Hyguera on fait une petite lieue pour aller paffer la Rivière-de-Neybe. Cet intervalle, vers le milieu duquel, à peu près, l'on trouve un petit ravin, & où on laiffe quelques hattes fur la droite, dépend de la Plaine-de-St-Thomé ou St-Thomas.

Ce nom eft fans doute venu de celui d'un petit raffemblement qu'aura produit la conftruction du fort St-Thomé, que Chriftophe Colomb avoit fait placer non loin de la fource de l'Artibonite dans la province de Cibao, au Sud des mines de ce nom, pour en proteger le travail contre les Indiens. Il y a long-tems qu'on ne trouve plus de veftiges de cet établiffement, dont je fais cependant figurer à peu près la pofition fur la carte ; mais il n'y a pas lieu de douter puifque l'enfoncement de la plaine de St-Thomé conduit vers les montagnes où étaient les mines, & puifque Caonabo l'un des Caciques, avec lequel il y eut de longs combats, habitait vers la Plaine-de-St-Thomé dans l'Oueft & nuifait au

travail des mines, que le fort St-Thomé (ainfi nommé par Colomb, parce qu'on avait refufé de croire
aux richeffes du Cibao) aura été l'origine de la dénomination de la plaine.

La Neybe eft une des grandes rivières de l'Ifle,
comme on l'a déjà fait remarquer ailleurs. Entr'elle
& la Hobbes, eft la treizième chaîne de montagnes
divifée auffi en contreforts, qui finiffent à la plaine de
St.-Jean, & qui féparent la rivière de Higuera, la
rivière d'Or, la rivière de Seybe & plufieurs autres
ravins ou ruiffeaux, dont les deux plus confidérables
font ceux de Bagonay & de Nibaguana.

St.-Jean de la Maguana.

Après avoir paffé la Neybe, on monte pour gagner
St.-Jean-de-la-Maguana, que beaucoup de cartes
placent fur la rive droite de la rivière de Neybe,
quoiqu'il foit réellement fur la rive gauche. Le furnom de Maguana, rappelle l'idée de l'un des cinq
royaumes, qui compofaient l'Ifle lors de fa découverte, dont la capitale était où fe trouve maintenant
St.-Jean, & qui a difparu avec l'infortunée Ana-
coana. Ce canton fut pillé par des corfaires anglais
vers 1543.

Saint-Jean-de-la-Maguana, fondé par Diègue
Vélafquez en 1503, avait obtenu en 1508, un
écu d'argent à l'aigle de fable tenant un livre, à
l'orle d'or, chargé de cinq étoiles fanglantes, mais
dès 1606 ce lieu était abandonné. Le bourg actuel de

St-Jean n'a été commencé que fort avant dans le dix-huitième fiecle , & en 1764, il était encore confidéré comme nouveau. On y comptait alors peu de maifons; il eft maintenant affez confidèrable. Il eft à environ trois cens toifes de la Neybe , qui, changeant à ce point fa direction pour aller de l'Oueft au Sud , fe trouve au Nord & à l'Oueft du bourg. La caufe de fon établiffement a été la multiplication des hattes , & l'éloignement où les hattiers fe trouvaient de leurs paroiffes. On comptait dès 1764 , trois mille fix cens ames 'dans le diftrict donné à la nouvelle paroiffe, dont trois cens étaient en état de porter les armes. Actuellement cette population eft de près de cinq mille ames.

En fortant du bourg , & reprenant le chemin vers le Sud , on va à la rivière de la Hinova à deux petites lieues, laiffant quelques hattes à la droite. Cette rivière paffée , on va trouver celle de Yavana à quinze cens toifes , ayant à droite les hattes de Puena. La Yavana, qu'on paffe à une demi-lieue de fon embouchure dans la Neybe , a toujours de l'eau comme la Hinova. D'Yavana , on gagne à fept-quarts de lieue , une petite ifle formée par la rivière de Migo , & au milieu de laquelle eft un fentier , qui conduit par la droite à la hatte d'Elgorite , diftante d'un quart de lieue. Après avoir quitté l'Iflet , on paffe trois petites favanes & deux ravins , avant d'arriver à la favane appellée *Savanette* , qui eft à une grande lieue; gravif-fant enfuite cinq plateaux & paffant cinq petites ravines qui les féparent, on trouve à quinze cens toifes

la Hatte-de-Louvenco qui n'eft qu'à un demi-quart
de lieue du paffage du Petit-Yaqui ; paffage d'où j'ai
commencé la defcription du territoire d'Azua.

C'eft entre la Neybe & l'Yaqui qu'eft la quator-
zième chaîne de montagnes venant du groupe de
Cibao, foit directement, foit par des chaînes fecondaires. Elle fe dirige au Sud-Oueft - quart-d'Oueft,
& fe divife elle-même en contreforts qui vont féparer
les eaux des rivières d'Hinova, d'Yavana & de
Migo qui fe jettent dans la Neybe. La plaine de
S,t-Jean eft bornée à l'Oueft par la paroiffe françaife
de la Croix-des-Bouquets & par les Étangs. C'eft
dans fon territoire, qu'Oviédo, le plus ancien hifto-
rien de St-Domingue, & qui écrivait en 1535, avait
une habitation.

Nous avons befoin maintenant de revenir fur ce
que nous avons nommé la partie occidentale de la
colonie efpagnole, pour la foumettre à des obfervations générales.

La première, que nous avons déjà fait preffentir en
parlant de St-Raphaël, c'eft que des points de la
portion plane de cette partie qui compofe au moins
deux cens lieues quarrées de furface, fe trouvent
de niveau avec le fite du bourg du Dondon, élevé
de cinq cens toifes au-deffus de la mer, ce qui donne
un caractère particulier à cette partie de l'île, puifque
fon fol furmonte l'élevation de plufieurs montagnes
de la partie françaife.

Tout ce que nous avons parcouru & décrit depuis St-Raphaël jufqu'au Petit-Yaqui, & qui fe

fubdivife

subdivife en diverfes plaines formant les deux cens lieues quarrées, ne fert abfolument à préfent qu'à l'éducation d'animaux deftinés, en majeure partie, à l'approvifiónnement de la colonie françaife, après toutefois, que les diverfes populations de ces plaines & qui compofent environ vingt-cinq mille ames, ont prélevé leur fubfiftance. Cependant il a exifté autrefois des fucreries dans le canton de St-Jean, & le fucre qui en provenait, était eftimé à l'égal de celui d'Azua. La plaine de St - Jean a encore en commun avec celle d'Azua, l'avantage de conferver une belle race de chevaux. Mais il faudrait auffi pour exciter les foins dont les chevaux ont befoin, que leur fortie de la partie efpagnole fût libre au lieu qu'on n'en voit que peu dans la colonie françaife, & fur-tout de ceux propres à la felle qui n'y viennent guère qu'en contrebande. Le moindre encouragement éveillerait le colon efpagnol qui aime les chevaux avec paffion.

La vafte étendue des pâturages, de grandes & vaftes forêts, des rivières, des ruiffeaux, des ravines, des ravins & des fources fans nombre, la proximité des montagnes, tout concoure à donner une température douce à toute la région occidentale de la colonie efpagnole, où l'air eft fans ceffe mobilifé par les molécules humides mifes en évaporation. Oviédo parle avec éloge des innombrables troupeaux, & des plantations de toutes les efpèces de denrées commerçables qu'on voyait au commencement du feizième fiècle dans cette partie, & dont les tranfports

se faisaient par les ports de la côte du Sud. Ce serait
même de cette manière qu'ils pourraient avoir lieu,
si la culture y renaissait, puisque les limites françaises
& la première chaîne de montagnes ne laissent plus
d'autre issue. Mais même alors la facilité de rendre
la Neybe navigable pour des bateaux plats & des
acons, & même l'Yaqui, diminueraient beaucoup
la longueur & conséquemment l'inconvénient de ces
charrois. Que de sucreries l'on pourrait mettre dans
deux cens lieues carrées ainsi arrosées, & combien
d'autres manufactures trouveraient place dans les intervalles qui ne conviendraient point à la culture de
la canne à sucre !

Mais dans l'étendue même de cette immense plaine,
la température varie, comme ailleurs, par les sites
& les degrés d'élévation. C'est ainsi que la vallée de
Banique est plus chaude que celle de St-Jean, circonstance qui fait que les animaux sont plus grands
& plus robustes dans celle de Banique. Dans la vallée
de St-Jean il fait assez froid, pour que presque toute
l'année on ait grand besoin d'être bien vêtu & d'être
couvert la nuit, ce qui est encore plus sensible
dans la vallée de Constance, qui comme on l'a dit,
a l'une de ses issues vers la vallée de St-Jean. En général, dans cette plaine, comme dans presque toutes
celles de la colonie espagnole, le climat est à peu
près celui du printemps pendant la nuit & le matin,
jusques un peu après le lever du soleil, ensuite à mesure que cet astre s'élève, la chaleur augmente, pour
diminuer aussi graduellement, lorsqu'il descend.

Je répète que le canton de St-Raphaël eft falubre
& fertile, ce qui eft commun à celui de Hinche.
Quant à Banique, fon fol eft moins bon, il eft
coupé, chargé de bois & fort montueux, auffi les
animaux ne peuvent-ils y être extrêmement multipliés, à caufe de la médiocrité des favanes. Dans le
canton de St-Jean on élève beaucoup de beftiaux,
mais il eft affez fréquemment fujet à de longues féchereffes qui raviffent aux propriétaires une grande
partie de leurs bénéfices. Ils ont un plus grand ennemi dans leur indolence, qu'on ne trouve un peu
combattue que chez les Ileignes.

Une chofe très-fâcheufe & dont les effets doivent
être très-fenfibles un jour, parce qu'ils vont toujours
croiffant, c'eft que les fuperbes plaines de St-Jean
& de St-Thomé font infectées du *linéonal* (appellé
grand-coufin par les colons français) qui en couvre
déjà prefque un quart, & que la propagation en eft
étonnante : c'eft que celles de Hinche, de Guaba &
de St-Raphaël font prefque envahies par le mirthe, le
bafilic fauvage., & d'autres plantes qui enlèvent
à leur tour, autant de terrain à la fubfiftance des
animaux; & cette détérioration des pâturages n'eft
que trop générale dans l'île.

La partie qui nous occupe en ce moment, a dans
divers endroits des mines d'efpèces différentes. Dans
la partie de Guaba il y en a de très-fertiles, & entr'autres le Côteau-doré que Valverde dit qu'on
pourrait bien appeller le Côteau-d'Or. Plufieurs perfonnes, ajoute-t-il, s'y font enrichies clandeftine-

ment par leur seul travail & celui d'un nègre , sans
vouloir se donner plus de collaborateurs , de crainte
d'être découverts, & cette fortune était acquise sans
avoir ni le talent ni les connaissances nécessaires, ce
qui prouve quelle est l'abondance du métal.

Guaba., partage avec Banique & St-Jean , l'avantage de renfermer des diamans dans son territoire ,
& d'avoir comme eux du jaspe de toutes les couleurs ,
du porphire & de l'albâtre. A Banique , il y a aussi
des ruisseaux où se trouvent ces crustacées dont l'écale
offre la forme d'une croix avec des chandeliers. Ce canton a eu autrefois un dattier dont le succès aurait dû faire
multiplier cet arbre , tout-a-la-fois utile & agréable.

____

Eaux Minérales de Banique.

Banique a encore un grand avantage dans les eaux
minérales que la nature y a placées , & dont l'utilité
exige que nous en parlions avec quelque détail . Pour
les faire bien connaître , je crois ne pouvoir mieux
faire que de puiser ce que j'en dirai , dans l'ouvrage
intitulé : *Journal de St.Domingue* , aux deux numéros
du mois de février & du mois de mars 1766.

" A deux lieues du bourg de Banique , dans les
montagnes & sur le penchant d'une colline , au
milieu d'un bois , se trouvent quatre sources d'eaux
thermales voisines l'une de l'autre , & qui courent
dans des cavernes & des grottes des environs. La
première est appellée le Grand-Bain ; la seconde
le Petit-Bain ; la troisième le Bain-des-Bois ; &

la quatrième le Bain-de-Cantine. Le thermomètre de Réaumur dans les plus grandes chaleurs, ne s'élève pas en cet endroit au-deffus de 22 ou 23 degrés à midi, & dans la nuit il redefcend à 14. Lorfque le thermomètre eft plongé dans les quatre fources, elles le font monter, dans l'ordre où je viens de les nommer, de 17, 13, 10 & demi, & 11 dégrés, au-deffus de la température de l'air. L'analyfe chimique a prouvé que ces eaux, n'ont ni fels acides, ni félénites, ni vitriol, ni fer. On trouve dans leur fond, quantité de fleurs de fouffre, qui fe fubliment aux parois des fources, mais c'eft un fouffre entièrement divifé, & qui n'eft précipité par le mélange d'aucun acide. Quoique très-limpides ces eaux ont une odeur & un goût fort défagréables & on les fent même d'affez loin. Les quatre fources donnent toutes dans la proportion de onze à douze grains, à peu près, fur une pinte d'eau, un véritable fel gemme, qui décré-pite au feu & dont les criftaux ont la forme cubique & un goût falin. Les eaux minérales de Banique font compofées d'un efprit minéral, élaftique, volatil, aërien, & renferment un efprit volatil-alkali-urineux qui s'évapore facilement, & qui donne à la diffolution de fublimé corrofif, une couleur jaune, ainfi qu'une huile bitumineufe graffe & abondante, & une matière bitumineufe auffi, mais plus déliée & intimement unie aux eaux, laquelle étant mélangée avec une bafe terreufe fe précipite. Enfin l'huile de pétrole qui domine, fait une de fes plus grandes vertus comme celle de toutes les eaux thermales qui traverfent une terre calcaire ou crayeuse , & qui ne contiennent qu'un sel neutre ,,.

Ces eaux sont extrêmement savoneuses , pénétrantes , fondantes. On les défend dans les maladies aigues & inflammatoires, ainsi qu'aux pulmoniques, aux femmes enceintes , aux nourrices , dont elles tariraient le lait & aux hydropiques. Elles agissent avec plus d'activité selon la chaleur plus forte d'une source relativement à une autre. Elles conviennent aux maladies de langueur , aux longues fièvres intermittentes , aux obstructions , aux relâchemens , aux maladies qui ne minent que trop la beauté , sur-tout dans les villes, ou qui la fanent & la décolorent , au scorbut , à la pituite , aux affections de l'estomach , dans les vapeurs, la goutte, les rhumatismes froids , les maladies des reins, l'asthme , & la paralysie. Elles purgent doucement , & prises en bain elles sont efficaces pour les maladies de la peau. Mais soit en boisson , soit en bain , il faut consulter l'état du malade & sur-tout le combiner avec les degrés de chaleur des eaux. En un mot, là, comme à toutes les eaux , il faut suivre l'effet qu'on en éprouve, & il serait difficile de trouver des préceptes plus sages & des règles plus détaillées que celles qui sont dans le mémoire que je cite. Je terminerai l'article médecinal des eaux , en disant, que l'auteur indique comme la saison favorable pour les prendre , l'intervalle du mois d'Octobre à celui de Mai, parce qu'alors le ciel est serein & que les orages & les grands vents y sont rares , que l'air n'y est ni chaud ni humide , mais qu'il y est aussi pur que dans les meilleurs pays de l'Europe. Les alimens, la viande, le gibier, le poiffon de rivière, le lait y font en abondance & d'un goût exquis. Le refte de l'année eft très-orageux & l'on voit affez fouvent une grêle auffi groffe que dans les contrées méridionales de l'Europe; les matinées font affez fraîches dans ce lieu pour qu'on doive fe pourvoir de vêtemens d'hiver.

Il y a plus de quarante ans que la réputation des eaux de Banique, commença à y attirer des français. Chaque année, le nombre des malades qui y recouraient devenait plus confidérable, & en 1766 on y avait des logemens pour plus de foixante perfonnes, on y envoyait auffi les foldats des différentes garnifons françaifes. Déjà même les eaux de Banique avaient auffi leurs prétendus malades que la bonne compagnie y conduifait, mais à la fin, les voyageurs français ont commencé à être inquiétés, tracaffés, tantôt fous le prétexte de la contrebande, tantôt fous un autre, & il fallut renoncer à un voyage qui ne donnait plus que des défagremens. Lorfque le comte de Solano vint dans la partie françaife en 1776, à l'occafion des limites, M. le comte d'Ennery, jaloux de procurer de nouveau ce moyen de fanté, infifta auprès du préfident pour qu'il fit difparaître les obftacles, & cette petite négociation donna lieu à l'infertion d'un article dans la gazette du Cap du 18 Septembre 1776 où je le copie:

„ Son excellence le comte de Solano non content „ d'avoir rempli les fouhaits de la colonie, conjoin „ tement avec M. le comte d'Ennery, a bien voulu,

„ par suite de sa bonté , étendre ses soins sur l'objet
„ le plus utile à l'humanité , en conséquence pour-
„ voir aux secours qu'on peut recevoir aux eaux de
„ Banique. Informé que des abus de toute espèce
„ empêchaient depuis long-tems MM. les habitans
„ de la colonie française d'y aller , par le peu d'atten-
„ tion de ceux chargés de ses ordres , il s'est rendu
„ sur les lieux , & pendant le peu de séjour qu'il a
„ fait dans cette partie , il a chargé une personne de
„ distinction qui a toutes les qualités requises pour
„ faire respecter & faire exécuter, avec la plus grande
„ exactitude , les ordres qu'il a donnés envers & con-
„ tre tous les espagnols qui se hazarderaient de man-
„ quer ou de se prévaloir de leur qualité contre quel-
„ que français que ce soit. Il a de plus donné des
„ ordres pour qu'il y soit construit cette année
„ quatre belles maisons. Il a fait abattre des bois
„ vis-à-vis les bains , qui , non seulement bornaient
„ la vue , mais qui procureront par ce moyen une
„ très-belle promenade & des savanes entourées , où
„ il y aura des herbes de toute espèce pour les chevaux,
„ ainsi que de jolis jardins. Il a ordonné en outre que
„ tous les français qui voudront aller à la source ,
„ pour cause de maladie ou pour se promener , pas-
„ sent librement avec leurs charges sans crainte d'être
„ inquiétés dans les chemins ni leurs domestiques.
„ Ils auront en outre , le droit de la chasse & de la
„ pêche , & tous les agrémens & secours que pourra
„ permettre l'endroit. "

Cette annonce que je rapporte, parce qu'elle prouve

ce

ce que j'ai dit du trouble causé aux français, en a bien ramené quelques-uns, mais en 1778 deux habitans furent arrêtés en y allant, quoique munis d'un passe-port du gouverneur français. On trouva de l'or au premier, d'où l'on conclut qu'il venait acheter des animaux en fraude ; l'autre avait des chevaux & deux nègres, on soutint qu'il venait les vendre en cachette. Ils furent conduits à San-Domingo, où leurs effets & leurs nègres furent confisqués, & où ils éprouvèrent une longue captivité ; ce dernier trait a forcé à renoncer absolument à un séjour aussi inhospitalier, & où il fallait apporter de la farine pour faire le pain, du vin, d'autres grosses provisions, les ustensiles de cuisine & tous les meubles. Les sources de Banique font restées comme tant d'autres choses précieuses de la partie espagnole. J'ai fait graver dans mon atlas le gouffre qui est au-dessus des sources de Banique ; tel qu'il a été dessiné sur le lieu le 27 Juillet 1754, par M. Rabié, ingénieur en chef de la partie française du Nord de St-Domingue (qui a vécu jusqu'en 1785), en reconnaissance de l'influence heureuse de ces eaux sur sa santé. Je dois dire encore sur cette partie de l'Ouest, qu'elle n'offre pas depuis la gorge de la Porte jusqu'à St-Jean, de point susceptible de défense, si ce n'est à la chaîne de la rive droite de l'Artibonite qui présente une très-bonne position pour s'opposer à ce qui pourrait venir de la plaine de St-Jean, puisqu'il n'y a pas d'autre débouché que le grand chemin ; la même chose peut avoir lieu à la chaîne de la gauche, pour la défense de la Toncio.

: Il me reste, pour terminer entièrement sur la position des limites qui se trouvent entre les deux nations vers Banique, St-Jean & Neybe, à parler des étangs.

E T A N G S.

Le plus considérable est l'Étang-Salé ou Henri-quille ou Lac-de-Xaragua, qui est en totalité dans la colonie espagnole, & dont j'ai dit un mot par rapport à cette dénomination de Henriquille, en parlant de la vallée de Neybe. Cet étang a environ neuf lieues dans sa plus grande longueur qui est à peu près du Sud-Est au Nord-Ouest, & environ trois lieues & demie dans sa plus grande largeur : on peut lui donner vingt-deux lieues de tour. La singularité la plus remarquable de cet étang, est l'islet placé vers son milieu, qui a deux lieues de long & une lieue de large, où se trouve une source d'eau douce & qui est très-peuplé de troupeaux de cabrits, ce qui le fait nommer par les français *Islet-à-Cabrit* ; il contient aussi des lésards d'une énorme grosseur. Cet étang qui est profond, nourrit beaucoup de caymans & de tortues de terre.

Les espagnols assurent qu'on trouve dans l'Étang-de-Henriquille, des poissons de mer & même qu'on y a vu des requins, des lamantins & une espèce de saumon. Si j'en crois plusieurs témoignages concor-dans, & auxquels je ne puis refuser ma confiance, on n'y trouve, du moins à présent, aucun de ces animaux. L'eau de l'étang est limpide, amère, salée & d'une odeur désagréable. La Rivière-de-la-Découverte, la Rivière-Blanche ou d'Argent & la Rivière-des-Dames s'y jettent.

Au Sud de cet étang, à une grande lieue & sous l'Islet-à-Cabrit, se trouve l'Étang-doux, appellé par les espagnols Laguna-Icotea (Étang-des-Tortues) qui a près de deux lieues Sud-Est & Nord-Ouest & une largeur d'une demi-lieue, qui varie dans différens points. Cet étang n'a aucune communication avec les deux autres & son étendue dépend de la quantité des pluyes & de l'eau des ravines qui l'entretiennent ; il est abondant en bons poissons & en gibier marin. Il donne naissance à quelques petits ruisseaux, & il a une partie montagneuse entre lui & la mer, dans la direction du Sud.

A environ deux lieues dans le Nord-Ouest de l'Étang-Salé ou Grand-Étang, s'en trouve un autre qui a la même direction que celui-ci, mais seulement cinq lieues de long, sur une largeur variable, depuis une lieue & demie jusqu'à trois lieues ; les français l'appellent l'Étang-Saumâtre, à cause du goût âcre de ses eaux, & les espagnols l'Étang-d'Azuei (Laguna-de-Azuei). La ligne de démarcation le coupe, à peu près en deux parties égales, dans le sens de sa longueur. Des mornes l'environnent, excepté vers le Sud où se trouve la petite plaine du Fond-Parisien, que deux propriétaires cultivent en cannes à sucre & qui pourrait recevoir encore deux établissemens du

même genre. Cet étang a des bords très-plats , &
sa profondeur n'eft qu'au centre ; elle eft cependant
bien moindre que celle du Grand-Étang. L'on y
voit des caymans , de petites tortues de terre & trois
où quatre petits poiffons affez mauvais. On y trouve
auffi des têtards & une efpèce d'anguille. Très-peu de
fources y portent leurs eaux & l'on ne lui connaît aucune
iffue. C'eft une portion de la petite plaine des Verretes , qu'on ne doit pas confondre avec la paroiffe
des Verretes au haut de l'Artibonite , qui paffe entre
l'Étang-Salé & l'Étang-Saumâtre & où l'on trouve
des fources qui ont une odeur forte de foye de foufre.

Le bout Nord-Oueft de l'Étang-Saumâtre eft à
environ fix lieues de la mer de la côte Oueft de l'île ,
& le bout Sud-Eft de l'Étang-Salé eft un peu plus
loin de la côte Sud. Au Sud-Oueft de ce dernier ,
eft une montagne qui defcend vers le rivage.

L'analogie des eaux de ces deux étangs , avec celles
de la mer , la proximité de celle-ci dans deux points
différens & ce que l'on publie des poiffons qu'on dit
y avoir trouvés , & même d'un mouvement qu'on
croit analogue à celui des marées , tout a porté à
penfer que ces étangs communiquaient avec la mer.
Quant aux poiffons & aux marées , les faits ne font
rien moins qu'avérés , & par rapport au goût de l'eau ,
il pourrait être plus fimple de l'expliquer par le voifinage d'une montagne de fel foffile dont j'ai cité la
prompte reproduction à l'article de Neybe. Ce fel a
une grande blancheur , mais il eft un peu âcre &
corrode la viande & le poiffon que les efpagnols

falent par fon moyen. Il paraît bleu en maffe & pul-
vérifé , il prend la couleur blanche dont j'ai parlé.
Je ne prétend cependant pas qu'on doive regarder la
queftion comme réfolue , parce que je viens de rapporter , & je crois que des motifs qui ne dépendent
pas d'une vaine curiofité , devraient déterminer à faire
des obfervations & des recherches propres à conftater
fi effectivement l'Étang-Salé & l'Étang-Saumâtre
communiquent ou non avec la mer.

L'étang falé & l'étang doux font bordés de crevaffe
dont quelques-unes ont même jufqu'à fix pieds de
profondeur. On les confidère comme des traces de
tremblemens de terre, & notamment de celui du trois
juin 1770. Les montagnes qui font dans le voifinage ,
de ces deux étangs font propres à la culture,
& les Efpagnols y entretiennent des hattes.

Me voilà parvenu au point d'avoir fait connaître,
avec autant de détail que je l'ai pu , les divers points
de la colonie efpagnole ; & il me femble , que ce qui
s'offre le plus naturellement après cela pour être
décrit , c'eft la manière dont ces points communiquent entr'eux.

CHEMINS

Les deux communications principales de la partie
efpagnole , non feulement parce qu'elles font communes au plus grand nombre de lieux de cette partie ;
mais encore parce que c'eft avec leur moyen que les

deux colonies entretiennent leurs relations, sont celles que j'ai suivies dans la description, & qui vont de Saint-Raphaël à Santo-Domingo par Banique, St-Jean, Azua & Bani ; & de Daxabon, à la capitale aussi, par Saint-Yago, la Véga & le Cotuy. Mais c'est par ces routes elles-mêmes, les plus fréquentées, les plus grandes & les plus importantes pour les Espagnols, qu'on peut juger de la nature des autres.

Le premier chemin, celui de Saint-Raphaël à San-Domingo, a environ soixante & quinze lieues, qu'un voyageur ne peut parcourir qu'en dix jours à cheval. Ce n'est pas seulement du sol que naît cette lenteur, mais de la nécessité de combiner sa marche, de manière qu'on puisse trouver des haltes, & des lieux pour se reposer, ce qui ne dispense pas du soin de porter tout ce qui est nécessaire pour se nourrir & se coucher ; puisque, le plus souvent, il faut traverser de grands espaces sans aucun secours à espérer, & même demeurer en plein air si l'on n'a pas pris une tente. Il est donc indispensable que le voyageur règle sa vîtesse sur celle des animaux qui transportent ses provisions & son lit, ne fussent-ils composés que des objets les moins recherchés. Dans la route de Saint-Raphaël à Santo-Domingo, il faut passer trente-trois rivières, & plus de cent ravines ou ravins.

Dans la première journée, on ne fait que cinq lieues de Saint-Raphaël jusqu'à la hatte St-Joseph ou des Pins, en se dirigeant au Sud-Est. Le chemin est dans la belle plaine de Gohave, où l'on trouve de petits bouquets de bois clairs & des broussailles.

La seconde journée comprend dix lieues, de la hatte St-Joseph jusqu'à la Langunetta, allant à l'Est-Sud-Est. Dans cette étendue l'espace qui va de la Bohorque aux hattes du Papayer, a des monticules plus doux & un meilleur chemin que celui de ces hattes à la Langunetta, parce que dans cette dernière portion, les rivières & les ravines sont très-encaissées, & séparées par des chaînes de petites élévations chargées de bouquets de bois & qui sont des contreforts de la dixième & de la onzième chaînes.

La troisième journée où l'on va au Sud-Est, est de neuf lieues depuis la Langunetta jusqu'aux hattes de Hobbes. Le chemin est assez mauvais & le pays montueux, parce que les intervalles entre les rivières & les ravins, sont autant de petits chaînons de mornets & de plateaux, qui rendent la route difficile & tortueuse. Avant l'Artibonite le pays est assez stérile avec des savanes & des bouquets de bois.

On va des hattes de Hobbes à la ville de St-Jean dans la quatrième journée, en faisant huit lieues & en se dirigeant à l'Est-Sud-Est, dans un beau chemin.

La cinquième journée ne fait parcourir que quatre lieues, depuis Saint-Jean jusqu'à la hatte d'Elgoritte, qu'on va joindre un peu au bord du chemin. La route est très-belle, & va au Sud-Est-quart-d'Est.

La sixième journée est de huit lieues, depuis la hatte d'Elgorite jusqu'à celle de Tavora. Le chemin devient moins bon en s'éloignant de St-Jean sans être mauvais, si ce n'est à la montagne du Passage ; il courre au Sud-Est.

La septième journée est aussi de huit lieues, depuis la hatte de Tavora, jusqu'à la savane de Sipicépy. Cet intervalle a des points arides & pierreux, des savanes sèches, des bouquets de bois & beaucoup de torches. Le chemin se dirige vers le Sud-Est-quart-d'Est.

La huitième journée qui a la même direction que la précédente, & où l'on parcourt un beau chemin, excepté sur la grève d'Ocoa, est de neuf lieues ; il conduit de la savane de Sipicépy à Bany.

On fait encore neuf lieues, le neuvième jour, depuis Bany jusqu'à Nigua, allant à l'Est-quart-Nord-Est dans un chemin beau & uni.

Enfin le dixième jour on se rend de Nigua, en faisant quatre lieues & demi, à San-Domingo, par un chemin fort beau, mais où le passage de Jayna prend beaucoup de tems.

On se prête plus facilement à concevoir l'idée de la lenteur de ce voyage, quand on sait que lorsqu'il a été question de faire passer du Cap à San-Domingo, le régiment français d'Enghien, qui y arriva au mois de novembre 1780, pour tenir garnison, cet intervalle de soixante-quinze lieues & demie entre Saint-Raphaël & San-Domingo, était divisé en dix-huit journées, afin que les soldats pussent coucher dans des hattes, & être dispensés de camper, ce qui dans la saison des pluies aurait eu de grands inconvéniens ; on avait disposé ainsi l'itinéraire pour chaqque jour :

1°. De Saint-Raphaël, premier coucher, à la Bohorque 4   1/2

2°. Aux hattes du Papayer 4   1/2

3° aux Eaux profondes 4 1/2
4° à Banique 3 3/8
5° à Los-Jobos. . , . . . ' . . . 5 5/8
6° à la Seybe 4 1/2
7° à Saint-Jean 3 3/8
8° à Los-Bancos près la rivière d'Yaqui. . 5 5/8
9° à la Biahama. 4 1/2
10° à Tavora 3 7/8
11° à Azua. 3 7/8
12° à Sipicépy 3 3/8
13° à Savana Huey, après la plage d'Ocoa 3 3/8
14° à Mantanza . . . . , 4 1/2
15° à Boſion de Palta 3 1/2
16° à la Grande-Savane. 3 1/2
17° au moulin de Nigua 3 15/16
18° à San-Domingo. 5 1/16

———————

75 1/2

———————

L'autre route, depuis Daxabon juſqu'à San-Domingo, eſt de quatre-vingt-deux lieues, & on la parcoure plus vîte relativement, puiſque le voyageur à cheval n'y employe que huit journées.

La première journée eſt de neuf fortes lieues, de Daxabon à la hatte Renchadère, à une petite lieue de la rivière de Guyabin ou du Rebouc, allant au Sud-Eſt-quart-d'Eſt. La route eſt fort belle dans les tems ſecs, elle eſt en plaine, rangeant au Sud la première chaîne de montagnes, & voyant continuellement au Nord la chaîne des montagnes de Monte-Chriſt.

Tom. I.   O o

Dans la seconde journée, on fait environ neuf lieues un quart, depuis la hatte Renchadère jusqu'à la savane d'Hamina, en se dirigeant en général à l'Est-quart-Sud-Est, & entre les mêmes montagnes que la veille. Le chemin est très-beau, les savanes qu'il parcoure font remplies de bois, & l'on y trouve beaucoup de broussailles & de torches.

La troisième journée, en faisant neuf lieues & demie, conduit de la savane de Hamina à la ville de St-Yago; le chemin en est superbe, il a toujours les montagnes à la droite & à la gauche & va dans l'Est.

La quatrième journée, mène de Saint-Yago à la Véga. Elle fait parcourir dix lieues toujours dans le bois; le chemin qui est assez beau, se dirige à l'Est-quart-Sud-Est.

Parti de la Véga le cinquième jour, on arrive à la rivière de la Guamitta. Cette distance de huit lieues, offre un chemin assez beau, avec des bois de tous côtés, excepté la savane de la Voma où l'on revoit les montagnes de la droite & de la gauche, & où l'on commence même à découvrir le groupe du Cibao. En général le chemin gagne à l'Est.

La sixième journée, comprend les dix lieues qui font entre la Guamitta & la hatte de Sévico. Le chemin n'est pas mauvais depuis la Guamitta, jusqu'à la grande savane inclusivement, & se dirige à l'Est-Sud-Est; mais de cette savane à Sévico il est mauvais & va au Sud-Est-quart-Sud. On voit de tems en tems le Cibao au Sud-Ouest-quart-d'Ouest.

La septième journée fait aller de la hatte de Sévico

jufqu'à la hatte de la Guye, (environ onze lieues.)
Le chemin, depuis la première de ces hattes jufqu'à la
montagne de Pardavé , n'eft pas mauvais & porte au
Sud-Eft-quart-Sud, mais depuis le bas de Pardavé
au Sud, le chemin redevient beau , & va au Sud-
quart-fud-Eft. On voit la cime de Cibao , dans
l'Oueft-Nord-Oueft.

Dans la huitième & dernière journée, on arrive à
la capitale, après avoir fait environ quatorze lieues dans
le Sud , & avec bien des contours ; le chemin eft
très-beau depuis le paffage de l'Ifabelle , fans qu'on
puiffe dire en général qu'il foit mauvais auparavant.

Le lecteur ne me faura peut-être pas mauvais gré, de
lui montrer comment les quatre-vingt-deux lieues de
cette route avaient été diftribuées en 16 journées dans
un itinéraire adreffé par le préfident efpagnol au gouverneur français , pour la marche du régiment d'Enghien.

lieues

1° de Daxabon à la Grande-Savane. . . 5
2° à la hatte d'Antone. 3 1/2
3° à l'Hôpital . . ' 4 1/2
4° à la hatte de l'embouchure d'Hamina. 5
5° à Saint-Yago 10
6° aux Ajoupas du Cayman ou Cayfmin. . 5
7° à la Véga 5
8° aux Ajoupas de Michel Villafama. . . 6
9° au Cotuy par le chemin d'Angeline . . 6 1/2
10° aux Ajoupas de la Grande-favane. . . 3
11° à Oyo de Agua. . . . . . , . . 6

12º au pied de la Louise. . . . . . : 4 · 1/2

13º à la hatte de la Louise & au Ruisseau
vermeil 4 1/2

14º aux Ajoupas de Higuero & Cana
Mancebo 5

15º à la Venta 5

16º à San-Domingo 3 1/2

————————————

8 2

————————————

Je dois faire remarquer ici que dans beaucoup
de lieux, l'itinéraire n'indique que des ajoupas pour
tout asile , & qu'il observe même que le pays est si
désert, depuis la Grande-Savane jusqu'au pied de la
Louise, qu'il faudra y faire à l'avance des ajoupas
pour la troupe. On peut prendre de là une idée assez
juste de ce qu'est la colonie espagnole.

En revenant sur la seconde des deux grandes routes,
je dirai qu'il y a de Daxabon à Monte-Christ, une
communication par la plaine de Daxabon. On a vu
que ce dernier lieu en a une avec Hinche , & une
autre avec Banique. Elles passent par la montagne de
la Sierra , qui est un point de la première chaîne de
montagnes.

Saint-Yago , indépendamment de la grande route ,
a un chemin qui , de la plaine du Canot, cinq lieues
avant Daxabon , conduit aussi à Monte-Christ. Il en
avait autrefois un autre , qui y menait par la rive
droite de l'Yaqui , mais il est détruit, & il y a long-
tems qu'on ne s'y hasardait plus qu'à pied.

J'ai cité un beau chemin qui exiſtait dans l'origine, entre Saint - Yago & Port-de-Plate, & dont la dépenſe avait même été un ſujet de reproche contre le commandeur Ovando, mais c'eſt à préſent un chemin extrêmement mauvais & qui traverſe la chaîne de Monte-Chriſt par une eſpèce d'intervalle que laiſſent les montagnes entr'elles, en formant dans ce point une pente douce.

Une communication directe du Cotuy à Samana a eu le même ſort : on y va cependant, mais c'eſt l'entrepriſe de peu de perſonnes, & c'eſt à travers des hattes & avec bien des détours.

J'ai fait remarquer ſur la route de St-Raphaël à Santo - Domingo, les chemins qui conduiſaient à d'autres points que ceux de cette grande route. Il y en a un qui, de St-Raphaël, va, par l'Atalaye, dans le haut des Gonaïves & à la plaine de l'Artibonite, & un autre qui conduit de Hinche au Mirebalais. Ce dernier a été juſqu'en 1754, la route qui faiſait communiquer le Port-au-Prince avec le Cap-Français. On allait de Hinche au paſſage de la Porte (à préſent St-Raphaël), où l'on trouvait même une barraque ſous le nom de Cabaret-de-la-Porte, pour venir deſcendre au Joli-Trou de la Grande-Rivière & gagner, par ce dernier lieu, la ville du Cap. C'eſt cette route, (où la trace même du chemin manque actuellement dans plus d'un endroit), dont le traité des limites conſerve l'uſage aux français à la charge de l'entretenir.

On ſe rappelle encore les chemins qui, de la hatte de Tavora & de ſes environs, vont vers le canton de

Neybe, & qui servent aussi à faire communiquer la colonie espagnole avec le Port-au-Prince.

Je crois n'avoir pas besoin de dire qu'il existe dans la partie espagnole, d'autres chemins que ceux que j'ai eu l'occasion de citer dans cette description, puis-qu'il est très-facile de sentir que pour se rendre des différentes habitations, soit à la paroisse, soit à des points quelconques où l'on a à vendre ou à acheter, il faut des chemins ou du moins des sentiers, car tout autre mot peindrait mal la nature de ces communi-cations, qui sont de simples traces faites le plus souvent à travers les forêts.

Bois.

Ces forêts, dont quelques-unes existaient avant la colonie, & d'autres ont été reproduites depuis l'a-bandon des cultures, renferment les arbres les plus précieux pour tous les usages. Celui qui occupe peut-être le premier rang parmi eux, à cause de sa solidité, de sa facilité à se plier aux désirs de l'ouvrier, & à cause du poli dont il est susceptible, est l'acajou-meuble. Il est peut-être aussi le plus commun & c'est sur-tout vers la partie Est de l'île que sont les plus beaux acajoux ; on en trouve qui ont jusqu'à quinze & dix-huit pieds de circonférence & le double en hauteur. Mais quant aux nuances, c'est à ceux d'Azua que la préférence appartient. Il en est qui offrent des veines & des dessins si beaux, qu'on serait tenté de croire qu'ils font dûs à l'art. Tout le monde connaît l'acajou, & le luxe lui doit trop de commodités pour qu'il ne foit pas apprécié tout ce qu'il vaut.

Azua fournit auffi, avec affez d'abondance, le bois de fuftet ou de Bréfil, qui a été autrefois recherché dans l'île, à caufe de fa propriété de teindre en une couleur jaune.

Le chêne roble, quoique moins commun que l'acajou qu'il furpaffe de beaucoup en hauteur, eft propre aux tables des moulins à fucre ; dans la conftruction il ferait très-utile pour les pièces qui exigent une grande folidité.

Le noyer, le gayac, le bois de fer, l'immortel, la fabine, le baume verd, le pin, le cèdre, l'ébene, le bois marbré & une foule d'autres, font auffi deftinés aux ouvrages de conftruction, à la bâtiffe & aux autres emplois de l'économie rurale & domeftique ; tous ont des qualités précieufes, & le bois de fer & l'immortel femblent fur-tout dignes de ces noms, par la faculté qu'ils ont de fe pétrifier lorfqu'ils font mis en terre dans un fol humide. Autrefois St-Domingue a vu fortir de fes ports des vaiffeaux dont fes forêts avaient fourni tout le bois, & ce fut même à l'occafion de l'un de ces vaiffeaux, dit Valverde, que furvint la querelle qui eut lieu entre Séville & Cadix, pour favoir à laquelle de ces deux villes apppartiendrait exclufivement le commerce de l'Amérique.

On rencontre également l'arbre que fon port, & la richeffe de fon fruit ont fait regarder comme l'arbre des hefpérides. Il charme la vue, l'odorat &

le goût, & son bois ajoute encore une utilité de plus
à son existence.

Moins agréable, mais plus majestueux que l'oranger,
l'abricotier, si chéri des Indiens, croît par-tout &
également sans culture. Entr'autres usages il est esti-
mé pour les canots & le cotonier - mapou a cet
avantage.

Il est des arbustes qui, comme les arbres se prête-
raient à toutes les combinaisons de la marqueterie, &
les siéges de bois épineux & de grategales, ont une
élégance qui plaît par le contraste de leurs diverses
nuances. Enfin, ne citons plus que cet arbre dont
l'utilité ne saurait être assez vantée, qui donne au
pauvre Africain une vaisselle qu'il peut renouveller
& multiplier sans dépense, & les moyens de transporter & de conserver des substances & des objets
qu'il n'aurait pû destiner à ses jouissances sans les
vases que le callebassier lui prodigue.

Le sol espagnol est aussi chargé du palmier dont
l'élévation & le jet excitent une juste admiration. Cet
arbre que la nature semble avoir fait pour donner
l'idée des colonnes de différens genres, a plusieurs
variétés toutes plus ou moins précieuses, soit par
leur bois qui forme des planches d'une très-longue
durée, soit par leurs fruits qui nourrissent les animaux,
soit encore par leurs feuilles & par leurs *tâches* qui
fournissent une épaisse couverture, un osier flexible
pour des paniers & des sacs & une espèce de lit.
Mais je reviendrai ailleurs sur ces divers objets du
règne végétal.

D E N R É E S.

Quant aux denrées, il eſt naturel de dire que c'eſt à Saint-Domingue que la culture de la canne à ſucre a commencé. C'eſt des Canaries que vint ce roſeau doré. Herréra nous annonce même que ce fut en 1506, qu'un nommé Aguilon, habitant de la Conception de la Véga, le tranſporta & le planta; qu'un chirurgien de Santo-Domingo, appellé Velloſa, s'adonna à propager la canne à ſucre & qu'on en dût le ſuccès à ſon zêle & à ſon intelligence, ainſi que le premier moulin à ſucre. Je ne ſais pourquoi Charlevoix qui s'accorde avec Herréra pour ce qui concerne le chirurgien Velloſa, nomme Pierre Alançá au lieu d'Aguilon. Ne ſemble-t-il point que par une fatalité propre à St-Domingue, la gloire d'une choſe utile doive toujours y être ravie à ſon véritable auteur! A en juger par le rapport d'Oviédo, le ſuccès de la canne a ſucre fut aſſez rapide, puiſque vers 1530, on comptait vingt riches ſucreries, & qu'en 1535 on en commençait trois autres. Mais il y a plus d'un ſiècle que ces manufactures ont diſparu, & j'ai trop répété déjà quels miſérables établiſſemens à ſucre l'on trouve actuellement dans la colonie eſpagnole.

J'ai rapporté auſſi tout ce qu'on pouvait dire de la culture du cafier qui eſt foible & naiſſante, & de celle du cotonnier, de l'indigo & du tabac. Je me ſuis arrêté pluſieurs fois ſur l'article du cacao, dont l'uſage était chéri des Indiens, qui rendaient même un témoignage bien ſolennel à ſes qualités précieuſes, puiſ-

que dans l'île , comme dans plufieurs lieux du Continent , on s'en fervait pour l'évaluation des échanges
& par conféquent comme d'une efpèce de monnoye.
Ils eftimaient auffi le rocou dont ils fe frottaient , imi-
tant ainfi l'un des ridicules ou l'une des coquetteries
des pays policés. Mais les efpagnols ont tout abandonné
jufqu'au gingembre auxquels les feuls habitans des
lieux humides font reftés fidelles à caufe de fa vertu
ftomachique.

Valverde affure que St-Domingue pofsède le véritable thé & qu'il en a éprouvé , qui croît fpontanément dans l'intervalle qu'on trouve entre San-Domingo & le fort St-Jérôme. Il ajoute qu'au Cap-
Français on en reçoit de grandes quantités qui viennent
d'un côteau voifin du bourg de Monte-Chrift. Mais
fi l'exiftence du thé n'eft pas fondée fur des faits
plus exacts que les chargemens qu'on en fait au Cap,
l'Ifle n'eft point la rivale de l'Afie pour cette plante
que l'habitude a rendu l'objet d'une branche de
commerce très-lucrative & qui a été naguères , la
caufe occafionelle de la liberté d'une partie du vafte
Continent de l'Amérique.

Je ne m'arrêterai poit ici à énumérer tous les fruits
de la pártie efpagnole , parce que ce font ceux qu'on
trouve dans la partie françaife , & qu'ils feront , en
parlant de celle-ci , le fujet de quelques obfervations.
Je me contente de dire qu'ils y font très-communs ,
qu'ils y croîffent fans foins & qu'ils ajoutent aux
moyens de fubfiftance.

GIBIER, POISSONS, TORTUES, &c.

Au nombre de ces moyens l'on doit compter par‑
ticulièrement & les beftiaux & le gibier. Le grand
ramier cendré , le ramier à collier & à plumes vio‑
lettes , peuvent faire les délices d'un palais friand ,
& deux autres efpèces de ramiers plus petits & d'un
violet fombre , ne font pas fans mérite. C'eft par
nuées que vont ces animaux auxquels l'homme laiffe
d'immenfes intervalles , où ils peuvent fans allarmes ,
foupirer leurs amours & fe reproduire. Les pintades
marones fi juftement eftimées par leur faveur , font
également nombreufes & réunies par bandes ; quatre
ou cinq efpèces de tourterelles , des canards fauvages ,
des oyes & des canards domeftiques , parmi lefquels
on compte un grand nombre de variétés , une efpèce
de héron , des fpatules & plufieurs autres oifeaux
multiplient & diverfifient les reffources de la table ,
& font même caufe que, pour ainfi dire , l'on ne s'oc‑
cupe point des oifeaux domeftiques.

On trouve auffi des troupes de faifans & de flamands
fur‑tout aux bords des rivières & des endroits aqua‑
tiques. C'eft principalement à Neybe & à Azua
qu'ils font nombreux , comme le paon royal qui
femble avoir toujours préféré ce parage , puifque
c'eft là qu'il fut trouvé dès les premiers inftans de
la découverte de l'île.

Le perroquets font auffi très‑nombreux. Ils n'ont
pas la robe brillante de ceux de l'Amazone, ni la for‑
me élégante des perroquets du Sénégal, ni la facilité

de ceux de la côte d'Afrique pour imiter les accens humains ; mais, dépouillés de leur plumage tout vert, ils font un mets délicat qu'on peut préfenter de différentes manières, & l'amateur les trouve alors d'un plus grand prix qu'au moment où traverfant les airs en troupes, ils affourdiffent par leur aigre & perçante garrulité.

A tant de reffources il faut ajouter celles qu'offrent, avec prodigalité, les eaux de la mer, des rivières & des ruiffeaux. Le mulet, l'alofe, le rouget, le béfugo, la fardine, la dorade, la truite & une multitude d'autres poiffons les peuplent & payeraient un jufte tribut à l'induftrie de l'homme. On peut encore faire mention des homars, des crabes, des poiffons à coquilles & des huîtres, en fe gardant d'oublier les tortues de mer & celles de terre dont la chair délicate a la propriété d'épurer le fang & d'arrêter les effets du fcorbut, ce dangereux fléau des pays chauds.

Mais tant de chofes utiles réunies, prouvent, par leur profufion même, l'état d'abandon de la colonie efpagnole ; car par-tout où l'homme eft multiplié, tous les animaux fuyent ou font anéantis, parce qu'il exerce au loin fon caractère deftructif.

Il n'eft peut-être pas inutile que je déclare ici, d'une manière très-pofitive, qu'en renouvellant fouvent le reproche de négligence & d'abandon, je l'adreffe encore moins aux Efpagnols qui habitent la colonie, qu'au gouvernement qui ne fait rien pour les tirer de leur état de médiocrité & qui les a comme abandonnés à eux-mêmes. Il fiérait mal, fans doute, à un créol de fe faire adreffer les mêmes reproches que ceux faits par Valverde à M. de Paw, qui a trouvé très-commode pour fes hypothèfes de pofer comme vérité principale que les Américains, même iffus du fang Européen, font des êtres dégénérés, à caufe de l'influence du fol qu'ils habitent. L'état de la colonie françaife prouve affez ce que valent les rêves de cet écrivain, & je ne me fais aucune violence pour penfer qu'avec les mêmes moyens & également débaraffés d'obftacles, les efpagnols de St-Domingo ne le céderaient en rien aux français qui habitent la même terre. Après cette profeffion de foi je retourne à mon fujet

PETITES ISLES SUR LA COTE ESPAGNOLE DE ST-DOMINGUE.

Maintenant il devient indifpenfable de faire connaître les petites Ifles qui fe trouvent fur la côte de Saint-Domingue, en fuivant l'ordre que j'ai adopté pour décrire cette dernière.

La première qui, dans la partie du Sud, environne celle de St-Domingue, eft l'Ifle de la Béate. Elle eft à environ fix mille toifes dans le Sud-Oueft du Cap-la-Béate ou de Bahoruco. Du Sud de la Béate part un haut-fond qui fe dirige vers la grande Ifle, courant à peu près Nord-Eft & fur lequel il n'y a tout au plus que trois braffes & demie d'eau, indice bien clair, selon Valverde, que les deux Isles étaient réunies autrefois , d'autant qu'au Nord-Est de la Béate , en face d'un angle rentrant & en pénétrant dans le canal, sont quatre islets dont la longueur est du Sud-Ouest au Nord - Est & qui se dirigent vers la pointe de Bahoruco. Ils sont sur l'un des bords du haut-fond , séparés les uns des autres , & occupent entr'eux une étendue d'environ deux mille toiles. A un petit quart de lieue, & au Sud du quatrième islet, en est un autre nommé la Table, entre lequel & le quatrième islet , il y a jusqu'à quatre brasses & demie d'eau. Ces différens écueils rétréciffent encore le canal qui est entre la Béate & la pointe de Bahoruco & qui a depuis six jusqu'à neuf brasses d'eau , comme je l'ai déjà dit. Dans le Sud de la Béate il y a un haut-fond qui règne jusqu'à une forte demi-lieue & qui n'a pas deux brasses d'eau. Au mois d'Août 1504 , Christophe Colomb se vit forcé d'entrer dans ce canal ; il s'était trouvé en face de la même île en 1498 , ayant dépassé le port de Santo-Domingo.

L'Isle de la Béate dont le milieu est par dix-sept degrés cinquante & une minutes de latitude & par soixante-quatorze degrés , une minute de longitude , a deux lieues & demie de l'Est à l'Ouest sur une largeur moyenne de près de deux petites lieues. Elle a au Nord-Ouest une anse & un mouillage avec dix brasses de fond , & elle est abordable pour les petites barques dans presque tout son circuit, qui est de huit ou neuf lieues. L'abondance & la qualité des bois annoncent combien la terre y est fertile & la multiplication des troupeaux fauvages , combien ce terrain leur eft propre. On pourrait y former des habitations & des hattes comme elle en a eu autrefois.

On connaît plufieurs naufrages de bâtimens fur la Béate & on les attribue à ce qu'elle eft mal marquée fur les cartes , & à ce que la rapidité des courans qui portent dans l'Oueft fur cette côte , rend cette erreur très-dangereufe. M. Bauffan , depuis habitant à Léogane & alors capitaine de navire , obferva cette différence en 1741 , & fit, en 24 heures , 24 lieues de plus que fon eftime par les courans. A quatre lieues dans le Nord-Oueft de l'Ifle de la Béate eft un groupe de rochers élevés fur l'eau , appellés les Frères (les Moines) (los Frayles) dont la pofition a cela de particulier qu'ils font prefque en face des iflets de la baye de Monte-Chrift appellés les Sept-Frères.

On trouve encore à deux lieues dans le Sud-Sud-Oueft de l'Ifle de la Béate , la petite Ifle d'Altavèle , ainfi nommée par Colomb en 1494. Entr'elles deux eft un canal fans fond. Altavèle a pris fon nom , & de fa forme très-élevée & de fa fituation qui font qu'en l'appercevant de loin il a abfolument l'air d'un très-grand vaiffeau couvert de voiles. Cet iflet a, dans fa plus grande longueur Eft & Oueft, quinze cens toifes , & autant dans fa plus grande largeur Nord & Sud ; mais cette dimenfion diminue beaucoup dans différens points; à caufe des anfes & des pointes. Altavèle, dont le terrain s'éleve rapidement en s'approchant du centre , eft rempli de bois excellens.

De la pointe la plus Nord d'Altavèle , part un

haut-fond qui courre environ cinq cens toiſes vers
le Nord-Eſt. A trois cens toiſes & au Sud de ſon
extrémité Eſt, eſt le rocher d'Altavèle très-haut & dirigé du Nord au Sud avec une longueur d'à peu près
cinq cens toiſes. Il y a un canal entre le haut-fond d'Altavèle & ce rocher, avec trois braſſes d'eau. Ce rocher a un haut-fond de deux cens cinquante toiſes qui
l'entoure depuis la moitié de ſa côte Nord, juſqu'à
la moitié de ſa côte Sud, en paſſant par l'Eſt; Altavèle eſt par ſon milieu.

Il n'y a point de fond entre le Faux-Cap, les
Frayles & Altavèle; l'on compte près de quatre
petites lieues d'Altavèle aux Frayles, & un peu plus
de ceux-ci au Faux Cap.

Entre les rivières de Comayaſu & la Romaine,
en ſuivant la côte Sud, eſt l'Ile Ste-Catherine ou ſim-
plement Catherine, ainſi appellée du nom d'une
Dame à qui elle appartènait. Catherine eſt ſéparée de
la terre par un canal qui courre de l'Eſt à l'Oueſt
avec des reſſifs que les pêcheurs côtoyent ſans danger.
Elle a les mêmes productions que la Béate & peut
offrir les mêmes avantages.

A l'Eſt de l'Iſle Ste-Catherine, ſe trouve celle de
la Saone qui, dit Valverde, mériterait plus d'attention qu'elle n'en a obtenu. Curaçao que les Hollan-
dais ont rendu célèbre par un commerce conſidérable, n'eſt ni auſſi grand ni auſſi fertile. Il n'y a
qu'une bien forte lieue de la pointe du Petit-Palmier, à celle qui avance de la Saone vers le Nord.
Elle eſt entourée de bancs & de reſſifs, à l'exception

tion du port qui regarde l'Oueſt. Elle a environ huit lieues de l'Eſt à l'Oueſt & deux lieues du Nord au Sud qui ſe réduiſent encore dans ſon plus étroit ; ſa circonférence eſt de près de vingt-cinq lieues. A chacune de ſes extrémités Eſt & Oueſt, eſt une montagne, & il s'en trouve une troiſième à une autre pointe placée au milieu de ſa partie Sud ; ces montagnes l'abritent, l'arroſent & la tempèrent. Les Indiens l'appellaient Adamanoy, & y avaient un cacique particulier qui était le ſouverain de cette île & indépendant de ceux de St-Domingue. Ses ſujets s'adonnèrent au commerce avec les eſpagnols, à l'agriculture, à la culture des grains, à celle des fruits. Ils fourniſſaient à la conſommation de la ville de Santo-Domingo, & des approviſionnemens aux diverſes expéditions qu'on y préparait. Des caſtillans y ayant fait manger le cacique par un chien, cet acte de cruauté fut un ſujet de guerre, & les eſpagnols après avoir détruit les Indiens, y formèrent des établiſſemens dont le ſuccès excitait & payait tout à la fois leur féroce cupidité. Cette Iſle & ſon port ſont un abri pour les marins qui naviguent dans cette partie & qui y trouvent de l'eau, du bois & des troupeaux ſauvages dont elle abonde. Il eſt preſque impoſſible de concevoir la grande quantité d'oiſeaux & ſur-tout de ramiers qu'on y trouve.

A l'Eſt de la Saone, tirant un peu plus au Sud, il y a, entre St-Domingue & Porto-Rico, deux petits iſlets appellés Mona (la Guenon), la Mone, & Monito, le petit Singe (Monique). Monique qui eſt la

plus près est peu de chose, mais la Mone a deux
fortes lieues de l'Est à l'Ouest & un peu plus du Nord
au Sud. Elle a des ports pour des barques moyennes
& tout ce qui ferait néceffaire à des établiffemens de
culture & à l'éducation des animaux. Son utilité &
fa valeur peuvent être jugées par ce feul fait qu'elle
a été la recompenfe de Don Barthelemy Colomb,
frère de Chriftophe , à qui le roi en fit don en 1512.
Elle a été très-bien cultivée & d'un grand produit
pour fes propriétaires. On vantait fes arbres fruitiers & notamment les oranges quelle produifait.

A huit ou neuf lieues dans le Nord-Est-quart-
de - Nord de la Mone, entre la partie orientale
de Saint- Domingue & celle occidentale de Porto-
Rico, est l'iflet de *Defecheo* (de l'Écart) , mot efpagnol dont la prononciation corrompue a fait faire
par les géographes français Zachée ; ce n'est qu'un
monticule chargé de bois. L'étimologie de fon vrai
nom , vient de ce que lorfque l'on veut doubler l'une
ou l'autre des deux ifles de Porto-Rico ou de St-
Domingue par la bande du Sud , pour aller chercher celle du Nord , il faut s'écarter de la terre &
fe rallier, quoique pas de trop près, à l'Iflet-de-l'Écart
ou Zachée afin déviter les bancs.

Ainfi la Béate , Ste-Catherine & la Saone font le
long de la côte Sud de St-Domingue ; la Mone ,
Monique & Zachée, dans la partie orientale.

A environ vingt-cinq lieues dans le Nord de la
pointe Jackfon de la prefqu'île de Samana , fe trouve
un écueil appellé les Cayes d'argent. A environ trente

deux lieues dans le Nord de Port-de-Plate font d'autres écueils ou iflots que nous appellons le Mouchoir
Carré. Les efpagnols les nommaient *Abreojos*, dans
l'origine (les chardons) , dont on a fait *Abrojos* par
corruption (les Ouvre - l'œil). Dans l'Oueft dü
Mouchoir-Carré & prefque fur la même ligne , il y
a d'autres groupes de petites ifles très-baffes, appellées
fort improprement *Ananas* ou Ifles-Turques, puifqu'elles font les ifles de Don Diégue Luengo , ainfi
nommées par celui qui les découvrit. Elles font à
plus de trente lieues dans le Nord de la pointe Ifabélique. A peu près à la même diftance du Cap-la-Grange,
font d'auttes Ifles connues fous le nom de Caïques.
Mais comme ces Ifles de la partie Nord de St-
Domingue en font les débouquemens, il en eft queftion dans une autre partie de la defcription de cette
Ifle.

Je crois être arrivé au terme où le Lecteur doit
défirer que je lui parle de l'adminiftration de la colonie efpagnole , & j'invoque , à mon tour , fon attention pour des objets qui, quoique d'un autre ordre
que ceux que je lui ai préfentés jufqu'à ce moment,
n'ont pas un moindre droit à fon intérêt.

Fin du Premier Volume.

ERRATA

De ce Premier Volume.

Pages xv, Lignes 1re. & ligne 8 ; (Iflet), lifez : Iflet.
    xx   8 (Liancour) ; lifez : Lilancour.
    xxi·i   9 (Viconite), lifez : Vicomte.
    xxx   20 (n'étant) ; lifez : n'eft.
    xxxii   10 (33) ; lifez : 43.
    xxx·ix   21 , (*Fond-Des-Palmites*) : lifez : *Fond-Des-Palmiftes*.
    21   14 , (Café) ; lifez) : Cafier.
               17 , (pluyes) ; lifez : nuées.
    35   25 , (Mayaguana) : lifez : Maguana.
    43   22 , (25) ; lifez ; Vingt-huit.
    44   4 , (d'où coule la rivière de Seybe) ; lifez : vers lesquelles
               coule la rivière de Seybe.
    61   10 & ligne 11 , effacez : tous.
    72   26 , (on) ; lifez : on.
    82   11 , (entre la pointe Chimaché) ; lifez : avant la pointe
               Chimaché.
               17 , (vers l'Oueft) ; lifez : vers l'Eft.
    83   15 , (Café) ; lifez : Cafier.
    118   29 ; effacez : cependant.
    151   9 , (à rive) : arrive.
    154   dernière (y mêlent) ; lifez : y ajoute.
    166   1cre. (Yuma) ; lifez : Yumba.
    167   5 , (Yuma) ; lifez : Yumba.
    181   10 , (Yuana) ; lifez : Yuni.
    192   25 , (bor dés é) ; lifez : bordés de.
    233   27 , (1689) ; lifez : 1690.
    296   6 , (cotonier-mapou a cet avantage) , lifez : a auffi cet
               avantage.

Quant aux fautes purement typographiques , le Lecteur eft inftamment prié d'y
fuppléer.

Le Privilége a été obtenu fuivant la Loi.